Paul-Gerhard Müller

Einführung in Praktische Bibelarbeit

Verlag Katholisches Bibelwerk GmbH, Stuttgart

CIP-Titelaufnahme der Deutschen Bibliothek

Stuttgarter Kleiner Kommentar. –
Stuttgart: Verl. Kath. Bibelwerk.
Abt. teilw. hrsg. von Gabriele Miller u. Alfons Musterle
Neues Testament / hrsg. von Paul-Gerhard Müller.
NE: Müller, Paul-Gerhard [Hrsg.]; Miller, Gabriele [Hrsg.]
[N.F.], 20. Müller, Paul-Gerhard: Einführung in Praktische Bibelarbeit. – 1990

Müller, Paul-Gerhard:
Einführung in Praktische Bibelarbeit / Paul-Gerhard Müller. –
Stuttgart: Verl. Kath. Bibelwerk, 1990
(Stuttgarter Kleiner Kommentar: Neues Testament;
[N.F.], 20)
ISBN 3-460-15501-9

Mit kirchlicher Druckerlaubnis

Druck: Wilhelm Röck, Weinsberg

Inhaltsverzeichnis

Abkürzungsverzeichnis biblischer Bücher

Altes Testament

Gen	Das Buch Genesis
Ex	Das Buch Exodus
Lev	Das Buch Levitikus
Num	Das Buch Numeri
Dtn	Das Buch Deuteronomium
Jos	Das Buch Josua
Ri	Das Buch der Richter
Rut	Das Buch Rut
1 Sam	Das erste Buch Samuel
2 Sam	Das zweite Buch Samuel
1 Kön	Das erste Buch der Könige
2 Kön	Das zweite Buch der Könige
1 Chr	Das erste Buch der Chronik
2 Chr	Das zweite Buch der Chronik
Esra	Das Buch Esra
Neh	Das Buch Nehemia
Tob	Das Buch Tobit
Jdt	Das Buch Judit
Est	Das Buch Ester
1 Makk	Das erste Buch der Makkabäer
2 Makk	Das zweite Buch der Makkabäer
Ijob	Das Buch Ijob
Ps	Die Psalmen
Spr	Das Buch der Sprichwörter
Koh	Das Buch Kohelet
Hld	Das Hohelied
Weish	Das Buch der Weisheit
Sir	Das Buch Jesus Sirach
Jes	Das Buch Jesaja
Jer	Das Buch Jeremia
Klgl	Die Klagelieder
Bar	Das Buch Baruch
Ez	Das Buch Ezechiel
Dan	Das Buch Daniel
Hos	Das Buch Hosea
Joël	Das Buch Joël
Am	Das Buch Amos
Obd	Das Buch Obadja

Jona	Das Buch Jona
Mi	Das Buch Micha
Nah	Das Buch Nahum
Hab	Das Buch Habakuk
Zef	Das Buch Zefanja
Hag	Das Buch Haggai
Sach	Das Buch Sacharja
Mal	Das Buch Maleachi

Neues Testament

Mt	Das Evangelium nach Matthäus
Mk	Das Evangelium nach Markus
Lk	Das Evangelium nach Lukas
Joh	Das Evangelium nach Johannes
Apg	Die Apostelgeschichte
Röm	Der Brief an die Römer
1 Kor	Der erste Brief an die Korinther
2 Kor	Der zweite Brief an die Korinther
Gal	Der Brief an die Galater
Eph	Der Brief an die Epheser
Phil	Der Brief an die Philipper
Kol	Der Brief an die Kolosser
1 Thess	Der erste Brief an die Thessalonicher
2 Thess	Der zweite Brief an die Thessalonicher
1 Tim	Der erste Brief an Timotheus
2 Tim	Der zweite Brief an Timotheus
Tit	Der Brief an Titus
Phlm	Der Brief an Philemon
Hebr	Der Brief an die Hebräer
Jak	Der Brief des Jakobus
1 Petr	Der erste Brief des Petrus
2 Petr	Der zweite Brief des Petrus
1 Joh	Der erste Brief des Johannes
2 Joh	Der zweite Brief des Johannes
3 Joh	Der dritte Brief des Johannes
Jud	Der Brief des Judas
Offb	Die Offenbarung des Johannes

Vorwort

Seit der Erfindung der Buchdruckerkunst bis 1989 wurde die gesamte Bibel in 310 Sprachen, das Neue Testament zusätzlich in 695 Sprachen, Bibelteile in 902 Sprachen und damit biblische Texte in 1907 Sprachen übersetzt. Von keinem anderen Buch der Weltgeschichte kann eine vergleichbare Verbreitung und Übersetzung berichtet werden. In der Verteilung auf die einzelnen Kontinente ergibt sich folgendes Bild: In Afrika liegen in 119 Sprachen komplette Bibeln vor, in weiteren 424 Sprachen nur das Neue Testament oder Bibelteile. In Asien gibt es die gesamte Bibel in 93 Sprachen und biblische Texte in 476 Sprachen. Europa hat in 58 Sprachen eine vollständige Ausgabe der Heiligen Schrift, Teile davon in 187 Übersetzungen. Die Zahl der Sprachen, die auf der Welt gesprochen werden, werden von Experten mit etwa 3000 angegeben.

Ein Buch, das eine so ungeheuer weite Streuung auf der Welt findet und das in gezielter Bibelmission weltweit so stark verbreitet wird, muß seine Bedeutung und sein inneres Gewicht haben, wenn so viele Menschen danach verlangen. In der Tat haben noch bei weitem nicht alle getauften Christen oder Taufbewerber die Chance, eine eigene Bibel zu besitzen und sie zu benutzen. In unserem Land und in Europa hingegen kann jeder, der es will, eine Bibel erwerben. Hier aber können viele Christen mit der Bibel nicht viel anfangen, weil sie nicht angeleitet wurden, die Bibel zu lesen, sich über die Bibel auszutauschen, die Bibel sachgerecht zu interpretieren und für das eigene Glaubensleben fruchtbar zu machen.

Hier setzt die Bibelbewegung in unseren Kirchen ein, die zu einem vertieften Verständnis der Heiligen Schrift, zu regelmäßigem Bibellesen und zu einem Leben aus der Bibel hinführen will. Weg und Mittel hierzu soll die praktische Bibelarbeit in Gemeinde, Familie, Verband, Schule, Ferien und Gebetsgruppe sein. In einer von innerem Ausbluten bedrohten Volkskirche der säkularisierten Gesellschaft soll die neue Freude an der Bibel, die neue lebendige Begegnung mit Gottes Wort im »Buch des Lebens« den Glauben vertiefen und entfachen und aus der Quelle des Anfangs neu nähren.

Einleitung

Der Begriff »Die Bibel« kommt von dem griechischen Wort *ta biblia,* dem Plural Neutrum von *to biblion,* das Buch, Buchrolle oder beschriebenes Blatt meint, vgl. 1 Makk 12,9; 2 Makk 8,23; Dan 9,2. Daraus wurde im Lateinischen der Singular *biblia,* der seit dem 9. Jh. n. Chr. als Bezeichnung aller im Kanon des Alten und Neuen Testaments zusammengefaßten Schriften gebraucht wurde und von da aus in alle modernen Sprachen überging.

Es handelt sich bei dem katholischen Kanonumfang um 46 Schriften des Alten Testaments und 27 Schriften des Neuen Testaments, zusammen also 73 einzelne Schriften, die trotz ihrer Vielfalt und Uneinheitlichkeit dennoch mit dem Singular »die Schrift« (Joh 10,35) oder »die Bibel« bezeichnet werden, weil sie auf Grund ihres göttlich-menschlichen Ursprungs alle an der »Inspiration« (Geistgewirktheit) teilhaben und alle das gemeinsame Ziel haben, gottgewirktes Zeugnis von Gottes Heilsführung und Erlösung zu sein und der Menschheit »Wissen zum Heil« (2 Tim 3,15) zu vermitteln.

Dieser Singular »Die Bibel« weist aber auch auf ein Doppeltes hin: Erstens ist die Bibel für sich genommen ein einzigartiges Buch mit exklusivem Rang und einmaliger Bedeutung und Wichtigkeit, so daß es keines andern Titels und keiner Autorenangabe bedarf außer der Bezeichnung »Das Buch = Die Bibel«. Gelegentlich wird sie daher auch als »Buch der Bücher« oder »Buch des Lebens« bezeichnet, um ihren Primat vor aller anderen Literatur zu kennzeichnen.

Zweitens besagt die griechische Pluralform als Ursprung unseres »Die Bibel« aber zugleich, daß es sich im Grunde keinesfalls um ein einziges Buch handelt, sondern daß sich hinter unserer Bezeichnung »Die Bibel« eigentlich eine ganze Bibliothek verbirgt, eben 73 einzelne Schriften sehr unterschiedlicher Länge, Thematik und Charakteristik, für die eine große Anzahl von Verfassern und überarbeitenden Redaktoren und die hinter ihnen stehenden Gemeinden und Schulen verantwortlich sind.

Von daher erklärt sich zum Teil die Schwierigkeit und das Zögern vieler, sich an die Bibel heranzuwagen und darin zu lesen, weil sie nicht nur einem sehr umfangreichen antiken Buch mit weit über tausend Seiten gegenüberstehen, sondern weil bei der Vielzahl von Schriften darin auch der gemeinsame und durchlaufende Rote Faden nicht leicht zu entdecken ist und zum Verstehen der 73 einzelnen Schriften eine Fülle von Hintergrundwissen historischer, geographischer, religionsgeschichtlicher, archäologischer, theologischer und philologischer Art notwendig ist.

Doch läßt sich mit Hilfe der heute vorhandenen Hilfsmittel wie Einführungen, Kommentare, Handbücher und Lexika ohne weiteres auch für Laien, die bisher nie etwas mit der Bibel zu tun hatten, ein angemessener und befriedigender Zugang zur Bibel im Selbststudium oder im gemeinschaftlichen Bibelkurs erarbeiten.

Im allgemeinen unterscheidet man dabei die »spezielle Einleitung« in die Bibel, die sich mit jeder einzelnen Schrift befaßt und versucht, die Fragen nach Entstehungszeit, Verfasser, Ort der Entstehung, Gliederung, Absicht, Zweck, Sprache und Auslegungsgeschichte zu klären, und zweitens die »allgemeine Einleitung«, die die übergreifenden Fragen nach Sammlung der Schriften, Kanonbildung, Textgeschichte, Übersetzungsgeschichte, Inspirationslehre und Verstehenslehre (Hermeneutik) behandelt.

Bereits seit der Väterzeit des 3. Jh. wurde kritisch über einzelne dieser Einleitungsfragen reflektiert und wurden erste Hilfsinstrumente wie Wörterbücher, Textvergleiche, verschiedene Übersetzungen, Grammatiken herangezogen. Doch erst mit dem Einsetzen der historischen Kritik der Neuzeit (Spinoza 1670, Richard Simon 1678, J. G. Eichhorn 1780, W. de Wette 1806) wurde die wissenschaftliche Behandlung der Einleitungsfragen vorangetrieben, so daß heute im Theologiestudium die »Biblische Einleitung« eine eigene Fachdisziplin darstellt.

Es kann nun nicht Sinn einer »Einführung in Praktische Bibelarbeit« sein, eine wissenschaftlich-exegetische Einleitungsvorlesung für Laien vorzulegen. Vielmehr wird man sich bei auftretenden Fragen zu einzelnen Schriften der Bibel immer zuerst in dem jeweiligen Kommentarband zu der betreffenden Schrift (z.B. im Stuttgarter Kleinen Kommentar SKK-AT und NT) sachkundig machen und dann noch eine Einleitung in das Alte bzw. Neue Testament heranziehen, wenn es notwendig ist.

In der vorliegenden »Einführung in Praktische Bibelarbeit« wird zunächst die Frage behandelt, was denn für Menschen unserer

Zeit, Glaubende wie Nichtglaubende, überhaupt die Bibel bedeutet und welche Autorität und welchen Stellenwert sie in Gesellschaft und Kirche hat.

Dann werden im Anschluß an »Die Entstehung der Bibel« und »Textgeschichte der Bibel« die in den üblichen Einleitungswerken der Exegese nicht behandelten Themenkreise der Eindeutschung der Bibel, der Auslegungsgeschichte der Bibel, der Bibelbewegung, der Bibelorganisationen, der Methodik praktischer Bibelarbeit, der Biblischen Medien, der Literaturkunde zur Bibel und schließlich der lehramtlichen Dokumente zur Bibelarbeit behandelt. Damit unterscheidet sich der hier erstmals vorgelegte Entwurf einer kompakten »Einführung in Praktische Bibelarbeit« von allen bisher im Umlauf befindlichen Einleitungen, die sich mehr auf den Text der Bibel und die Beschreibung der 73 einzelnen Schriften konzentrierten und weniger den Umgang mit der Bibel in der Praxis des Selbststudiums, der Bibelkurse, der Bibelbewegung und der Bibellese durch Laien im Blick hatten. Für heutige Interessenten praktischer Bibelarbeit ist es aber wichtig, Grundkenntnisse der Geschichte der Bibelbewegung, der großen Bibelinstitutionen und -organisationen und der biblischen Medien und Literatur praktischer Art zu haben, um eigenverantwortlich die eigene biblische Fort- und Weiterbildung betreiben und auf die vorhandenen Hilfen und Einrichtungen zurückgreifen zu können.

Auch soll den lehramtlichen und konziliaren Dokumenten zur Bibelarbeit dadurch mehr Aufmerksamkeit gewidmet werden, daß sie im Textanhang abgedruckt werden, um Laien die Möglichkeit zu bieten, sich mit diesen wichtigen Weisungen der Kirche zu befassen und vertraut zu machen, nachdem vor allem die diesbezüglichen Weisungen des Zweiten Vatikanischen Konzils von 1965 auch 25 Jahre danach noch nicht genügend bekannt und verwirklicht sind.

Die zugrundeliegende Konzeption dieser »Einführung in Praktische Bibelarbeit« setzt voraus, daß die *eine* Bibel als zusammengehörende Textsammlung im Blick bleibt, nicht aufgespalten in Altes und Neues Testament, wie es in der wissenschaftlichen Exegese in zwei getrennten Disziplinen samt Lehrstühlen üblich ist. Denn tatsächlich soll der interessierte Laie ja im Verlauf der Bibelarbeit mit der ganzen Bibel vertraut werden und die Schrift Israels wie die

Schrift der Urkirche in ihrer inneren historischen und theologischen Kohärenz wie in ihrer Bedingtheit erfassen lernen. Dabei müssen freilich die Fragen um das innere theologische Bezugsverhältnis zwischen Altem und Neuem Testament weitgehend ausgeklammert werden, da es im Rahmen der »Einführung in Praktische Bibelarbeit« unmöglich ist, auch noch Themenbereiche der jeweiligen »Theologie des Alten Testaments« und »Theologie des Neuen Testaments« zu behandeln, für die jeweils die entsprechenden eigenen Handbücher biblischer Theologie zu konsultieren sind.

Die »Einführung in Praktische Bibelarbeit« soll demgemäß ganz auf jene Zielgruppe zugeschnitten sein, die sich tatsächlich mit der praktischen Bibelarbeit in Bibelkreisen, Grundkursen zur Bibel, Bibelseminaren, Bibelwerkwochen, Bibelwanderungen usw. mit dem »Buch der Bücher« befassen will, ohne vorher durch ein eigenes Theologiestudium die notwendigen Kenntnisse zum selbständigen Umgang mit der Bibel erworben zu haben, bzw. denen im Verlauf ihres Studiums neben der reinen Textexegese nicht die notwendigen Informationen vermittelt wurden, um die biblische Erneuerungsbewegung innerhalb unserer Kirche und das neu erwachte große Interesse an der Bibel pastoral und didaktisch aufgreifen und einordnen zu können. Denn über die Bibelbewegung in den Kirchen, über die ökumenischen Initiativen im biblischen Bereich und über die Bibelinstitutionen informiert die traditionelle Exegesevorlesung den Hörer und die Hörerin meist nicht, obwohl für den späteren pastoralen Berufsalltag gerade diese Inhalte und Resultate der Bibelbewegung von großer Bedeutung im konkreten Umgang mit der Bibel und den Bibelinteressierten sind.

Das Interesse an der Bibel ist aber in unserer Gesellschaft und in unserer Kirche recht unterschiedlich. Daher soll zunächst der Frage nachgegangen werden, was die Bibel eigentlich für Menschen unserer Zeit bedeutet und welchen Stellenwert sie bei den verschiedenen Gruppierungen hat.

I. Was ist die Bibel?

Bevor wir uns mit der Bibel befassen wollen, müssen wir uns darüber klar werden, was die Bibel überhaupt ist und welche Bedeutung sie für uns hat. Denn es kann ja von vornherein nicht für jedermann ganz selbstverständlich sein, sich mit der Bibel abzugeben.

Eine nicht geringe Zahl von Mitbürgern in diesem Land wird zwar vielleicht einmal von dem Buch der Bibel diese Bezeichnung gehört haben, aber außer dem Titel nichts oder nicht viel über das Buch wissen oder mit dem Buch anzufangen wissen. In der eigenen Familie und Verwandtschaft haben sie womöglich gar nichts über die Bibel gehört. Das im schulischen Religionsunterricht wahrscheinlich über und aus der Bibel Gelernte haben sie im Lauf der Jahre vergessen oder wegen Unwichtigkeit und Unbrauchbarkeit beiseitegelassen, und aus den öffentlichen Medien oder durch Selbstaneignung haben sie über die Bibel keine Kenntnisse mehr hinzugewonnen.

Daher ist bei diesem Teil der durchaus immer noch sich als christlich verstehenden Bevölkerung weder die Bibel als Buch noch irgendwelches Wissen über die Bibel oder irgendeine Form der Benutzung der Bibel vorhanden. Diese Menschen müssen im Zuge einer grundlegenden Neuevangelisierung und christlichen Mission wieder ganz von Grund auf mit der Bibel Israels und der Kirche und mit den zentralen biblischen Glaubensinhalten bekannt und vertraut gemacht werden, wenn sie für ein christliches Lebenszeugnis auf Grund des Evangeliums Jesu Christi gewonnen werden sollen.

Bei einer zweiten Gruppe von Mitbürgern ist sicher das Buch der Bibel zu Hause im Bücherschrank oder im Wohnzimmerregal vorhanden, sei es aus einer früheren Erbschaft oder Schenkung anläßlich der Taufe, der Erstkommunion oder der Trauung, sei es durch gezielten Ankauf bei einer günstigen Gelegenheit. Daß in der Tat verhältnismäßig viele Bibeln in unserem Land Jahr für Jahr von privater Hand gekauft werden, geht aus dem Absatz von Billig-Pracht-Bibeln in den Kaufhausketten und Supermärkten, in den verschiedenen Buchgesellschaften und aus Sonderaktionen wie etwa die eine Million Eduschokaffee-Bibeln im Jahr 1985 hervor.

Doch das vordergründige Interesse an der Bibel, das sich im Kauf und Erwerb zeigt, hat oft nur oberflächliche Motive, wie etwa ein preiswertes religiöses Geschenk zu einem festlichen Anlaß für Kinder und Erwachsene zu finden oder ein schön eingebundenes Buch als dekoratives Element für die eigene Wohnung zu erstehen, ganz zu schweigen von jenen Sammlern, die rein aus Gründen des Künstlerisch-Antiken die Bibel als Wertgegenstand, mit Goldschnitt in Safranleder gebunden, ihrer Pretiosensammlung einverleiben, ohne je daran zu denken, sie auch einmal inhaltlich zu befragen und zu bejahen.

Die Vorstellung, bereits der bloße Besitz einer Bibel vermittle einen Heilseffekt oder Segen, ist zwar tief im christlichen Volk verwurzelt, hat aber an der Bibel selbst, dem Anspruch auf Gehörtwerden ihrer Aussagen und ihrem eigenen Gewicht als lebendiges Wort Gottes an hörende Menschen wenig Anhalt. Eine bloß dastehende, aber nie geöffnete, gelesene, betrachtete und meditierte Bibel bleibt als zugeschlagenes Buch stumm, beginnt nicht mit dem Leser zu reden, zieht ihn nicht in jenes Gespräch und jenen heilsstiftenden Dialog, der allein imstande ist, die Textaussagen des lebendigen Wortes Gottes ins Glaubensleben der Lesenden und Hörenden einzubringen. Insofern ist der durchaus löblichen Absicht jener, die zwar eine Bibel besitzen, aber nie darin lesen, wenig Aussicht auf Heilswirkung aus der Begegnung mit dem Wort Gottes in der Bibel gegeben.

Eine dritte Gruppe von Mitbürgern, gleich welchen Bezug sie auch zur institutionellen Kirche, zu ihrer Pfarrgemeinde und deren Leitungsgremien und Ämtern haben mögen, besitzen nicht nur eine Bibel, sondern lesen auch hin und wieder darin, um sich an ihren Aussagen zu orientieren oder einfach nur um sich über ihre Aussagen zu informieren und den biblischen Text näherhin kennenzulernen. Gleich ob bei ihnen die geschichtlich-literaturkundlichen Interessen oder die religiös-meditativen Absichten überwiegen, sie werden über kurz oder lang, wenn sie Laien sind und bisher keine fachtheologische Einführung in die Bibel und den Umgang mit ihr gewonnen haben, auf allerhand Fragen und Probleme stoßen, die ihnen bei einfachem Lesen der biblischen Bücher, Erzählungen, Evangelien und Briefe kommen. Oft wird dann der Wunsch wach, eine Antwort auf diese selbst empfundenen Fragen und Probleme aus fachlichem Mund zu bekommen oder weiterführende Literatur und Fortbildungsmöglichkeiten zu finden, um sich im Selbststudium oder in geeigneten Bibelkreisen oder Lesezirkeln vertieft mit Einzelgesichtspunkten der Bibel zu befassen und in die als dunkel empfundenen Bibelstellen Licht zu bringen.

Für diese Menschen, gleich ob sie sich zur Kirche zählen oder noch nicht oder nicht mehr, ist diese Einführung gedacht. Denn sie setzt das vorhandene Interesse am Buch der Bibel voraus und auch, daß einem diese Bibel mit ihren Aussagen Frage und Anliegen geworden ist, so daß man sie tiefer verstehen, sachgerechter interpretieren und ganzheitlicher annehmen lernen möchte. Dabei wird die intensive Beschäftigung mit der Bibel, ihrer Entstehung und ihrem Wesen keinen Zweifel daran lassen, daß uns die Bibel nur durch und in der Kirche, die Schrift Israels nur durch und im Judentum überliefert ist und daß man daher dieses Buch Israels und der Kirche letztlich auch nur innerhalb der jüdisch-christlichen Tradition und Auslegungsüberlieferung geschichtlich und sachlich zutreffend lesen und verstehen kann, daß also ein Lesen und ein Einsatz der Bibel wider Judentum und Kirche vom Ansatz her erfolglos und sinnentfremdend ist. In einer nationalsozialistisch eingefärbten Theologie und Exegese der Jahre 1936–1945 war von einer bestimmten Bewegung der wahnwitzige Versuch gemacht worden, Jesus den Arier und sein Evangelium vom germanischen Reich gegen Judentum und Kirche auszuspielen. Die Bibel als Buch der Kirche muß vielmehr immer aus der mehrtausendjährigen Auslegungstradition des Judentums und der Kirche heraus verstanden und interpretiert werden, wenn sie nicht ihres lebendigen Mutterbodens in Israel und der Urkirche beraubt werden soll.

Was die Bibel nun eigentlich ist und bedeutet, ist für die einzelnen Interessenlagen unter unseren Mitbürgern je verschieden zu beantworten, da sie für einige nichts, für andere etwas Ungenaues und für wieder andere etwas Wichtiges, Heiliges, das eigene Leben Prägendes bedeutet. In einer vom Trend der Säkularisierung und Verweltlichung ergriffenen Gesellschaft wie der in Deutschland oder Teilen Mitteleuropas kann das Verhältnis zur Bibel im Grunde auch gar nicht anders aussehen: die Bekanntmachung und Verkündigung der Bibel muß wie in einem neuen Missionsland versucht und vorangetrieben werden. Über alle zur Verfügung stehenden Kanäle der Medien der Erwachsenenbildung, der Gemeindekatechese und des Religionsunterrichts muß daher die grundlegende Bedeutung des Buchs der Bibel für die Menschheit und insbesondere für die Christen bekanntgemacht und betont werden. Die Hauptinhalte der Bibel müssen auf denselben Wegen bekanntgemacht und ausgelegt werden, um so die jahrtausendalte Tradition biblisch geprägter Kultur, Bildung, Gesellschafts- und Lebensgestaltung zu beleben und auf Zukunft hin fortzusetzen in der Weitergabe biblischen Glaubens.

1. *Warum heute noch die alte Bibel lesen?*

Mit Recht wird von jenen, die keinen Zugang mehr zur Bibel haben, die Frage aufgeworfen, warum man denn heute im industriellen Zeitalter der Wissenschaften und der Postmoderne immer noch die alte Bibel lesen und sich nach ihr ausrichten solle. Es entspricht nur intellektueller Redlichkeit, wenn gerade auch gebildete Menschen und Führungskräfte aus Wirtschaft, Industrie und Politik beteuern, sie könnten mit diesen alten Texten der Bibel heutzutage nichts mehr anfangen und sie hätten wichtigere Texte und Informationen zur Bewältigung ihrer gegenwärtigen Aufgabe und Probleme heranzuziehen. Obwohl die Bibel als Buch des Wortes Gottes, so gesehen, keiner Verteidigung ihres eigenen Stellenwertes und keiner Apologie ihrer geschichtlichen und weltweiten Bedeutung bedarf, ist es doch angesichts der weltanschaulichen und religiösen Situation unserer Zeit unumgänglich, über den Wert der Bibel für die Gesellschaft von heute und über ihren unaufgebbaren Stellenwert im Überangebot der Bücher, Lehren und Auffassungen pluralistischer Gesellschaftssysteme und innerhalb der konkurrierenden Lebensentwürfe und Glaubensweisen, auch innerhalb der getrennten Kirchen und Bewegungen, zu sprechen und aufzuklären. Denn oft ist es ja Unkenntnis der wirklichen Bedeutung des Buchs der Bibel und seiner Inhalte, die zu einer Interessenlosigkeit oder zur Ablehnung gegenüber der Bibel führt, weil ihre einmaligen geschichtlichen Entstehungsverhältnisse, ihre wertvollen Inhalte und daher ihre einmalige Bedeutung auch als

Literaturschatz der Menschheit nicht in den Blick kommen und so ihr hoher Wert verdunkelt bleibt.

Im Gesamt der weiten Weltliteratur genießt das Buch der Bibel aber die einzigartige Rolle, älteste gebündelte Literatur der jüdisch-christlichen Traditionslinie zu sein, die ihren historischen Entstehungsort im wesentlichen im Vorderen Orient, im sogenannten Heiligen Land der Bibel, hat und die für Entwicklung und Ausrichtung der sogenannten abendländischen Kulturen von entscheidender Bedeutung geworden ist. Keine anderen Literaturzeugnisse sind an Alter, inhaltlicher Fülle und gesellschaftlich-gemeindlicher Bezeugung für die Entstehung der jüdisch-christlichen Religion und ihre Auswirkungen auf das Abendland und die ganze Völkergemeinschaft der Erde von größerer Bedeutung als die Bibel. In dieser zunächst das Abendland, Nordafrika, Ägypten und dann durch die jüdische Diaspora und die gezielte christliche Mission auch andere Weltzonen berührenden und prägenden Bedeutung liegt die einmalige literaturgeschichtliche Rolle der Bibel, die kulturgeschichtlich und weltpolitisch anerkannt werden muß, sofern der Blick für geschichtliche Zusammenhänge nicht verstellt ist oder ganz fehlt.

Selbstverständlich gibt es im Vorderen Orient, in Ägypten, dann vor allem aber in Asien, zumal in Indien und China, noch ältere Literaturen und umfangreichere Textsammlungen als die Bibel, aber diese blieben in ihrer geistesgeschichtlichen Ausstrahlung zunächst regional beschränkt, haben bei weitem nicht die globale Bewegung ausgelöst wie die jüdisch-christliche Überlieferung und enthalten auch nicht den ausdrücklichen Geltungsanspruch allgemeinverbindlicher Hinordnung auf alle Menschen wie die Bibel mit ihrem stark ausgeprägten Universalismus im Schöpfungs- und Menschenbild, im Geschichts- und Endzeitbild. Der religionsgeschichtliche Vergleich zwischen den alten Literaturen der mesopotamischen und ägyptischen Kultur wie andererseits hinduistischen, buddhistischen, konfuzianischen und anderen Kulturkreisen in bezug auf die exklusive Stellung der Bibel des Judentums und der Kirche ist eine aufwendige Angelegenheit, der wir in diesem gedrängten Rahmen einer Einführung nicht näher nachgehen können.

Wer sich für diese religionsgeschichtliche Fragestellung im einzelnen näherhin interessiert, dem stehen ausreichend Werke der Fachliteratur zur Verfügung, um sich in die Problematik einzulesen und verantwortbare Auskünfte zu finden. Die Fragestellung der religionsgeschichtlichen Position der Bibel im Konzert der älteren und gleichaltrigen religiösen Literaturen der Menschheit kann heutzutage nicht mehr beiseitegelassen oder einfachhin ausgeklammert werden, da im Zuge der weltweiten globalen Kommunikation und der neuen Flüchtlingsströme und Völkerwanderungen die Berührung und Vermischung der Religionen und Lebensauffassungen ein hohes Maß an Kontakten und sporadischen oder gezielten Informationen über die asiatischen und anderen Religionen und Lebensweisheiten vermitteln kann. Im Zeitalter weltweiter Wanderungsbewegung und Information kann auch die jüdisch-christliche Religion nicht mehr im Ghetto eines in sich defensiv abgeschlossenen Kulturraumes isoliert bleiben, sondern muß sich dem religionsgeschichtlichen Vergleich stellen und die lebendige Begegnung mit den aus anderen Literaturen als der Bibel entwachsenen Glaubenssystemen oder Lebenseinstellungen suchen. Das Zweite Vatikanische Konzil 1965 hat solchen offenen Dialog mit den großen nichtchristlichen Religionen außerhalb des Judentums und des Islams ausdrücklich empfohlen und als Gebot der Stunde einer sich ihrer Einheit bewußt werdenden Welt und Völkergemeinschaft angeordnet. Auf Grund bisher gemachter Erfahrungen auf diesem Gebiet des weltweiten Dialogs der großen Religionen und Lebensdeutungssysteme scheint es nicht aussichtslos, den einmaligen Stellenwert der Bibel herauszustellen und zu behaupten, wenn bei aller gebotenen Toleranz es auch nicht einfach ist, nichtchristliche Kulturräume von den Werten und Zielvorgaben der Bibel zu überzeugen und die Anerkennung der Einmaligkeit der Bibel im nichtchristlichen Milieu durchzusetzen.

Neben diesem mehr kulturanthropologischen Argument von dem historischen Vorrang der biblischen Literatur in ihrer Funktion für den abendländischen Raum und der von ihm geprägten Gesellschaftssysteme und Lebensauffassungen muß dann für die innerchristliche Wertung der Bibel darauf verwiesen werden, daß sie in dieser Sicht nicht nur die Geschichte des Volkes Gottes im ständigen Ringen mit Gott, mit sich selbst und mit anderen Völkern und Auffassungen bezeugt, sondern daß sie auch als Buch der

Heilsverheißungen Gottes und insgesamt als »Wort Gottes« begriffen und verstanden wird. Bei allen geschichtlich-menschlichen Bedingungen ihrer Entstehung und ihrer literarischen Form und Anlage ist sie letztlich doch Ausdruck und Zeugnis einer von Gott gewirkten und geführten Geschichte des Volkes Israel und der Urkirche, so daß in diesen Texten nicht nur menschliche Weisheit und Berichterstattung, sondern Gottes Wille, Gottes Heil und Gottes Wort zum Ausdruck kommen. Wie die Bibel im einzelnen als »Wort Gottes« zu verstehen ist, wie sie trotz aller historisch-gesellschaftlichen Rückbindung und Bedingtheit ihrer Aussagen dennoch als Sprechen Gottes in der Geschichte seines Volkes begriffen werden kann, ist noch näherhin zu behandeln, wenn auf die Frage der von Gott eingegebenen Wahrheit und Irrtumslosigkeit der Heiligen Schrift, auf die sogenannte Inspirationslehre bezüglich der Bibel, eingegangen wird.

Für den christlich glaubenden Menschen steht daher die Bibel nicht auf einer Ebene mit anderen philosophischen, religiösen, weltanschaulichen oder schöngeistigen Büchern und Texten, sondern sie hat ihren einmaligen und exklusiven Stellenwert eben darin, daß sie Gottes Sprechen zur Menschheit in der Geschichte seines Volkes Israel, in der Geschichte Jesu von Nazaret und in der Geschichte der Urkirche und frühen Missionskirchen bezeugt, daß sie daher lebendiges Wort Gottes ist und einen anderen Grad an Verbindlichkeit im Glauben sowie an innerer Wahrheit Gottes beinhaltet und beansprucht, als das jede andere Literatur oder Instanz dieser Welt tun kann. Die Bibel enthält letztlich nicht Menschenwort, obwohl durch Menschen für Menschen geschrieben, sondern sie enthält »Offenbarung Gottes«, also Sichtweisen, Zusagen, Weisungen und Orientierungen, die sich Menschen allein nicht ausdenken und erfinden konnten, sondern die durch Gottes offenbarendes Mitteilen glaubenden Menschen zugänglich und durch ihre prophetisch-geistliche Weitergabe allgemein den Glaubenden Israels und der Kirche sowie aller Menschheit angeboten sind. Freilich ist das Zueinander von menschlichem Entwurf und Anteil und göttlicher Offenbarung und Wahrheit theologisch nicht einfach darzustellen und ihr Verhältnis zueinander zu bestimmen, aber dennoch ist mit dem Zweiten Vatikanischen Konzil daran festzuhalten, daß die Bibel die göttliche Offenbarung enthält und als solche die Gläubigen auf dem »Tisch des Wortes Gottes« im Glauben nährt, stärkt und orientiert.

Der christlich glaubende Mensch und alle, die sich an ihm orientieren, wird die alte Bibel also auch deshalb noch heute und immer lesen, weil sie nicht ein vergängliches Buch einer frühen Epoche, nicht ein überholtes Machwerk eines früheren Volkes oder veralteter Schriftsteller, nicht ein zeitgebundenes Denkmal inaktueller Vorstellungen und Auffassungen ist, sondern er wird die Bibel auch heute noch gerade wegen ihres hohen Alters und wegen ihres reichen Überlieferungsinhalts als eigentliche Heilige Schrift des Judentums und der Kirche, der christlichen Glaubenstradition, hochschätzen, pflegen und sich anzueignen versuchen. Wer diese alte Bibel heute liest und sich auf sie und ihre Inhalte mit seinem Leben, Denken und Tun einläßt, der stellt sich selbst in die lange Glaubenstradition der israelitisch-christlichen Geschichte und ihrer zahllosen Zeugen, die aus diesem Glauben gelebt und in nicht wenigen Fällen als Glaubensmärtyrer auch für ihn gewaltsam gestorben sind. Hinter der Bibel als Buch der Offenbarung Gottes steht also auch ein gewaltiger Zug von unbestreitbaren Zeugen dieses biblischen Glaubens, so daß der biblisch glaubende Mensch nicht bloß einem neutralen Text antiker Literatur, sondern einem in der Menschheitsgeschichte einmalig von vielen Generationen existentiell bezeugten Text befreiender und erlösender Heilszusage folgt. Dieser Gesichtspunkt der seit dreitausend Jahren existentiell bezeugten Textakzeptanz der biblischen Botschaft bei zahllosen Generationen der verschiedensten Kulturen ist ein unabweisbar starkes Argument, auch heute der Bibel als orientierendem und heilwirkendem Buch hohe Achtung und Gehör entgegenzubringen, weil sich die Menschheit der Gegenwart in ihrer Gesamtheit, trotz aller veränderten Lebensumstände und soziologischen sowie technischen Bedingungen, in keiner anderen Grundbefindlichkeit antrifft als die Menschheit der Bibel und ihrer Deutungsgeschichte, weil die großen Fragen der Menschen ziemlich konstant bleiben, wie uns nicht zuletzt die moderne Kulturanthropologie und der Strukturalismus gezeigt und belehrt haben. Die Grundfrage »Was ist der Mensch?«, »Wo ist dein Bruder?«, »Woher kommen wir und wohin gehen wir?«, »Wie gehen wir mit unseren Aggressionen und Egoismen um?«, »Wie kann Schöpfung und Frieden in Gerechtigkeit bewahrt werden?« sind zugleich die Grundfragen der Bibel und die bewegenden Fragen heute, so daß die Bibel in diesem Fragehorizont hochaktuelle Perspektiven freisetzt und daher lesenswert wie zuvor ist und bleibt.

Noch ein anderer Grund, die Bibel trotz oder gerade wegen ihres Alters auch heute noch zu lesen und zu benutzen, ergibt sich aus der geschichtlich-kirchenpolitischen Gegebenheit, daß sich im Verlaufe der biblischen Auslegungsgeschichte nicht nur Judentum und Christentum geradezu prinzipiell im ersten nachchristlichen Jahrhundert getrennt und im Streit entzweit haben, daß sich im Verlauf des siebten nachchristlichen Jahrhunderts aus verzerrten Kenntnissen der jüdischen und der christlichen Glaubensweisen, vermischt mit zahlreichen außerbiblischen religiösen Einflüssen, der Islam als neue Variante mit Anspruch auf Weltreligion ergeben hat, und daß sich schließlich die nachösterliche Jesusbewegung und frühe Kirche in heute mehrere tausend Großkirchen, freikirchliche Bewegungen, Denominationen, Konfessionen und Sekten aufgespalten hat, so daß diese faktische Trennung der Großkirchen und die Aufsplitterung in tausend rivalisierende und streitende Sekten und Bewegungen einen auf Dauer unhaltbaren und der Intention Jesu frontal zuwiderlaufenden Zustand hervorgerufen hat.

In dieser Lage der tatsächlichen Trennung und Spaltung, der inneren und äußeren Zerrissenheit, können aber alle Beteiligten nicht umhin, sich wieder auf den Anfang, auf den Urtext der jüdisch-christlichen Glaubensbewegung, auf die Bibel zu besinnen, weil sie, wie das Zweite Vatikanische Konzil sagt, nicht nur das einigende Band aller getrennten Kirchen, sondern auch »Fundament und Seele der Theologie und des Glaubens« aller Christen ist und bleibt. Da einerseits die Bibel ihrem Inhalt nach vor aller Kirchenbildung und Aufspaltung liegt, andererseits die Bibel aber auch Ergebnis und Produkt der jüdisch-christlichen Gemeinschaftsbildung auf Kirche hin ist, ist in jedem Fall die Bibel sämtlichen Kirchen, Konfessionen und Denominationen vorgegeben, so daß sie allesamt in der Bibel ihren genetischen und geschichtlichen Ursprung und Anfang haben und nur im konsequenten Rückbezug auf die Bibel ihre je eigene Identität der Verwurzelung im Anfang finden können.

Daher ist es im heutigen Zeitpunkt, in dem sich viele getrennte

Kirchen und Bewegungen wieder schmerzlicher ihrer Zerrissenheit bewußt werden, unerläßlich, die Bibel wieder in allen Kirchen und Konfessionen in den ihr zukommenden Mittelpunkt als Fundament von Theologie und Glaube zu rücken und die stete Lesung und Auslegung der Heiligen Schrift zu praktizieren und zu fördern, damit sich alle Gläubigen trotz der Trennung und Spaltung ihrer gemeinsamen Wurzeln in der *einen* Heiligen Schrift bewußt werden und sich im offenen und ehrlichen Disput über die Auslegung und das Verständnis der Bibel auch wieder in der Gemeinsamkeit ihres Glaubens treffen und so zur Einheit des Bekenntnisses finden. Der bekannte Satz »Über die Auslegung der Bibel haben sich die Konfessionen gespalten, über der Auslegung der Bibel werden sie wieder zur Einheit zurückfinden« hat heute wie kaum zuvor Geltung, weil das ökumenische Gespräch in eine Phase der Begegnung und der Zusammenarbeit der getrennten Kirchen und Konfessionen geführt hat, die zu berechtigter Hoffnung Anlaß gibt, daß wir uns auf Wegen der Einheit in Christus befinden.

Wenn die Bibel aber im ökumenischen Dialog und für die Wiederfindung der Einheit in Christus einen so hohen, ja einmaligen Stellenwert hat, dann kann niemand leugnen, daß das Lesen dieses alten Buchs der Bibel und das gemeinsame, ökumenische Ringen um seine Auslegung heute von größter Bedeutung ist für den Prozeß der Wiedervereinigung im einen christlichen Glauben und für die Überwindung jahrhundertelang bestehender Hindernisse auf dem Weg zur Einheit in Christus. Dieses ökumenische Argument zum Lesen und Studium der Bibel wiegt heute um so mehr, als es nach allgemeiner Auffassung nur dann der getrennten Christenheit weltweit gelingen wird, ihren Glauben überzeugend darzustellen, zu begründen und weiterzugeben, wenn sie sich auf die Bibel als gemeinsamem Fundament einigt und die Bibel als gemeinsames Grunddokument ihres Glaubens missionarisch propagiert und bezeugt. Nur im entschiedenen Rückgriff auf die Bibel als dem Anfang der jüdisch-christlichen Tradition können die jahrhundertealten Auseinanderentwicklungen in der Lehrüberlieferung und dogmatischen Ausformulierung der Glaubensbekenntnisse überwunden werden.

Das Credo der Bibel ist der kritische Maßstab aller kirchen- und konfessionsspezifischen Lehrentwicklungen und Glaubensinterpretationen, die sich als legitime Fortentwicklungen der biblischen Aussagen rechtfertigen lassen müssen, wenn sie für den Weg auf die Einheit der Christen hin Bestand und Bedeutung behalten sollen. Hierin liegt die auch vom Zweiten Vatikanischen Konzil voll vertretene Lehre vom Primat der Heiligen Schrift gegenüber der Kirche, die in der klassischen Kurzformel Luthers vom »Sola Scriptura« (Allein die Schrift) prägnant zum Ausdruck kommt und von der katholischen Dogmatik und Fundamentaltheologie der nachkonziliaren Entwicklung allgemein angenommen worden ist. Daher ist für alle Christen von größter Bedeutung, die tägliche Schriftlesung zu üben und ausreichende Grundkenntnisse über Inhalt und Verständnis der Bibel zu haben oder zu erlangen, damit sie ihre eigenständige Verantwortung als Zeugen des Wortes Gottes inmitten der Kirche und der Welt wahrnehmen können und ihren eigenen Glauben biblisch fundiert wissen.

Die erwähnte Verhältnisbestimmung der Bibel zur Kirche und ihrem Lehramt mit der klaren Anerkennung der sachlichen Priorität der Bibel als vorgegebene und kritische Instanz gegenüber der Kirche, ihrer Lehre und ihrer Form, darf nun aber nicht in der Weise mißverstanden oder verdreht werden, daß Bibel und Kirche gegeneinander ausgespielt und beide Größen auseinandergerissen und polarisiert werden. Das geschieht zwar häufig in der Weise, daß die Devise »Jesus ja – Kirche nein« im Grund das biblische Jesuszeugnis gegen die heutige Kirche und vor allem ihre verantwortlichen Amtsträger in Anschlag bringt oder daß die Devise »Schrift Israels ja – Schrift der Kirche nein« die Fortentwicklung der Kirche über das damalige Judentum hinaus in Frage stellt und das Christentum in seinem Judesein einseitig betont. Obwohl die Bibel durchaus kritische Instanz gegenüber der Kirche und ihrer Lehre ist und bleibt, kann doch die Teilhabe der Kirche am Zustandekommen der Heiligen Schrift aus Altem und Neuem Testament und an der Bildung des Kanons nicht übersehen werden, so daß dieses wechselhafte Mitwirken der Kirche bei Entstehung und Bewahrung der Bibel nicht zugunsten einer einseitigen Verwendung der Bibel ohne oder gegen die Kirche geleugnet werden darf. Daher ist die Bibel zunächst als »Buch der Kirche« auszulegen und anzuwenden. Gerade gezielte Kirchenkritik aus der Bibel muß sich darum sorgen, fest auf dem Boden der Kirche und ihrer Auslegungstradition zu stehen, wenn sie nicht ins Abseits der bloßen Anti-Haltung abgleiten und sich damit ihrer innerkirchlichen Erneuerungsdynamik berauben will. Denn schließlich gäbe es heute keine Bibel in der Welt, wenn nicht gläubiges Judentum und gläubige Kirche sie bezeugend bewahrt und in immer neue Epochen der Geschichte trotz heftigster Widerstände hinübergerettet hätten. Kirchenkritischer Einsatz von Bibel muß sich dieser inneren historischen wie sachlichen Zusammenhänge bewußt bleiben, wenn er sich nicht seiner geschichtlichen Voraussetzungen begeben will.

2. *Die Autorität der Bibel*

Eng zusammen mit der Frage, ob und weshalb man heutzutage noch in der alten Bibel lesen soll, hängt die Frage nach der Autorität der Bibel überhaupt. Wir wissen ja von Mitbürgern, daß manche ständig in ihrem Goethe-Brevier lesen, andere haben einen Philosophen und Dichter zu ihrer Quelle der Lebensweisheit erklärt, manche suchten ihr Heil in der Mao-Bibel oder in den gesammelten Werken von Karl Marx, andere wiederum orientieren sich an Texteditionen asiatischer Religionen oder greifen auf Denkmodelle gnostischer Selbsterlösung und Reinkarnation zurück. In diesem fast unübersehbaren Großangebot von Heil und Erlösung versprechenden Anleitungen und Weisungen stellt sich natürlich die Frage, welche Kriterien und Argumente für die Autorität der Bibel, für ihren einmaligen Stellenwert, für ihre unüberholbare Bedeutung und exklusive Rolle für die Menschheit angeführt werden können. Dabei geht es nicht um die Frage nach der Bedeutung der Bibel für die Christen, die aus ihrer Glaubensüberzeugung heraus ja in diesem Buch Gottes Wort sehen und verehren, sondern es geht jetzt in erster Linie um die Frage, wie die Autorität der Bibel im Umfeld der anderen Heiligen Schriften der Menschheit, im Umfeld der gegebenen philosophischen und mythologischen Traktate und im Rahmen der immensen Masse der hochgeistigen Weltliteratur qualifiziert und in ihrer gipfelnden Spitzenposition begründet werden kann, und zwar in einer möglichst objektiv einsehbaren Wertung für alle Menschen, nicht nur der Christen.

In diesem Zusammenhang wird einmal auf das jahrhundertealte und große *Erfahrungspotential* hingewiesen, das in der Heiligen Schrift Israels, aber auch in geringem Umfang in der Heiligen Schrift der Urkirche enthalten ist und transportiert wird. Ohne sich auf eine feste Chronologie für die Geschichten um den Stammvater Abraham und die Vätergeschichten, um den Auszug Moses aus Ägypten und die weitere Geschichte der Volkwerdung Israels festlegen zu wollen, kann doch festgehalten werden, daß mythologische Erzählungen, vermischt und kombiniert mit geschichtlichen Erinnerungen und Deutungen, seit über eineinhalbtausend Jahren vor Christus in die Schrift Israels eingegangen sind und daß sich in dieser Textmasse der verschiedensten literarischen Gattungen zahlreiche Erfahrungen und Reflexionen von einzelnen und von Gemeinschaften erhalten haben, die in dieser Dichte und sprachlichen Ausformung einmalig innerhalb der Weltliteratur sind.

Zahlreiche Lebensschicksale, Wechselfälle des Lebens, positive und negative Erfahrungen, Ereignisse der Gemeinschaft des Volkes, Höhen und Tiefen des individuellen und sozialen Lebens werden in dieser biblischen Literatur nicht nur geschildert und damit der Nachwelt erhalten, sondern auch gedeutet, analysiert und interpretiert, und zwar immer aus der Perspektive der glaubenden Verantwortlichkeit vor Gott heraus. In diesem Sinn liegt ein Moment der Autorität der Bibel gewiß darin begründet, daß jeder interessierte und suchende Leser in der existentiellen Begegnung mit diesen Erfahrungsberichten der Bibel stückweise sich selbst und seine eigenen Erfahrungen in diesen Geschichten wieder entdecken kann und daher im Lesen der Bibel sein eigenes Leben und Wesen liest. Im Spiegel der alten Bibel kann der Mensch aller Epochen und Zonen seine eigene *Selbsterfahrung* in und mit diesen Texten machen, weil sie Erfahrungen wiedergeben, die nicht unähnlich meinen eigenen Erfahrungen sind und die mir daher zur Findung meiner Identität und meines eigenen Ichs und seiner Rolle in der Gemeinschaft und im Ganzen dienen können. Die Bibel als Erfahrungsliteratur der Menschheit besitzt daher auf Grund ihres Alters und ihrer außerordentlich langen Sammlungsgeschichte von fast 2000 Jahren einen immensen Wert, der so von kaum einer anderen Literatur der Weltgeschichte nachweisbar ist.

Ein anderer Gesichtspunkt der Frage nach der *objektiven Autorität der Bibel* liegt darin, daß sich in diesem Buch der Schrift Israels und der Kirche der lange und schwierige Weg der Entstehung und Bewußtwerdung des Volkes Israel als geschichtliche Größe niederschlägt, ein Bewußtseinsprozeß, der in keiner anderen Literatur der Menschheit einen solch geschlossenen, in sich kohärenten und kontinuierlichen literarischen Niederschlag gefunden hat. Hier ist in zahllosen Einzelerzählungen von Kriegen und Frieden, von Höhen und Tiefen, von Versagen, Schuld und Sünde wie von Heldentum, Selbsthingabe und Größe das Ringen einzelner und des Volkes um Verantwortung, Überleben, Durchhalten im und aus Glauben geschildert, was eine einmalige Darstellung der glaubenden Bewußtseinswerdung eines Volkes in der Literatur der Menschheit darstellt.

Daß Israel im Zusammenhang mit dieser Darstellung und Deutung seines eigenen Prozesses der Volkswerdung und seines Suchens und Kampfes um religiöse Existenz vor Gott auch als erstes und einziges Volk im Vorderen Orient die grafische Schrift so hoch entwickelte und einsetzte, daß eine mündlich festgehaltene Überlieferungsliteratur nun auch schriftlich alphabetisiert und konserviert werden konnte, sei nur am Rande miterwähnt, da Erfahrungskonstanz und *Schriftalphabet* natürlich eng zusammenhängen, wo die mündliche Überlieferungskette gefährdet war oder nicht mehr ausreichte.

Es ist allgemein in der Literaturgeschichte der Welt anerkannt, daß das epochale Geschichtswerk Israels, seine enorme poetisch-liturgische Textproduktion und seine Weisheitssammlung in dieser kompakten und innerlich abgestimmten Vielfalt von Zeugnissen ihresgleichen in der übrigen Weltliteratur nicht hat. Daher darf auch in diesem einmaligen Stellenwert ein Grund für die Autorität der Bibel für die Gesamtmenschheit liegen.

Ein weiterer Gedankengang zielt auf die starke Betonung ab, die in der Bibel der *Mensch in seiner Verantwortung vor Gott,* dem Schöpfer und Herrn der Geschichte, erfährt. Es ist nicht übertrieben zu sagen, daß im Mittelpunkt der Bibel der Mensch steht, insofern um seine Daseinsbedingungen, sein innerstes Wesen, seine Herkunft, Zukunft und Bestimmtheit nachgedacht und im Glauben nach Antworten gesucht wird. Die Bibel bejaht grundsätzlich den Menschen als Geschöpf Gottes in Gottesebenbildlichkeit, bejaht damit das Leben des Menschen vor Gott und zeigt Wege und Weisen des Durchhaltens im Leben vor Gott und mit seiner Hilfe unter seiner Führung. Selbst wo in den häufigen Erzählungen von heiligen Kriegen, Banndurchführungen und Exkommunikationen, menschliches Leben und Feinde vernichtet werden im Namen Gottes, geht es letztlich doch auch immer wieder um die Rettung des Menschen vor Gott, um Menschenwert und Menschenwürde in Verantwortlichkeit vor Gott. In dieser starken Ausrichtung auf den Menschen und der Suche nach seinem Wesen und Auftrag liegt ein weiterer Grund für die allgemein menschliche Bedeutung dieser Literatur.

Ein letzter Gesichtspunkt soll genannt werden, der dann freilich nicht zuerst in der Bibel selbst, als vielmehr in ihrer jahrtausendlangen Wirkungsgeschichte liegt. Seit dem Beginn der Bibelwerdung in den Glaubensanfängen Israels haben sich bis heute zahllose Generationen von Einzelpersonen, Familien, Sippschaften, Völkern und Kulturen auf diesen Bibeltext und seine Aussagen und seinen Anspruch eingelassen und haben damit ihr Heil gesucht und ihren Weg und ihre Geschichte gestaltet. Seit über dreieinhalbtausend Jahren erfahren Menschen im Glauben Israels und später der Kirche als positives Prinzip ihrer Lebens- und Gesellschaftsgestaltung, bis hin in die großen christlichen Traditionen des Mittelalters und des christlichen Abendlandes und der Weltmission, eine trotz allen Versagens und aller Rückschläge letztendlich doch ermutigende Bilanz glaubender Weltgestaltung und Weltbewältigung. Mit welcher anderen Literatur ließ sich kontinuierlich und so umfassend dermaßen lang Weltgeschichte und Menschheitsorientierung gestalten und motivieren? Die Bibel als großes Buch einer positiven Lebens- und Weltgestaltung, als inzwischen bewährtes und ausgewiesenes Textdokument einer seit dreitausend Jahren versuchten Existenz aus Glauben heraus, kann nicht mehr einfach abgetan noch durch andere Ideologien und kurzlebige Visionen ersetzt werden. Es scheint darin ein Moment objektiver Autorität zu liegen, daß die Bibel solange schon Basistext gültiger Gesellschafts-, Welt- und Lebensgestaltung zu sein vermag.

Wenn man auch in dieser Weise eine ganze Reihe von einsichtigen Gründen für die hohe und einmalige Autorität der Bibel anführen kann, so muß doch auch gesehen werden, daß Nichtglaubende oder Andersglaubende von der Bibel und ihren Aussagen nicht unbedingt überzeugt werden oder gar zur Annahme der Bibel als ihrer eigenen Wahrheit gezwungen werden können. Die Werthaftigkeit der Bibel als »Buch des Lebens« ergibt sich zunächst doch nur für den in der Glaubenstradition Israels und des Christentums Lebenden, während der nicht aus dieser biblischen Erfahrungstradition Kommende zwar diese und jene Lebensweisheit oder Wahrheit der Bibel entnehmen mag, aber doch nicht zum Gesamtanspruch glaubender Verantwortung vor Gott findet. Die Bibel stellt *ein* Deutemodell von Mensch, Schöpfung und Geschichte vor, eröffnet *ein* Selbst- und Gottesverständnis, das zweifellos *ein* gültiges Sinnangebot von hoher Autorität birgt, aber diese Autorität ist für den Anders- oder Nichtgläubigen eben nicht zwingend, sondern läßt ihm in Toleranz des eigenen Gewissens die Freiheit der Bejahung oder Ablehnung der Bibel als maßgeblicher Gestaltungsautorität der eigenen und gesellschaftlichen Existenz.

Literatur zum Weiterstudium

Heinrich Groß und *Franz Mußner,* Die Autorität der Bibel. Fünfzehn Thesen, in: Bibel und Kirche 26 (1971) 74–77; *Karl-Heinz Ohlig,* Woher nimmt die Bibel ihre Autorität?, Düsseldorf 1970; *J. Barr,* Holy Scripture. Canon, Authority, Criticism, Oxford 1983; *S. M. Ogden,* The Authority of Scripture for Theology; in: Interpretation 30 (1976) 242–261.

Es gibt jedoch zahlreiche Zeugnisse von nichtchristlichen Denkern und Führungspersönlichkeiten, ja sogar von erklärten Atheisten, die die Bibel zwar nur als literarisches Menschenwerk betrachten, ihr aber eine außergewöhnlich gelungene und umfassende Formulierung von großer Lebensweisheit zubilligen und in ihr die »großen Erfahrungen« menschlicher und gesellschaftlicher Existenz entdecken. So sagt der nichtchristliche Philosoph Karl Jaspers, Der philosophische Glaube angesichts der Offenbarung, München 1962, Seite 496: Im Anschauen dieser »großen Erfahrungen, die aus der Bibel sprechen, gelangen wir in die Situation, eher zu wissen, wie wir leben, was wir tun. Durch die Bibel werden in uns die Tiefen geöffnet zum Blick in den Grund der Dinge«. Vor allem um die erschütternden Erlebnisse im Leben deuten zu können, um Krisen durchstehen und bewältigen zu können, sind auch nach Jaspers Erfahrungsmodelle der Bibel und deren Sinndeutungen hilfreich und zweckmäßig. Wenn der nichtgläubige Mensch seine tragischen oder hoffnungsbringenden Erlebnisse »biblisch« zu artikulieren lernt, wird auch für ihn die Bibel zu einem Buch des Lebens und der positiven Sinnfindung und Zukunftsgestaltung, selbst wenn er sich für kirchenfern oder gottlos hält, vgl. etwa den Marxisten *M. Machovec,* Jesus für Atheisten, Stuttgart 1972; *L. Kolakowski,* Geist und Ungeist christlicher Traditionen, Stuttgart 1971; *V. Gardavsky,* Gott ist nicht ganz tot, München [5]1971; vgl. dazu *Paul-Gerhard Müller,* Bibel und Christologie, Stuttgart 1987, S. 276–280.

3. Die Bibel als »Heilige Schrift« und »Wort Gottes«

Israel und das frühe Judentum gebrauchten eine ganze Palette von verschiedenen Begriffen für jene Schriften, an denen sie ihren Glauben orientierten:

»Buch der Weisung Jahwes« Neh 9,3; 2 Chr 17,9
»Buch der Weisung Moses« Jos 8,31; 23,6; 2 Kön 14,6
»Buch dieser Weisung« Dtn 28,61; 30,10; Jos 1,8
»Buch Jahwes« Jes 34,16
»Buch des Bundes« Ex 24,7; 2 Kön 23,2.21; 2 Chr 34,30; 1 Makk 1,57
»Bücher der Könige und Propheten« 2 Makk 2,13
»Buch des Gesetzes« 1 Makk 1,56
»das Gesetz« 1 Makk 1,57; 4 Esra 14,21f; Josephus
»das Gesetz und die Propheten« 2 Makk 15,9; 4 Makk 18,10
»das Gesetz, die Propheten und übrigen Schriften« Sir, Prolog; Philo
»die Heiligen Schriften« 1 Makk 12,9; Philo

Auch das Urchristentum übernahm diesen Sprachgebrauch im Neuen Testament:

»das Gesetz« = der Pentateuch Mt 5,18f; 12,5; Lk 2,23f; 10,26; 4,21
»das Gesetz« = die ganze Heilige Schrift Joh 10,34; 12,34; Röm 3,19 u.ö.
»das Gesetz und die Propheten« Mt 5,17; 7,12; 22,40; Joh 1,45; Röm 3,21

»das Gesetz des Mose, die Propheten und die Psalmen« Lk 24,44
»die Schrift« Joh 2,22; 10,35; Röm 11,2; Jak 4,5; 1 Petr 2,6
»die Schriften« Mt 26,54; Lk 24,27; Joh 5,39; Apg 17,2.11
»die Heiligen Schriften« Röm 1,2; 2 Tim 3,15.

Jedoch wurde keiner dieser Texte in der Bibel selbst als *Wort Gottes* (logos tou theou) bezeichnet, obwohl Israel das Bild vom *buchgewordenen* Gotteswort durchaus bekannt war, vgl. Ez 2,9f; Jer 36,6.8.11, und obwohl die biblischen Schriftsteller sich durchaus bewußt waren, Gottes Wort zur Niederschrift und Verkündigung zu bringen. Für Jesus von Nazaret und die Urchristenheit gab es keinen Zweifel daran, daß sie *im* »Gesetz und den Propheten« *Gottes Wort* vernahmen und weitergaben. Jedoch wurden die Texte niemals in der Weise verdinglicht und hypostasiert, daß Wort Gottes mit Text und Buchstabe kurzweg gleichgesetzt und identifiziert wurde.

Israel und das Urchristentum waren sehr zurückhaltend darin, den geschriebenen Text einfachhin mit dem Wort Gottes gleichzusetzen, wenn auch die neutestamentlichen Schriftsteller überzeugt waren, daß Gott durch sie spricht (vgl. für Paulus 2 Kor 5,20 »der durch uns mahnt«, 1 Thess 2,13; 2 Kor 4,2; 10,11f; für die Evangelisten Mk 1,1; Lk 1,1–4; Joh 20,30; 21,24; für das übrige Neue Testament Kol 4,3; 2 Thess 2,15; 3,14; 1 Tim 3,14; Tit 1,1; Hebr 13,22; 1 Petr 5,12; Offb 1,1ff; 19,9; 21,5; 22,6.18). Der Text galt keineswegs als das schriftlich fixierte Wort Gottes, nicht einmal in der Überlieferung der Reden Jesu, bei deren Weitergabe sich die Synoptiker große Freiheiten erlaubten, ebenso wie Paulus im Umgang mit der Schrift Israels. Der Text *ist* nicht das Wort Gottes, sondern nur dessen Ausdrucksform, Sinnträger und Bezeugungsgestalt, das semantisch-linguistische Substrat der heilswirksamen Dynamik »Wort Gottes«.

Für die urchristlichen Zeugen hingegen nahm das *Wort Gottes* insofern real personale Züge an, indem *Jesus Christus* in Person als offenbarendes Sprechen Gottes und Wort des Vaters geglaubt und bezeugt wurde, vgl. Joh 1,14; 2 Kor 1,20a; 1 Joh 1,1f; Offb 19,13; seine Verkündigung ist Wort Gottes, vgl. Joh 3,34; 8,47; Apg 10,36; Hebr 1,1f; sein Wirken offenbart Gottes Wort, vgl. Apg 10,37; Mk 2,14–17; Joh 1,18; 4,34; 17,4. In seinem Tod und seiner Auferstehung artikuliert sich Gottes Heilswille, spricht Gott zu uns, vgl. Röm 1,1–5; 1 Kor 1,18–25; 15,1–5; 2 Kor 15,18–20. Da Jesus als »Sohn Gottes« in einer einzigartigen Gottesbeziehung geglaubt wird (vgl. Mt 11,27), vermag er Gottes Willen in einmaliger Weise zur Sprache zu bringen, vgl. Mt 5,21–34; Mk 8,38. Obwohl Jesus als Prophet gesehen wird, wird doch niemals von ihm gesagt, daß Gottes Wort an ihn wie an einen Propheten Israels ergangen wäre, vielmehr wird er selbst als Wort Gottes bekannt. In Jesus erkennen die Zeugen *Gottes Wahrheit* (Joh 14,6), in seinem Evangelium das rettende »Wort vom Kreuz« (1 Kor 1,17f; Röm 1,16; Apg 17,3; 26,29), in seiner Person die Selbstmitteilung Gottes.

Im Alten Testament hingegen wird Jahwes Selbstaussage in der grundsätzlichen Form des »Ich bin der ICH-BIN-DA« (Ex 3,14) und, davon abgeleitet, in allen Reden, Erzählungen und Texten, die Israel neues Leben, neue Zukunft und Bestand eröffnen, zum lebendigen Sprechen Gottes im Vollzug von Israels Geschichte und damit zum Wort Gottes als Prozeß des Mit-Gott-Seins auf dem Weg des Volkes und des einzelnen. Weil Israel immer wieder in Jahwe seinen Retter erfahren hatte, wußten sich die Glaubenden in Israel von Gott angesprochen, in einen verantwortlichen Dialog mit Gott verwickelt, vgl. Dtn 7,6–8; 26,5–10; Ex 3,7–12; 13,17–14,31; Ri 5; Jes 40,1–11. Alle in der Tora, in den Propheten und den übrigen Schriften festgehaltenen Worte sind letztlich nur Entfaltungen des Ur-Credos »Gott mit uns« (Immanuel).

Innerhalb der alttestamentlichen Schriften ist ein deutlicher Entwicklungsprozeß und ein ständiges Ringen um Neuüberlieferung des Althergebrachten in neue Situationen feststellbar. Israel versteht sich in der lebendigen Ausformulierung seiner Schriften *auf dem Weg,* so daß das Alte nicht etwa abgestoßen und ausgeschieden, sondern vielmehr immer neu interpretiert, angepaßt und so erneuert wird. Für Israel ist in seinen Schriften noch nicht Gottes letztes Wort gesprochen. Daher bleibt die Schrift Israels letztlich auch offen auf Gottes Sprechen in und durch Jesus Christus, dem endzeitlichen Immanuel Jahwes in Geschichte und Welt, vgl. Mt 1,23, der endzeitlichen Gottesgerechtigkeit (Röm 4,17.24; 2 Kor 1,9) und der eschatologischen neuen Schöpfung, vgl. 2 Kor 5,21; Röm 3,25f. Daher ist nach christlichem Verständnis das Wort Gottes im Alten Testament auf Jesus Christus als Wort Gottes in der Endzeit ausgerichtet, so daß Gottes Sprechen zur Welt in Jesus Christus unüberbietbar gipfelt, vgl. Hebr 1,1.

4. *Die Inspiration der Bibel*

Die vergleichende Religionsgeschichte zeigt uns, daß es in allen großen Weltreligionen wie Hinduismus, Buddhismus, Konfuzianismus, Islam die Vorstellung gibt, daß Heilige Schriften unter göttlich-übernatürlichem Einhauch (lat. inspiratio; griech. epipnoia, theopneustos) entstanden sind und verfügt wurden. Aber auch neuzeitliche Künstler und Geistesschaffende sprechen von solcher unerklärlichen, übernatürlichen Inspiration ihrer Ideen und Kreationen. Das christliche Inspirationsverständnis der Bibel hat jedoch seine eigene Prägung.

Wurde im alten Israel der Botschaft der Propheten als rettendes Wort Jahwes allzu oft kein großes Gehör geschenkt (vgl. 1 Kön 19,10; Jes 7,1–13; Jer 26; 36; Am 7,12–15), so wurden nach der Zerstörung des ersten Tempels im Jahr 586 v.Chr. und nach der Wegführung ins babylonische Exil die prophetischen Gottesworte ernster genommen und mit göttlichem Anspruch versehen, vgl. Dtn 18,21f; Neh 9,30; Jer 23,20; Klgl 2,17; Ps 106. Es setzte die Sammlung und absichtliche Bewahrung von Gottes einst ergangenen Worten ein, indem der Pentateuch zusammengestellt wurde und seine endgültige Gestalt fand, indem die Prophetensprüche zu großen Reden in den Prophetenbüchern vereinigt und redigiert wurden, so daß die Israeliten, die in Palästina oder der Diaspora unter Fremdvölkern lebten, ganz gezielt auf jene Texte zurückgreifen konnten, in denen von der Heilsverheißung an die Väter und von den wunderbaren Rettungen durch Jahwe die Rede war, in denen aber auch der Anspruch Jahwes zum Ausdruck kam. So wandte man sich ganz gezielt »dem Gesetz, den Propheten und den anderen von den Vätern überkommenen Schriften« zu (Sir, Prolog), um den Willen Jahwes zu verstehen und die Gegenwart und Zukunft deuten zu können, vgl. 1 Makk 3,48.

In der hellenistischen Diaspora sah Philo von Alexandrien diesen Sachverhalt der Gottgewirktheit der Heiligen Schrift so, daß deren menschliche Verfasser »zu Dolmetschern Gottes wurden, der sich ihrer Organe zur Offenbarung seines Willens bediente«. Auch Flavius Josephus betonte, daß in der »heiligen Schrift« (2 Makk 8,23) der heilige Geist selbst zu Wort kam, da Mose und die Propheten aus der Kraft des Geistes Jawes gesprochen und gehandelt hatten, vgl. Num 11,17; Ez 2,2; 11,5; Hos 9,7; Mi 3,8; Sach 7,12.

Ähnlich hat die Urkirche die Schrift Israels als inspiriertes Zeugnis von dem endzeitlichen Messias und Retter Jesus Christus verstanden. Jesus von Nazaret selbst hat seine Verkündigung und sein Selbstverständnis zwar ganz aus den Schriften Israels genährt, aber er hat selbst die Schrift des Alten Testaments auffallend wenig zitiert. Erst die nachösterliche Urgemeinde hat die Schrift Israels intensiv benutzt, um Jesu Kreuzestod und Auferstehung, seine missionarische Sendung und seine Botschaft umfassend aus dem Alten Testament zu begründen und den Text des Alten Testaments als Schriftbeweis für Jesus einzusetzen.

Denn für die Verkündigung der Christusbotschaft vor Juden wie Heiden mußte in jedem Fall nachgewiesen werden, daß das Christusereignis in unlösbarem Zusammenhang mit der Geschichte und den Verheißungen Israels stand, vgl. Lk 4,18 f; Apg 13,32–41; Röm 3,21 f; Gal 3,6 – 4,7.12–31; Hebr 7,1 – 12,2. Gott hatte im Verlauf der ganzen Geschichte Israels die Ankunft des endzeitlichen Heilsmittlers und Messias Jesus von Nazaret vorbereitet, vgl. Mt 1,23 f; 2,17 f; 4,14–16; Joh 5,39; Röm 1,2; 1 Petr 1,10–12.

Der jüdische wie urchristliche Glaube an die Geistgewirktheit der Schrift rechtfertigte eine solche eindeutige christologische Interpretation der Schrift Israels, entsprechend dem in 2 Petr 1,21 genannten Grundsatz: »Keine Weissagung wurde jemals durch Willen eines Menschen hervorgebracht, sondern vom Heiligen Geist getrieben haben Menschen von Gott her geredet.« Für das Urchristentum ist Gott also der eigentliche Urheber und Verantwortliche der christologischen Interpretation der Schrift Israels auf Jesus Christus als Sohn Gottes hin, »denn keine Prophetie der Schrift ist Sache eigenwilliger Auslegung« (2 Petr 1,20 b).

Solche »von Gott eingehauchte« (theopneustos 2 Tim 3,15) Auslegung der Schrift Israels auf Christus hin kann, ja muß daher von Urchristentum und Kirche ebenfalls als Heilige Schrift übernommen und in ihren später durch das Neue Testament erweiterten Kanon aufgenommen werden. Das junge Christentum hielt daher selbstverständlich an der schon im Judentum verbreiteten Glaubensvorstellung von der göttlichen Inspiration ihrer Heiligen Schrift fest, wenn auch das Judentum seinerseits der nun neu hinzugekommenen Schrift des Neuen Testaments keine Heilsbedeutung und damit keine Anerkennung als inspiriertes Gotteswort zuerkennen konnte.

Denn während die christologisch glaubenden Juden und die Heidenchristen die prophetischen Verheißungen der Schrift Israels in Christus erfüllt sahen und im Heiligen Geist die eschatologische Vollendung der Heilsgeschichte Israels in Christus erkannten (Lk 24,25–27.32.44; Apg 8,30–35; 2 Kor 3,14–16), konnte der konservative Flügel des pharisäischen Judentums diese pneumatische Schriftdeutung nicht mitvollziehen und ging in Opposition zur Jesusbewegung vor und nach Ostern.

Das Urchristentum aber hat die Kontinuität der Heilsgeschichte (griech. oikonomia) behauptet und dadurch die Schrift Israels im Namen des Evangeliums Jesu Christi allen Weltvölkern erschlossen und zugänglich gemacht und die Heilige Schrift damit vom Judentum aus entschränkt auf die universale Völkerwelt. Diesen geistgewirkten Vorgang der Auslegung von Israels Schrift auf Christus hin reflektiert 1 Petr 1,10–12: »Nach diesem Heil haben die Propheten gesucht und geforscht, und sie haben über die Gnade geweissagt, die für euch bestimmt ist. Sie haben nachgeforscht, auf welche Zeit und welche Umstände *der in ihnen wirkende Geist* Christi hindeute, der die Leiden Christi und die darauf folgende Herrlichkeit im voraus bezeugte. Den Propheten wurde offenbart, daß sie damit nicht sich selbst, sondern euch dienten; und jetzt ist euch dies alles von denen verkündet worden, die euch *in der Kraft des vom Himmel gesandten Heiligen Geistes* das Evangelium gebracht haben.«

Die Bibel rechnet zwar mit der göttlichen Geistgewirktheit der Heilsaussagen der Heiligen Schrift, kennt aber natürlich noch keine systematisch entwickelte Inspirationslehre, die erst von der späten kirchlichen Glaubenswissenschaft und Dogmatik entwickelt wurde. Dabei ging es vor allem um die denkerische Frage nach dem Zusammenwirken des Geistes Gottes und des menschlichen Verfassers, wie stark Gott dem Autor die Feder führte und somit der konkrete Text und Buchstabe bereits göttliche Eingebung und damit unveränderlich sei. Im Anschluß an Origenes formulierte das Konzil von Florenz (1438–1445), das erste ökumenische Konzil, das sich mit der Schriftinspiration ausdrücklich befaßte, folgendermaßen: »Ein und derselbe Gott ist Urheber des Alten und des Neuen Testaments, d.h. des Gesetzes, der Propheten und des Evangeliums. Denn auf Eingebung ein und desselben Heiligen Geistes haben die Heiligen beider Testamente gesprochen. Ihre Bücher nimmt die heilige römische Kirche in Ehrfurcht entgegen« (*Neuner-Roos* 86).

Auch die Reformation Luthers hielt an diesem Inspirationsbegriff fest, wenn auch in der Kanonfrage andere Akzente gesetzt wurden und teils die Bedeutung der in der Kirche mündlich überlieferten Lehre geleugnet wurde, so daß das Konzil von Trient 1546 im Hinblick auf die Inspiration erklärte: »So folgt die heilige, allgemeine und umfassende Kirchenversammlung von Trient dem Beispiel der orthodoxen Väter, wenn sie *alle Bücher* des Alten und Neuen Testaments – denn der eine Gott ist ja der Urheber von beiden – *zugleich mit den Überlieferungen,* die Glauben und Sitten betreffen, mit gleicher frommer Bereitschaft und Ehrfurcht anerkennt und verehrt. Denn sie stammen ja aus dem Munde Christi oder sind vom Heiligen Geist eingegeben und sind in ununterbrochener Folge in der katholischen Kiriche bewahrt worden« (*Neuner-Roos* 88).

In der Folge gelangte die dogmatische Deutung zu drei Grundtypen der Inspirationsauffassung:

1. Verbalinspiration,
2. Realinspiration,
3. Personalinspiration.

Die Verbalinspiration geht davon aus, daß der ganze Text als Text – gemeint ist zunächst der hebräische und griechische Urtext – in seinem wörtlichen Zustand inspiriert ist. Schon manche griechischen und lateinischen Kirchenväter vertreten diese Auffassung.

Die Realinspiration vertritt die Auffassung, daß nur die vom Text gemeinte Sachaussage inspiriert ist, also der Sinn des Textes und seine Bedeutung. Reiner Buchstabendienst soll vermieden werden.

Die Personalinspiration sieht nur die Aussageabsicht der Verfasser inspiriert, während die sprachliche Gestaltung dieser eingegebenen Intention in der Verantwortung des menschlichen Autors liegt.

Diese drei Grundtypen haben natürlich in der theologischen Debatte wiederum eine vielfache Untergliederung und Verfeinerung erfahren. Das Erste Vatikanische Konzil 1870 hat die Inspiration so umschrieben: »Nicht deshalb faßt die Kirche diese Bücher des Alten und Neuen Testaments als heilig und kanonisch auf, weil sie etwa bloß durch menschliches Bemühen zusammengestellt und dann durch ihre eigene Vollmacht anerkannt worden wären; auch nicht deshalb, weil sie die Offenbarung ohne Irrtum enthalten; sondern deshalb, weil sie, geschrieben auf Eingebung des Heiligen Geistes, Gott zum Urheber haben und als solche der Kirche übergeben sind« (*Denzinger* 3006).

Beharrte die altprotestantische Orthodoxie auf dem extremen Standpunkt, daß der ganze biblische Text mitsamt seinen Punkten, Buchstaben, Silben und Worten den biblischen Schriftstellern wortwörtlich von Gott eingegeben worden sei und diese rein passive Werkzeuge waren, so ließ sich angesichts einer fortgeschrittenen Kenntnis der Textgeschichte und der Ergebnisse der Textkritik eine solche radikale Verbalinspiration nicht mehr halten. Da aber zwischen dem Textbestand, der Textform und der Grammatik und andererseits der Sinnaussage ein sehr enger Zusammenhang besteht, ist eine gemäßigte Verbalinspiration wohl immer noch die beste Weise, die Inspiration zu verstehen. Dazu das Zweite Vatikanische Konzil 1965 in Dei Verbum 12: »Um die Aussageabsicht der Hagiographen zu ermitteln, ist neben anderem auf die literarischen Gattungen zu achten. Denn die Wahrheit wird je anders dargelegt und ausgedrückt in Texten von in verschiedenem Sinn geschichtlicher, prophetischer oder dichterischer Art, oder in anderen Redegattungen... Will man richtig verstehen, was der heilige Verfasser in seiner Schrift aussagen wollte, so muß man schließlich genau auf die vorgegebenen umweltbedingten Denk-, Sprach- und Erzählformen achten, die zur Zeit des Verfassers herrschten, wie auf die Formen, die damals im menschlichen Alltagsverkehr üblich waren.« Die Form des Textes, die Wörter, der Stil, die Grammatik, sind also doch entscheidend für den Sinn des Textes, die Worte sind die Träger des Geistes.

Als durch die neuzeitlichen Naturwissenschaften viele biblische Vorstellungen als falsch und unhaltbar erklärt wurden, z. B. bezüglich der Abstammung des Menschen (Monogenismus) oder bezüglich der Stellung der Erde im Kosmos (Kopernikus, Galilei), und als weiterhin durch Archäologie und Religionsgeschichte nachgewiesen wurde, daß die biblischen Schriften stark von mesopotamischen oder ägyptischen Vorstellungen abhängen, trat die Frage nach der Irrtumslosigkeit (Inerranz) der Bibel in den Vordergrund.

Hatten frühere päpstliche Enzykliken wie »Providentissimus Deus« (1893) und »Divino afflante Spiritu« (1943) die Anstößigkeit noch dadurch beseitigen wollen, daß all jene Stellen, die aus naturwissenschaftlicher oder historischer Sicht dem Glauben an die Irrtumslosigkeit der Bibel entgegengestanden, als zeit- und gesellschaftsbedingte Ausdrucksweisen aufgewiesen und so entschärft wurden, so hat das Zweite Vatikanische Konzil 1965 die Frage der »absoluten Irrtumslosigkeit« der Bibel übergeführt in die Frage nach der »Wahrheit der Heiligen Schrift um unseres Heils willen«. »Irrtumslosigkeit« wird nun durch »Wahrheit« ersetzt: »Da also alles, was die inspirierten Verfasser oder Hagiographen aussagen, als vom Heiligen Geist ausgesagt zu gelten hat, ist von den Büchern der Schrift zu bekennen, daß sie sicher, getreu und ohne Irrtum die Wahrheit lehren, die Gott um unseres Heils willen in heiligen Schriften aufgezeichnet haben wollte« (Dei Verbum 11).

Die ganze Bibel ist also »Wahrheit um unseres Heils willen«, d. h. Gott spricht durch alle Schriften der Bibel so, daß Israel und die Völker Gott als Heilsführer erkennen können im Heiligen Geist (2 Kor 3,4 – 4,6), daß die Bibel durch Israel und die Kirche allen Völkern zum Heil wird. Während der Islam glaubt, der Text des Korans komme unmittelbar von Allah, bedeutet für Christen die Inspiration der Bibel, die unlösbare Verbundenheit des Textes, seiner Verfasser und der überliefernden Kirche mit dem Heiligen Geist. Daher kann die Bibel auch heute noch als ihrerseits geistwirkend erfahren werden.

Literatur zum Weiterstudium

Alonso-Schökel, L., Sprache Gottes und der Menschen, Düsseldorf 1968.
Beumer, J., Die Inspiration der Heiligen Schrift, Freiburg 1968.
Delling, G., Wort Gottes und Verkündigung im Neuen Testament, Stuttgart 1971.
Grillmeier, A., Die Wahrheit der Heiligen Schrift und ihre Erschließung, in: ThPH 41 (1966) 161–187.
Haag, H., Die Buchwerdung des Wortes Gottes in der Heiligen Schrift, in: Mysterium Salutis I, 289–428.440–462.
Ohlig, K.-H., Woher nimmt die Bibel ihre Autorität?, Düsseldorf 1970.
Stakemeier, E., Die Konzilskonstitution über die göttliche Offenbarung, Paderborn ^{2}1967.

II. Die Entstehung der Bibel

Die christlichen Kirchen verstehen die Einheit von Altem und Neuem Testament, die ganze Sammlung von 46 und 27 Büchern nach katholischer Auffassung, also die Bündelung von 73 einzelnen Schriften als »Bibel«. Völlig uninformierte Laien gehen manchmal von der irrigen Vorstellung aus, *ein* Verfasser habe das Alte Testament, ein anderer das Neue Testament samt und sonders geschrieben. Bei Umfragen gaben Laien auch an, nach ihrer Erinnerung habe Mose das Alte und Jesus mit den Evangelisten und den Aposteln das Neue Testament verfaßt; auch diese naive Vorstellung entspricht nicht den wirklichen Entstehungsverhältnissen der Bibel, die vielschichtiger und auch komplizierter sind.

Zunächst ist zwischen den Entstehungsweisen des Alten und des Neuen Testaments jeweils deutlich zu unterscheiden, da je andere Zeiträume, andere geographische Räume, andere soziologische Voraussetzungen und andere Zeitumstände in Betracht kommen. Für alle 73 einzelnen Schriften der Bibel gilt daher, daß sie je ihre eigene Entstehungsgeschichte, Überlieferungsgeschichte, Redaktionsgeschichte und Kanongeschichte haben, die jeweils in der gezielten Einleitung zu den einzelnen Büchern des Alten und Neuen Testaments dargestellt werden, so daß diese einzelne Schicksalsgeschichte jedes biblischen Buchs in unserem Zusammenhang hier nicht behandelt werden muß. Hier sollen vielmehr nur die allgemeinen Entstehungsbedingungen der Bibel dargestellt werden, und zwar nacheinander für Altes und Neues Testament getrennt, weil sie für beide Größen eben recht unterschiedlich sind. In diesem Zusammenhang ist besonders auf die Frage der Sammlung und Bündelung dieser Schriften im sogenannten »Kanon« des Alten und Neuen Testaments einzugehen.

1. Die Entstehung des Alten Testaments und seines Kanons

Im zeitlichen Ansatz der alttestamentlichen Schriften muß zunächst zwischen der tatsächlichen Entstehungszeit einer Schrift und der in ihr enthaltenen »erzählten Zeit« unterschieden werden.

So sind etwa die Erzählungen, die sich um die Erschaffung der Welt und des Menschen drehen, natürlich nicht zu jener Zeit verfaßt worden, als nach unserer heutigen naturwissenschaftlichen Kenntnis die Welt entstanden ist und die Entwicklung zum Menschen stattgefunden hat. Auch sind die Erzählungen über die Erzväter und den Stammvater Abraham, der um 1800 v. Chr. aus Haran nach Kanaan ausgewandert ist, nicht zur selben Zeit als Protokolle seiner Emigration verfaßt und schriftlich niedergelegt worden, vielmehr haben all diese Erzählungen des Pentateuch, die geschichtlichen Bücher und die prophetischen Bücher einen viel längeren und teils verwickelten Werdegang erfahren, bevor sie in der uns heute bekannten Endform vorlagen.

Zunächst ist vor aller *Verschriftlichung* der Schriften Israels eine lange, manchmal viele Jahrhunderte dauernde Phase der *mündlichen* Überlieferung anzunehmen, die man auch als »orale Literatur« bezeichnet. In diesem Stadium der mündlichen Tradierung wurden die mythologischen Erzählungen, die geschichtlich-chronistischen Erinnerungen, die gottesdienstlich-kultischen Lieder, Gebete und Verordnungen von den Ältesten der Familien, Sippen und Clans und wahrscheinlich auch schon von eigens dazu legitimierten Erzählern weitergegeben, die bei der im Orient geläufigen sehr genauen Gedächtnisfähigkeit die Erzählungen wortwörtlich auswendig gelernt hatten und recht genau wiedergaben und in neue Zusammenhänge vor je neuen Hörern neu erzählen konnten. An der großen wortwörtlichen Texttreue oder mindestens hohen Sinntreue dieser beruflichen oder familiären Geschichtserzähler in Israel und im Judentum ist nicht zu zweifeln, da auch heute im Orient und in Asien noch große Erzählmassen exakt im Gedächtnis gespeichert werden können, etwa beim Auswendiglernen der jüdischen Talmudschüler oder der islamischen Koranstudenten, die nicht selten heute noch den gesamten Koran auf Arabisch memorisiert haben. Diese lange Phase der mündlichen Tradierung hat also die ursprünglichen Erzählungen nicht etwa verfälscht, sondern in manchen Fällen eher sinngemäß angereichert, auf neue Adressaten hin ergänzt und neuen Erzählsituationen gegenüber angepaßt.

Wichtig sind nun die im einzelnen in Frage kommenden Milieus, in denen solche erste mündliche Erzählliteratur wohl entstanden sein könnte und in denen sie dann weiterhin überliefert worden ist.

Seit etwa siebzig Jahren nennt man in der historisch-kritischen Bibelwissenschaft und ihrer Literaturkritik die Frage nach dem Gesamtbestand solcher Entstehungsbedingungen der alttestamentlichen mündlichen und schriftlichen Tradition die Frage nach dem *»Sitz im Leben«,* einem literatursoziologischen Begriff, der auf Hermann Gunkel 1925 zurückgeht. Er hat besonders nachdrücklich darauf aufmerksam gemacht, daß im Alten Israel »die Literatur ein Teil des Volkslebens ist und aus diesem begriffen werden muß«. Deshalb sprach er vom »Sitz im Volksleben«, den die alten Texte ursprünglich hatten, oder einfach vom »Sitz im Leben«. Dieser Begriff ist dann auch in der neutestamentlichen Exegese übernommen worden, um die Entstehungssituation und literarischen Gattungsmuster bestimmter Textsorten zu umschreiben und historisch-soziologisch zu orten.

Diese Sichtweise des Zusammenhangs von Text und Leben hat nun aber grundlegende Konsequenzen für das Verständnis und die Auslegung der biblischen Schriften, weil die Texte selbst als Teil und Ergebnis bestimmter individueller und gesellschaftlicher Lebensvorgänge verstanden werden und ihre Inhalts- und Ausdrucksstrukturen auf dem Hintergrund der jeweiligen Deutesituation untersucht und analysiert werden müssen. Denn bestimmte Situationen im Leben erfordern auch bestimmte Textsorten; niemand wird bei einer Hochzeit eine Leichenrede halten, niemand anstelle eines Unfallprotokolls einen liturgischen Hymnus vorlegen. Vielmehr fordern bestimmte Situationen auch bestimmte, gesellschaftlich festgelegte und in allen Kulturen konstante Textstrukturen mit ganz bestimmten Gestaltungsregeln, die den Sprechern, Verfassern oder Autoren kraft des Anlasses, des Orts, des Zwecks und der Adressaten der Rede ziemlich präzise vorgegeben sind.

Wenn jemand eine Lobrede (Laudatio) auf einen Jubilar oder eine zu ehrende Persönlichkeit halten muß, ist Form und Anlage der Rede weitgehend abgesteckt und wenig Spielraum des Variierens gegeben. Solche situationsgebundene Textmuster nennt man »Gattungen« (lat. genus, pl. genera). Diese Gattungen der einzelnen biblischen Schriften und Texte zu erforschen und zu berücksichtigen, ist Hauptaufgabe einer verantwortlichen exegetischen und auch spirituellen Bibelauslegung, um nicht mit einem gutgemeinten Bibeltext akkurat in die falsche Lebenssituation zu fallen, wo Texte auch zerstörerisch und Leben hemmend wirken können. Seit der Enzyklika »Divino afflante Spiritu« 1943, vor allem seit der »Instruktion über die historische Wahrheit der Evangelien« von 1964 und den Weisungen des Zweiten Vatikanischen Konzils 1965 ist es Pflicht und Aufgabe jeder verantwortlichen katholischen Bibelauslegung, die literarischen Gattungen der biblischen Texte bei der Auslegung und Verwendung genügend zu berücksichtigen, damit die grundlegende Wechselbeziehung zwischen *Textgattung und Sitz im Leben* beachtet wird.

Die wichtigsten typischen Lebenssituationen im gesellschaftlich-religiösen wie im individuellen Zusammenhang sind für die Entstehung der Schrift Israels folgende Bereiche:

Der Kult

In den gottesdienstlichen Kultfeiern finden sich trotz der vorkommenden vielfältigen Formen doch bestimmte Vorgänge, die sich in großer Regelmäßigkeit und nach fest vorgegebenen Regeln und genau festgelegten Formen wiederholen. Diese nach einer festgelegten Reihenfolge ablaufenden Vorgänge und Akte der Riten, Gesten, Gebete und Lieder wird als »Liturgie« feststehender Bestandteil solcher Kulthandlungen und erfordert im Bereich der sprachlichen Rahmung und Deutung ganz fest geprägte Formen, Formeln und Textmuster, wie etwa Psalmen, Lieder, Gebete, Hymnen, Bekenntnisse, Credoformeln, Akklamationen, Gemeinderufe wie »Amen« oder »Alleluja« oder »Maranatha«. Alle Textsorten, die nun von ihrer offensichtlichen oder vermuteten Funktion her dem Bereich der Liturgie zuzuordnen sind, haben im Gottesdienst und in den Kultfeiern Israels ihren lebendigen »Sitz im Leben«.

Religion und Kult bilden in allen altorientalischen Gesellschaften einen wesentlichen Bestandteil des privaten und gesellschaftlichen Lebens. Beim Übergang von der nomadischen Lebensweise umherziehender Beduinen zur Seßhaftigkeit im Kulturland hat sich auch der *nomadische Kult,* der nicht in erster Linie an feste Kultorte und Opferplätze gebunden war, verändert und stabilisiert. Die bisherigen transportablen Heiligtümer und Kultgegenstände wie Bundeslade und »Zelt der Begegnung« können an festen Orten installiert werden, nomadische *Wallfahrtsheiligtümer* wie der Berg Sinai oder die Quellheiligtümer von Massa und Meriba (Ex 17,7; Num 20,13), der »brennende Dornbusch« (Ex 3,2f) oder der Steinaltar in der Wüste (Ex 17,15) ändern ihre Bedeutung, ebenso die nomadischen Bräuche wie die rituelle Tier-Schlachtung (hebr. *sebach*) und das Verbrennen besonders wertvoller Fleischteile für Gott, die bei den »Gemeinschaftsopfern« gepflegt wurden. So entstand auch das *Passa-Fest* beim jährlichen Weidewechsel der nomadischen Tradition, samt dem Ritus, die Pfosten der Zelteingänge mit dem Blut eines geschlachteten Lammes zu bestreichen (Ex 12,7–13), um die Bewohner vor den Wüstendämonen zu schützen.

Bei der Seßhaftwerdung übernahmen die Israeliten teils ortsfeste kanaanäische Heiligtümer samt den dort gepflegten Überlieferungen, Jahresfesten, Wallfahrtsfesten und Kultlegenden, vgl. in Bet-El Gen 28,10ff; in Beerscheba Gen 21,33; das Fest der ungesäuerten Brote *(mazzot)* Dtn 16,16; Ex 13,3–10; das Erntefest und Wochenfest Ex 34,22; Dtn 16,9–16; das Laubhüttenfest oder Fest der Weinernte Dtn 16,13–16 als Abschluß des Erntejahres. Alle Männer, und nur sie sind zur Teilnahme am offiziellen Kult berechtigt, nehmen an den großen Wallfahrtsfesten teil, die manchmal mit Tänzen in den Weinbergen (Ri 21,19ff) verbunden waren. Auch Schilo, Gilgal, Mamre, Sichem, Ofra und Dan im Norden, Mizpa, Gibeon und der Berg Tabor (Dtn 33,19) waren solche Wallfahrts- oder Höhenheiligtümer, wo entsprechende *Kultlegenden* erzählt und zu biblischen Erzählungen gewachsen und »kultätiologisch legitimiert« wurden. Die Kultlegende des Heiligtums von Sichem wird in Gen 33,18–20 knapp erzählt, die des Heiligtums von Mamre in Gen 18, die von Ofra in Ri 6,11–24, die von Dan in Ri 17f. Die Erzählung von Davids Altarbau auf der Tenne Araunas in 2 Sam 24,16–25 und die Ladeerzählung 1 Sam 4 – 6 und 2 Sam 6 sind als Heiligtumslegende von Jerusalem überliefert.

Den jährlichen Rhythmus des liturgischen Geschehens bestimmen die großen Jahresfeste entsprechend den *Festkalendern* Lev 23; Num 28f; Dtn 16,1–17. Dabei gehören Fest und *Opfer* zusammen, vgl. Ex 32,5f; Am 5,21f. Die Regeln für den Vollzug des Kultes (die Rubriken) werden im Alten Testament nicht eigens genannt, sie wurden wohl mündlich von Generation zu Generation weitergegeben und gehörten zum geheimen Berufswissen der

Priesterklasse. Vgl. jedoch die Anweisungen zum *Ritual* am Versöhnungstag (*jom ha kippurim* Lev 23,27) in Lev 16 und die Kultvorschriften für die Opferrituale in Lev 1 – 7 sowie die verschiedenen Opferarten: Brandopfer *(hola)*, Speiseopfer *(mincha)*, Trankopfer, Schlachtopfer *(sebach)*, Schlußopfer *(schelamim)*, Sündopfer *(chattat)*, Schuldopfer *(ascham)*, Dankopfer *(toda)*. Zu diesem Bereich des Kultischen gehören auch die Reinheitsvorschriften verschiedenster Art, vgl. Lev 11 – 15; Num 5 f; 9; 19.

Diesem ganzen Bereich des Kultes sind eine Reihe von literarischen Gattungen alttestamentlicher Texte zuzuordnen:

1. *Die Psalmen* allgemein.
2. *Die Zionslieder* Ps 46; 48; 76; 84; 87; 122; 137; für die Festwallfahrten und Prozessionen nach Jerusalem hinauf.
3. *Die Gottes-Hymnen,* in denen Jahwe als Schöpfer und Erhalter der Welt gepriesen wird, meist in partizipialen Wendungen.
4. *Hymnen, in denen die Kultteilnehmer zum Lobpreis Jahwes aufgefordert werden,* vgl. Ps 100; 105; 107,1; 118,1; 136,1; Ex 15,21.
5. *Die Jahwe-Königs-Hymnen* Ps 47; 93; 96 – 99.
6. *Die Klagelieder des Volkes* 1 Kön 8,33–37; Jer 36,9f; 2 Chr 20,1–13; Ri 20,26; 1 Sam 7,5 f; Joël 2,15–17; Ps 74,3–8; 79,1–3; Ps 44; 60; 80; 83 und die *Klagelieder des einzelnen,* vgl. Ps 38; 88; 22; 51; 130.
7. *Danklieder* Ps 116,17; Ps 30; 66,16f.

Das Rechtsleben

Auch im Rechtsleben einer Gesellschaft bedarf es festgelegter Formen und bestimmter Texte, die für Rechtsversammlungen, Argumentieren, Urteilsfindung, Anklage und Verteidigung maßgeblich sind. Die Sprache folgt auch hier den Formgesetzen der Gattung »Rechtssprache« im Sinne der Ordnungen des gesellschaftlichen Zusammenlebens. In der Frühzeit Israels war im Rahmen der streng patriarchalischen Gesellschaftsstruktur der »Vater« (pater familias) als Oberhaupt des Clans alleinige Rechtsinstanz für seinen Familienbereich, vgl. Sara appelliert in Gen 16 an Abraham als Richter, Gen 38 übt Juda als Familienoberhaupt die Gerichtsgewalt aus. Für die größere Sippe war vielleicht der Rat der »Ältesten« (Dtn 21,18–21) Träger der Gerichtsbarkeit. In späterer Zeit beobachten wir den Übergang zur Ortsgemeinde als alleiniger

Rechtsinstanz, die »im Tor« ihre Entscheidungen trifft. Frauen, Kinder, Sklaven und Fremde *(gerim)* hatten kein Bürger- und Abstimmungsrecht im Gericht, vgl. Rut 4,1–2; 1 Kön 3,16–28 (»Salomonisches Urteil«); Jes 5,1–7. Gegen Ende der Königszeit lag die Gerichtsbarkeit in Händen königlicher Beamter, vgl. 2 Chr 19,5–11; Ex 21,18 f.

Als Sprache dieser Rechtsgemeinde wurden die zunächst mündlich, später schriftlich weitergegebenen *»kasuistischen Rechtssätze«* (Ex 21,2–11) und das *»apodiktisch formulierte Recht«* (z.B. Gen 26,7–11; 2 Kön 10,19–24; 1 Sam 11,7; Jos 7,15) in das Alte Testament eingebracht, aber auch der *Fluch* (Dtn 27) und der *Bann* (Ex 21,12–17).

Der Königshof

Ein anderer recht textproduktiver Ort in Israel war der *Königshof* mit seinen Festen, Krönungsfeierlichkeiten und Thronbesteigungszeremonien, die eng mit den kultisch-religiösen Feiern verbunden waren. In diesem Bereich sind viele chronikartige Aufzeichnungen erfolgt, wie etwa Annalen über Siege und Niederlagen, über militärische und politische Ereignisse, Listen über Verwaltungsangelegenheiten, Verträge und Vereinbarungen mit anderen Staaten, Geschichtserzählungen bestimmter Ereignisse und Zusammenhänge. Bildung, Erziehung und Kultur am Königshof brachte je eigene literarische Erzeugnisse hervor.

Bezüglich der Organisationsformen der israelitischen Stämme finden sich z.B. Gebietslisten in Ri 1,1–30; Grenzpunktlisten in Jos 13 – 19; Personallisten der »Kleinen Richter« in Ri 10,1–5; 12,7–15. Eine *Liste* der höchsten Beamten ist aus der Regierungszeit Davids überliefert (2 Sam 8,16–28; 20,23–26); eine *Liste* der »Helden Davids« in 2 Sam 23,8–39; eine Liste der Hofbeamten Salomos in 1 Kön 4,2–6, eine Liste der Asylstädte in Jos 20,7–9; aus der nachexilischen Zeit eine Liste der Rückkehrer aus dem Exil (Esra 2; Neh 7); eine Liste der Begleiter Esras bei seinem Zug nach Jerusalem (Esra 8,1–14), der Mischehen (Esra 10,18–44), der Einwohner Jerusalems (Neh 11,3–19), der Priester und Leviten (12,1–26).

In 2 Sam 8,1–14 findet sich die Aufzeichnung der außenpolitischen Erfolge Davids, in 1 Kön 11,41 ist ein Hinweis auf das »Buch der Geschichte Salomos« sowie auf das »Tagebuch der Könige von Israel« in 1 Kön 14,19 erhalten. Die Erzählung vom Königtum Abimelechs in Sichem in Ri 9 oder von der Nachfolge Sauls in 2 Sam 2 – 4 oder der Ammoniterkriegsbericht von 2 Sam 10,1 – 11,1; 12,26–31 sind Beispiele von *Geschichtserzählungen* oder großangelegte Erzählkomplexe wie die Geschichte vom Aufstieg Davids in 1 Sam 16 – 2 Sam 5 oder von der Thronnachfolge Davids in 2 Sam 10 – 1 Kön 2. Auch die *Königspsalmen* Ps 2; Ps 72; Ps 110; Ps 132; Ps 144 gehören in dieses Umfeld, ebenso die *Weisheitstraditionen* wie 1 Kön 5,9–14; Spr 30,15–31 und überhaupt große Teile des Buches der Sprüche, Sammlungen von Sprichwörtern und weisheitliche Lehrerzählungen wie z.B. die Josefsgeschichte Gen 37 – 50 sowie die Rede von der *»Weisheit« als Person* in Spr 8 – 9.

Die Propheten

Sowohl *Prophetengruppen* (1 Sam 10,5–13; 19,18–24) als auch *Einzelpropheten* wie Samuel 1 Sam 3,7 ff treten in Israel auf. Auch in anderen Bereichen des Alten Orients ist das Phänomen des Prophetentums bekannt, doch gewann es nirgends so große Bedeutung wie in Israel. Ihr Reden im Namen Jahwes und ihre religiöspolitischen Weisungen werden von ekstatischen Zuständen begleitet. Sie werden »Seher« *(roe)*, »Gottesmann« oder Prophet *(nabi)* bezeichnet. Nach 1 Kön 22 stellt sich dem Prophet Micha ben Jimla eine Prophetenkonferenz von 400 Mann gegenüber. Das zeigt, daß es sowohl ein institutionelles prophetisches Amt, das dem Königshof nahestand, als auch oppositionelle Propheten im Umkreis von Samuel und Elischa gab. Natan (2 Sam 7,12; 1 Kön 1) und Gad (1 Sam 22,5; 2 Sam 24,11) werden als »Seher Davids«, wohl als beamtete »Hofpropheten« bezeichnet, was nicht scharfe Kritik am König ausschließt (2 Sam 12,24). Der König fragt den Propheten Elischa um Rat (2 Kön 3,11 ff) und bewacht ihn am Sterbebett (13,14 ff). Auch Jesaja (2 Kön 19,2 ff = Jes 37,2 ff) und Jeremia (Jer 21,1 ff; 37,3 ff) werden vom König um Rat gefragt. Die alttestamentliche Überlieferung berichtet vor allem von Konfliktsituationen zwischen Propheten und Königen und von Heils- und Urteilsverkündigungen der Propheten gegenüber den Königen und dem Volk.

Die *Prophetenerzählungen* sind teils in große *Erzählkomplexe* komponiert, vgl. die Erzählungen von Elija 1 Kön 17 – 19; 21; 2 Kön 1; von Elischa 2 Kön 2; und von Jesaja 2 Kön 18,13 – 20,19 = Jes 36 – 39. Darin befinden sich *Wundererzählungen,* Legenden und Berichte von symbolischen *Zeichenhandlungen.* Manche Berichte wie Hos 3 sind in der *Ich-Form* abgefaßt, vor allem bezüglich der *Visionen:* »Ich sah«, »Jahwe ließ mich hören« und in den *Berufungsgerichten.* Oft werden die Prophetenworte mit der *Botenformel* »So spricht Jahwe« eingeleitet. Viele der Prophetenworte in den erzählenden Texten sind *Unheilsworte* oder Anklagen wider König und Volk, häufig auch *Gerichtsankündigung,* Scheltrede und Drohwort. Seit Mitte des 8. Jh. v. Chr. werden die Worte der Propheten fast nur noch in selbständigen Büchern unter dem Namen des einzelnen Propheten gesammelt und überliefert. Doch muß man deutlich unterscheiden zwischen den Propheten selbst und ihren Reden und denjenigen, die ihre Worte gesammelt, redigiert, überarbeitet und weitergegeben haben. Waren die Reden der Propheten meist in eine ganz konkrete Situation hinein gesprochen, oft im Zusammenhang mit Auseinandersetzungen und Protesten, die den Propheten auch persönlich gefährdeten (Am 7,10–17; Jer 26; 32,3 ff; 37), so sind diese Reden im Laufe der Überlieferung als allgemeingültige Worte auf Zukunft hin ausgelegt, aufgeschrieben und bewahrt worden. Nach Jer 36 (30,2) ließ Jeremia »alle Worte Jahwes, die er zu ihm geredet hatte« aufschreiben. Auch Ez 2,9 f setzt Schriftrollen und Prophetenworte voraus. Die uns heute vorliegenden Prophetenbücher sind erst am Schluß eines langen Überlieferungsprozesses in dieser abschließenden Form entstanden und vom theologischen Vorverständnis der Bearbeiter und Herausgeber wesentlich mitgeprägt. Die geläufige Bezeichnung »Schriftpropheten« für die Propheten seit dem 8. Jh. bedeutet also nicht, daß diese Propheten selbst diese Bücher geschrieben hätten, vielmehr hat jedes Prophetenbuch einen langen, differenzierten Entwicklungsprozeß hinter sich.

An literarischen Gattungen finden sich in den Prophetenbüchern *Mahnworte, Heilsworte, Urteilsankündigungen, Toten- und Untergangsklagen* (Trauermetaphorik), *Streit- und Gerichtsreden,*

Heilsorakel, Drohworte gegen fremde Völker, Apokalypsen (z.B. Jes 24 – 27; 33; 34f; Sach).

Clan und Ortsgemeinde

Neben den außergewöhnlichen, gehobenen Plätzen der Literaturwerdung ist dann aber auch der ganz gewöhnliche Alltag mit seinen normalen kleinen Abläufen in Familie, Sippe, Stamm und Dorf als prägendes Milieu mancher Redegattungen und der Volksweisheit zu sehen, weil die entscheidenden Ereignisse Geburt, Tod, Heirat, Eintritt ins Erwachsenenalter, Aufnahme in die Religionsgemeinschaft in erster Linie am Ort und von der unmittelbaren Umgebung kommentiert und weitererzählt werden. Daher ist der Clan als sprachproduktiver »Sitz im Leben« nicht gering anzusetzen, weil hier das Leben mit all seinen Wechselfällen und Streitfällen durch Reden, Abmachungen, Verträge, Schlichtungen, aber auch durch Erzählungen, Sprüche, Sprichwörter, Lieder und Rätsel zur Sprache kommt. Hier in der Großgemeinde wird Erziehung und Weitergabe der Überlieferung von einer Generation zur nächsten vollzogen, wird das gesellige Beisammensein gepflegt, so daß bei der Vielfalt der Anlässe eine reiche Literatur zum Leben der Gesellschaft entstehen kann. Wenn auch sicher die meisten der alltäglichen Lebensäußerungen niemals aufgeschrieben werden und deshalb auch nicht zu Literatur wurden, so sind doch aus dem Leben der *Familie* (Haus, *bajit*), der *Sippe (mischpacha)*, dem *Stamm (schebet* oder *matte)* oder der *Stadt (ir)* viele geprägte Redeformen wie *Grußworte, Liebeslieder, Totenklagen, Arbeitslieder, Sprichwörter, Fabeln, Volksweisheit, Verbote, Sagen* und *Legenden, Novellen, Heldensagen* erhalten. Der Alltag und der Clan als sprachproduktive »Sitze im Leben« der späteren Literatur Israels dürfen nicht unterschätzt werden.

Verschriftlichtung, Literaturwerdung, Sammlung

Diese unmittelbaren sprachlichen Lebensäußerungen in den verschiedenen »Sitzen im Leben« der israelitischen Gesellschaft und Familie waren von Anfang an teils in mündlichem, teils schon sofort in schriftlichem Zustand (Tabellen, Listen, Annalen,

Rechtssammlungen) vorhanden, sind aber dann erst im Verlauf eines längeren Überlieferungsprozesses in größere Traditionskomplexe und in umfassendere Erzählzusammenhänge eingearbeitet worden. Dabei wurden etwa Rechtssammlungen in die fortlaufende pentateuchische Geschichtserzählung eingebaut, mündlich vorgetragene und tradierte Prophetensprüche wurden in zusammenhängende Prophetenbücher eingearbeitet, Einzelpersonen wurden in das große Buch der Psalmen aufgenommen, wobei das aufgenommene Überlieferungsmaterial jeweils eine mehr oder weniger starke Bearbeitung, Umformung, Ergänzung oder Weiterbildung erfahren hat, woraus dann die fertige Traditionsliteratur Israels wurde.

Die *Verschriftlichung* dieses vielschichtigen Überlieferungsmaterials der gesellschaftlichen und familiären Lebensäußerungen in Israel führte nun dazu, daß die Aussagen und Reden situationsunabhängig wurden und damit zu einer über die Entstehungssituation hinaus verfügbaren Sprache wurden, die nicht mehr an bestimmte Personen, Orte, Situationen oder Verwendungszwecke gebunden blieb, sondern zu einer *objektivierten* Sprache in Form geprägter *Literatur* wurde, die z.T. schriftstellerisch-künstlerisch gestaltet und somit auf Öffentlichkeit hin entwickelt wurde. So können zahlreiche Elemente dieser Literatur Israels, wie etwa die novellistisch gestaltete Josefsgeschichte, die groß ausgeführten Thronnachfolgegeschichten oder die großen Geschichtswerke (Pentateuch, Deuteronomistisches Geschichtswerk, Chronistisches Geschichtswerk) durchaus im Rang einmaliger nationaler Literatur gesehen werden, was auch von der ausgeprägten Weisheitsliteratur Israels und der Apokalyptik gilt.

Dieser Vorgang der Literaturwerdung setzt einerseits Verfasser und Literaten, die der Kunst des Schreibens und Dichtens fähig waren, voraus, andererseits aber auch eine gebildete, alphabetisierte und des Lesens kundige Adressatenschaft, die diese Literatur in Schule, Unterweisung, Kult und Bildung anwenden und benutzen konnte. Die Existenz literarischer Texte im Alten Testament setzt soziologisch das Vorhandensein einer entsprechenden Bildungsschicht in Israel voraus, für und durch die eine derartige Literatur wirken konnte. Die Bedeutung dieser Literatur kann aber nicht nur auf intellektuelle Kreise beschränkt gesehen werden, da

Erziehung, Verkündigung und Veröffentlichung diese Texte ja einer breiten Öffentlichkeit zu Gehör brachten und daher die gesellschaftsprägende Funktion dieser Texte erheblich war und ist.

Die bedeutende redaktionelle Leistung der verantwortlichen Endverfasser und Schulen ist z. B. an Dtn 12 – 26 zu sehen, wo eine Sammlung von Rechtssätzen, ähnlich dem »Bundesbuch« (Ex 20,22 – 23,19) in einen weit ausholenden geschichtlich-theologischen Rahmen gestellt wird, wodurch eine ganz eigene theologische Konzeption zum Ausdruck kommt. Welche Verfasser oder Schulen dafür verantwortlich sind, kann nicht mehr ausfindig gemacht werden. Es ist jedoch deutlich, daß das Überlieferungsmaterial von kompetenten Schriftstellern gesammelt, neu bearbeitet und theologisch interpretiert worden ist, wobei man nicht sklavisch an vorgegebenen sprachlichen Ausdrucksformen festhielt, sondern dem Ganzen eigene theologische Konzeptionen aufprägte, wobei nicht nur individuelle Verfasser, sondern auch ganze Schulen, Gruppen, Richtungen und Bewegungen mitwirkten. Daher muß jede formgeschichtliche Betrachtung dieser biblischen Texte, die sich auf die literarische Form und Gattung bezieht, durch die redaktionsgeschichtliche und traditionsgeschichtliche Beobachtung fortgeführt werden, die die einzelnen Entwicklungsstufen im Rahmen einer historischen Literaturwerdung untersucht und die innere Geschichte der Textwerdung zu rekonstruieren versucht. Die literarische Endgestalt verdankt sich also einer Vielzahl von Entwicklungsstufen und Überarbeitungen, die ihrerseits nie spurlos am Text vorbeigingen.

Das Traditionsgebaren dieser Überlieferungskreise ist also nicht so sehr als starres Festhalten an überkommenen Formen und Repetieren übernommener Formelsprache zu sehen, sondern als geistgewirktes Neuaussagen und kreatives Weitergeben des Überkommenen in neue Gemeindesituationen und Verhältnisse mit deren spezifischen neuen Anforderungen und Akzentsetzungen, wobei die Gesamtüberlieferung eine spürbare Bereicherung und innere Füllung erfuhr.

Als grobe Orientierung für die zeitlichen Phasen der schriftlichen Niederlegung der einzelnen Hauptschichten des Pentateuch kann die Einteilung gelten, die die »Einheitsübersetzung« übernommen hat:

1. Die jahwistische Schicht (J) um 900 v. Chr.
2. Die elohistische Schicht (E) um 720 v. Chr.
3. Die Priesterschrift (P) um 550 v. Chr. während des Babylonischen Exils (586–538 v. Chr.).

Die wissenschaftliche Diskussion innerhalb der Exegese nennt aber auch davon erheblich abweichende zeitliche Ansätze.

Als weiterer Schritt in dieser Entwicklung ist darum auch der Prozeß der *Sammlung* der einzelnen Bücher zur »Schrift Israels« ins Auge zu fassen, weil die einzelnen literarischen Werke der Verfasser in ihrer jeweiligen Endredaktion ja nicht unverbindlich nebeneinander oder beziehungslos verstreut überliefert und benutzt wurden, sondern von der Grundintention her auf Integration eines größeren und umfassenderen Ensembles angelegt waren, eben auf die programmatische Aufnahme in die Sammlung der Heiligen Schriften des Volkes Israel, die sich im Laufe der Jahrhunderte in der Geschichte Israels herausbildete. Der Weg der Überlieferung dieser Schriften geht also von den ursprünglichen situationsgebundenen Redeformen über die verschiedenen Stadien der literarischen Gestaltung bis hin in die Endgestalt der Abschlußredaktion und dann der Sammlung der Einzelbücher in der einen »Schrift Israels«.

Der Kanon des Alten Testaments

Abgesehen von allen interessanten und wichtigen Gesichtspunkten der inneren Entwicklung, Form- und Redaktionsgeschichte der einzelnen biblischen Bücher, ist es doch eine unübersehbare Tatsache, daß die einzelnen Bücher der Schrift Israels der Christenheit wie auch uns heute nur in ihrer jeweiligen literarischen Endform vorliegen und daß sie nicht isoliert, sondern nur in ihrer Qualität als Bestandteil einer Sammlung, eben der »Schrift Israels«, vorliegen. Diese Tatsache hat zwei wichtige Konsequenzen: Einmal muß jenseits aller historisch-traditionskritischen Analyse die *Endfassung* einer biblischen Schrift der maßgebliche Text für die Rezeption heute sein, und zweitens muß jede einzelne Schrift immer vom Kontext und unter den Voraussetzungen der ganzen Sammlung der »Schrift Israels« verstanden und ausgelegt werden. Diese Gesichtspunkte führen uns zu jenem Tatbestand, der sich im Begriff *»der*

Kanon« aussagt. Der Begriff »Kanon« kommt vom griechischen Wort *kanon,* das auf das semitische Wort *qanaeh* zurückgeht, welches soviel wie Rohr, Stab, Meßrute, Maßstab, Norm bedeutet.

Der Kirchenvater Athanasius 367 war der erste, der den Begriff »Kanon« in bezug auf die Bibel anwandte, um die kanonischen Bücher von den nicht-inspirierten Schriften zu unterscheiden. Seit 341 n.Chr. waren in der Kirche bereits Rechtsnormen und Verhaltensregeln als »Kanones« bezeichnet worden. In Judentum und Urchristentum mögen durchaus noch mehr inspirierte Schriften im Umlauf gewesen sein, als im Kanon enthalten sind, aber sie sind verlorengegangen und verschwunden, wie etwa die beiden 1 Kor 5,9 und 2 Kor 1,15 erwähnten Paulusbriefe.

Spätestens seit dem 10. Jh. v. Chr. gab es in Israel konkrete Texte, die für das Leben des Volkes maßgebende und damit »kanonische« Bedeutung hatten, vgl. etwa die Entstehung des mosaischen Dekalogs. Auch das Buch, das zur Zeit Joschias im 7. Jh. v.Chr. im Jerusalemer Tempel entdeckt wurde, stellte wohl schon für seine Zeit eine solche kanonische Autorität dar (2 Kön 22,1 – 23,24). In der Folgezeit gewannen darum der Pentateuch, die Priesterschrift, die Prophetenbücher und das Deuteronomistische Geschichtswerk solche für die Gegenwart Israels und für seine Zukunft maßgebliche Bedeutung. Heute wird angenommen, daß der Pentateuch an der Wende vom 5. zum 4. Jh. v.Chr. im wesentlichen abgeschlossen war, und daher hat er als erste Schriftensammlung sowohl für das nachexilische Judentum als auch für die Sekte der Samaritaner ausgesprochen »kanonisches« Ansehen gewonnen. Die gesamte weitere Glaubensentfaltung und Literatursammlung Israels mußte sich in Zukunft von diesem Grundtext des Pentateuch, der Tora schlechthin, messen lassen.

Spätestens gegen Ende des 3. Jh. v. Chr. lag eine zweite Schriftensammlung komplett vor, nämlich die der Prophetenbücher, wie sich aus dem um 180 v.Chr. von Jesus Sirach verfaßten »Preis der Väter« (Sir 44,1 – 50,24) ergibt. Weiterhin erwähnt der Enkel Jesus Sirachs im Vorwort seiner um 130 v.Chr. angefertigten griechischen Übersetzung des Werks seines Großvaters auch noch »die anderen von den Vätern überkommenen Schriften«, wozu zweifellos der Großteil jener Bücher zu rechnen ist, die später im rabbinischen Sprachgebrauch einfachhin »die Schriften« *(ketubim)* genannt werden. Die beiden Blöcke »das Gesetz und die Propheten« waren zeitlich also vor dem dritten Block, den »Schriften«, abgegrenzt und kanonisiert.

Dieser dritte Teil blieb bis in die neutestamentliche Zeit hinein verhältnismäßig offen und unpräzise, weshalb uns noch im Neuen Testament und bei den Apostolischen Vätern Zitate aus Schriften begegnen, die später vom Judentum nicht kanonisiert wurden, die aber bei den neutestamentlichen und frühchristlichen Schriftstellern noch das gleiche Ansehen genossen wie »das Gesetz und die Propheten« (vgl. Joh 7,38; 1 Kor 2,9; Jak 4,5; Jud 14f; Barn 4,3; Herm Vis 2, 3, 4 u.ö.). Dieser unabgeschlossene Umfang der dritten Gruppe, der »Schriften«, im neutestamentlichen und frühchristlichen Zeitraum führte denn auch dazu, daß bis heute der alttestamentliche Kanon in den verschiedenen christlichen Kirchen erheblich differiert. Während sich die protestantische Tradition der Reformation einem alttestamentlichen Kanon von 39 Schriften verpflichtet sieht, pflegt die katholische Tradition einen Kanonumfang von 45 Einzelschriften des Alten Testaments, und orthodoxe Kirchen kennen wiederum andere Zahlen.

Als dann am Ende des 1. Jh. n. Chr. in der Phase der Reorganisation des Judentums in Palästina auch der Kanon der Schrift Israels zum Abschluß gebracht wurde, vielleicht im Zusammenhang der Synode von Jamnia/Jabne und in Abgrenzung zur jungen Kirche mit ihren auf Jesus Christus bezogenen Schriften, legte sich das Judentum auf 22 bzw. 24 Bücher des Kanons fest. Der Zahlenunterschied rührt daher, daß Flavius Josephus, im Unterschied zu 4 Esra 14,44f, anscheinend der Zählung und Anordnung der Schriften nach der um 250 v. Chr. entstandenen Septuaginta folgt und dabei Rut zu Richter und Klagelieder zu Jeremia zählt. Die Handschriftenfunde von Qumran haben jedoch gezeigt, daß der jüdische Kanon in manchen Bewegungen des Judentums noch bis ins 2. nachchristliche Jahrhundert unabgeschlossen war, wie vor allem am Schicksal des Buchs Jesus Sirach deutlich wird. Nach heutiger Zählung umfaßt der hebräische Kanon 39 Bücher, die in drei Abteilungen gegliedert sind:

1. Tora = Gesetz
2. Neviim = Propheten
3. Ketuvim = Schriften

Mit den drei Anfangsbuchstaben dieser Gruppen T–N–K bezeichnet das Judentum seine Heilige Schrift als »Tanach« oder auch als »Miqra« (die Lesung).

Unabhängig von dieser Entwicklung im palästinensischen Judentum bildete sich im griechisch sprechenden hellenistischen Diasporajudentum mit der Übersetzung der »Schrift Israels« in die griechische Weltsprache eine andere Kanonform heraus, die der *»Septuaginta«* (LXX).

Nach einer Legende im Aristeasbrief (um 100 v. Chr.) soll auf Befehl des Königs Ptolemaios II. (285–246) der Pentateuch (die Tora) von 72 Gelehrten in 72 Tagen ins Griechische übersetzt worden sein, weshalb das Werk den Namen »Septuaginta« (griech. die Siebzig) erhielt. Tatsächlich dürfte die griechische Übersetzung des Pentateuchs um 250 v. Chr. erfolgt sein. Der Enkel des Jesus Sirach erwähnt um 130 v. Chr. die griechische Übersetzung aller drei Kanonteile. Zu diesen Schriften kamen dann andere hinzu, die teils aus dem Hebräischen und Aramäischen ins Griechische übersetzt wurden, teils von vornherein griechisch verfaßt waren. Diese Kanonform der Septuaginta wurde von der christlichen Kirche übernommen und der offiziellen lateinischen Übersetzung, der Vulgata, zugrundegelegt. Luthers Bibelübersetzung stützte sich dann wiederum auf die hebräische Kanonform und schloß alle anderen Bücher als »Apokryphen« (Verborgenen) vom öffentlichen kirchlichen Gebrauch aus.

Was Luther im Anschluß an Hieronymus *»apokryph«* nannte, wurde von Sixtus von Siena (1520–1569) dann *»deuterokanonisch«* genannt, weil es nicht ursprünglich zum hebräischen Kanon gehörte (protokanonisch), wobei er betont, daß trotz der Uneinigkeit bezüglich des Gebrauchs in der Kirche kein Zweifel besteht, daß auch die deuterokanonischen Bücher inspiriert sind. Da diesbezüglich eine gewisse konfessionelle Sprachverwirrung herrscht, wurde mit der neuen Bibelübersetzung »Die Gute Nachricht« von 1982 vorgeschlagen, neutral von *»Spätschriften«* des Alten Testaments zu sprechen.

Katholische Sprachregelung	*Protestantische Sprachregelung*
Kanonisch	Kanonisch
Deuterokanonisch	Apokryphe
Apokryph	Pseudepigraphen

Der Unterschied zwischen protestantischem und katholischem Kanon betrifft folgende 7 Bücher: Tobit, Judit, Weisheit, Sirach, Baruch, 1 Makk, 2 Makk, dazu Teile von Ester und Daniel.

Der Aufbau der hebräischen Schrift

Abteilung	Inhalt	Kanonisierung
Tora (Weisung)	Pentateuch: Gen, Ex, Lev, Num, Dtn	5. Jh. v. Chr. Samaritaner
Neviim (Propheten)	Vordere: Jos, Ri, Sam, Kön Hintere: Jes, Jer, Ez, Zwölf	3. Jh. v. Chr.
Ketuvim (Schriften)	Ps, Hi, Spr. 5 Megillot: Rut, Hld, Koh, Klgl, Est, Dan, chron. Gesch. (Esr, Neh, Chr.)	100 n. Chr.

Übersichtstabelle

Der hebräische Kanon	*Der christliche Kanon AT*	
Tora	*Geschichtliche Bücher*	
1. Genesis	Genesis	Könige
2. Exodus	Exodus	Chronik
3. Levitikus	Levitikus	Esra
4. Numeri	Numeri	Nehemia
5. Deuteronomium	Deuteronomium	Tobit
	Josua	Judit
	Richter	Ester
Propheten	Rut	Makkabäer
	Samuel	
Vordere/Frühere Propheten	*Weisheitsbücher*	
	Ijob	
6. Josua	Psalmen	
7. Richter	Sprichwörter	
8. Samuel	Kohelet	
9. Könige	Hohelied	
	Weisheit	
	Jesus Sirach	

Hintere/Spätere Propheten
10. Jesaja
11. Jeremia
12. Ezechiel
13. Zwölfprophetenbuch

Schriften
14. Psalmen
15. Ijob und Sprichwörter
16. Rut
17. Hohelied und Kohelet
18. Klagelieder
19. Ester
20. Daniel
21. Esra und Nehemia
22. Chronik

Propheten

Jesaja	Obadja
Jeremia	Jona
Klagelieder	Micha
Baruch	Nahum
Ezechiel	Habakuk
Daniel	Zefanja
Hosea	Haggai
Joel	Sacharja
Amos	Maleachi

Gegenüber der hebräischen Kanonordnung bevorzugt die christliche Überlieferung im Anschluß an Septuaginta und Vulgata folgende Reihenfolge: Einen Teil der »Ketuvim« (Ijob, Ps, Spr, Koh, Hld) läßt sie als Einheit »poetische Bücher oder Hagiographen bestehen, während sie Chr, Esra, Neh und Est den geschichtlichen und Klgl, Dan den prophetischen Büchern zuweist.

Dadurch, daß die christliche Überlieferung dem Pentateuch (5 Bücher Mose) weitere Geschichtsbücher und erzählende Werke zuordnet, verliert der Pentateuch im christlichen Kanon seine exklusive Rolle als Tora (Gesetz) und wird Zeugnis ausgreifender Führungsgeschichte Gottes.

Einige kanonische Bücher werden vom Neuen Testament nie zitiert (Rut, Koh, Est, Esra, Neh, Obd, Nah, Hld). Obwohl das Neue Testament mehr als 350mal aus dem längeren griechischen Kanon der LXX zitiert, kommt kein einziges Zitat aus den deuterokanonischen Büchern vor, so daß sich vom neutestamentlichen Gebrauch der Schrift Israels kein Kriterium für die Kanonfrage ableiten läßt. Mit Ausnahme von Melito von Sardes (171 n. Chr.) haben alle christlichen Autoren der ersten drei Jahrhunderte die deuterokanonischen wie die kanonischen Bücher benutzt und geschätzt. Erst vom 4. Jh. an bezogen einige Kirchenväter eine zurückhaltende Position gegen die »besonderen« Bücher. Das nordafrikanische Konzil von Hippo 397 und von Karthago 397, Papst

Innozenz I. 405 und das Gelasianische Dekret 486 befaßten sich mit der Kanonfrage, doch erst das Konzil von Trient 1546 formulierte eine Entscheidung, die weniger auf Grund theologischer Gesichtspunkte als auf Grund des pragmatischen Gebrauchs in der Kirche zustande kam.

Literatur zum Weiterstudium

Otto Eißfeld, Einleitung in das Alte Testament, Tübingen [3]1964, 757–773; *Georg Fohrer,* Einleitung in das Alte Testament, Heidelberg [12]1979, 528–538; *Josef Scharbert,* Sachbuch zum Alten Testament, Aschaffenburg 1981, 75–105; *Rolf Rendtorff,* Das Alte Testament. Eine Einführung, Neukirchen [3]1988, 303–306; *B. S. Childs,* Introduction to the Old Testament as Scripture, London 1979 (Lit.); *J.-D. Kaestli – O. Wermelinger* (Hg.), Le Canon de l'Ancient Testament. Sa formation et son histoire, Genève 1984; *G. Wanke,* Art. Bibel I. Die Entstehung des Alten Testaments als Kanon, in: Theologische Realenzyklopädie VI (1980) 1–8 (Lit.); *H. J. Zobel,* Art. Einleitungswissenschaft I, in: TRE IX (1982) 460–469 (Lit.); *Otto Kaiser,* Einleitung in das Alte Testament, Gütersloh [5]1984, 403–416; *Rudolf Smend,* Die Entstehung des Alten Testaments, Stuttgart [3]1984; *Georg Fohrer,* Vom Werden und Verstehen des Alten Testaments (GTB 1414), Gütersloh 1986.

2. *Die Entstehung des Neuen Testaments und seines Kanons*

Im Unterschied zu dem mehrere Jahrhunderte umfassenden Zeitraum der Entstehung der »Schrift Israels«, zwischen dem Jahwisten um 900 v. Chr. bis zu Baruch um 50 v. Chr., ist das Neue Testament in einer verhältnismäßig kurzen Zeitspanne von nur 70 Jahren zwischen 50 n. Chr. und 120 n. Chr. entstanden und niedergeschrieben worden. Entsprechend einheitlicher ist der zeitgeschichtliche Hintergrund und die geographische Streuung der Verfasser und Abfassungsorte. Doch bildet auch die Entstehung des Neuen Testaments und seines Kanons einen in sich vielschichtigen Traditionsprozeß mit zahlreichen Stufen und Entwicklungen, bis die heutige Endfassung des Neuen Testaments vorliegt. Bei dem Versuch einer historischen Rekonstruktion dieses sprachlichen Überlieferungsprozesses müssen daher die einzelnen Stufen und

Schichten der Traditionsbildung voneinander abgehoben werden, um so den Werdegang der Sprachentwicklung in der Kontinuität der neutestamentlichen Textzeugnisse darzustellen. Dabei besteht kein Zweifel, daß der historische Anlaß der gesamten neutestamentlichen Traditionsbildung der irdische Jesus von Nazaret, sein Leben und Werk, und dessen spätere christologische Interpretation nach Ostern ist. Wir haben also zunächst sachlich wie historisch vom irdischen Jesus auszugehen.

Der Jude Jesus von Nazaret

Bei aller nachösterlichen Traditionsbildung und Überformung läßt das Neue Testament keinen Zweifel daran, daß es Literatur einer soziologischen Bewegung sein will, die sich auf Jesus von Nazaret als ihren Gründer und Initiator beruft. Vermutlich um 7 v. Chr. geboren, ist der Jude Jesus von Nazaret am 7. April des Jahres 30 n. Chr. bei Jerusalem auf Golgota durch Kreuzigung hingerichtet worden. Obwohl aus den heute noch zur Verfügung stehenden Quellen keine Biographie Jesu im Sinne der Geschichtswissenschaft rekonstruiert werden kann, ist doch deutlich, daß er, ausgehend von Galiläa und dem Gebiet um den See Gennesaret, durch seine Tätigkeit als charismatischer Wanderprediger und Wundertäter durch seine Reich-Gottes-Verkündigung eine endzeitlich-apokalyptische Erwartungshaltung propagierte und eine entsprechende messianische Hoffnungsbewegung auslöste, die als »vorösterliche Jesusbewegung« ein erstes Entstehungsmilieu jesusbezogenen Sprechens und einer jesusorientierten mündlichen Literatur werden konnte.

Schon vor Ostern hat nicht nur Jesus von Nazaret selbst gesprochen, sondern ist auch über ihn von Anhängern und Gegnern gesprochen worden, so daß sich aus diesem *Interesse an Jesus,* seinen Worten und Taten, unmittelbar Voraussetzungen ergeben, seine Person, Worte und Taten auch sprachlich aufzuheben, auf Bewahrung hin zu prägen und zu sammeln.

Zudem ist bereits *vor Ostern,* im Unterschied zur Orientierung an über 2000 Rabbinern bei jüdischen Schriftgelehrten, eine eigenartige und auffallende *Konzentration auf den einen Lehrer Jesus,* seine Autorität und seinen Führungsanspruch feststellbar, was natürlich die Möglichkeit, Worte und Taten des einen Lehrers Jesus festzuhalten, verstärkt.

Auf Grund dieser Überlegungen ist davon auszugehen, daß die neutestamentliche Jesusüberlieferung *ihren letzten Anhalt* am irdischen Jesus von Nazaret hat.

Vorösterliche Traditionselemente

Die formkritische und traditionsgeschichtliche Analyse des synoptischen Überlieferungsstoffes legt es nahe, zahlreiche Elemente aus dieser vorösterlichen Phase der Traditionsbildung noch in den heutigen Texten zu vermuten. Da sich Jesu Predigt durch griffige, einprägsame Bilder, Weisheitsworte, Fragen, Gleichnisse und Lehrgedichte auszeichnet, konnten die ersten Hörer seiner Botschaft die Aussagen Jesu nicht nur leicht im Gedächtnis aufnehmen, sondern auch selbst aktiv weitergeben und bewahren, was wahrscheinlich in der Missionspredigt der von Jesus ausgesandten Jünger ganz programmatisch und gezielt geschah. Denn es ist anzunehmen, daß die Jünger in ihrer Predigt dieselben Formulierungen und Bilder gebrauchten, die Jesus ihnen vorgegeben hatte, bis hinein in die fixierten Sprachformen aramäischer Einfärbung bestimmter Sprüche und Sätze. Wieweit sich hieraus auch schon mehr zusammenhängende Erzählkomplexe über Jesu Wirken, Heilungen, Reden, Streitgespräche mit den Schriftstellern ergaben, ist nicht sicher festzustellen, doch dürften sich schon vor Ostern thematische Traditionskomplexe herausgebildet haben, die dann in der Folgezeit überarbeitet und in größere Erzählzusammenhänge integriert wurden. Elemente solcher Traditionsbildung im Jüngerkreis der vorösterlichen Jesusbewegung könnten sein:

Die Predigt vom Reich Gottes (Mk 1,15; Lk 11,20; 17,20).
Gleichnisse von der Gottesherrschaft (Mk 4,26–29; Mt 13,44–46; 20,1–15).
Gerichts- und Drohworte (Lk 6,24f; 13,2–5; Mt 5,29f; 11,21–24).
Nachfolgerufe (Mt 4,19; 8,22; 10,37–39; 19,28).
Lehrgedichte und Beispielerzählungen (Mt 6,1–8; 6,15–34; Lk 10,30–35).
Heilsrufe (Lk 6,20f; 10,23f; Mt 11,5.25).
Gesetzesauslegungen (Mt 5,21–48; 19,4–8; Mk 2,27).
Streitworte (Mk 2,17; 3,4; 7,11; 8,12; Mt 23,13.25–28).

Aber auch die Erzählkomplexe, die als »Summarien« über den irdischen Jesus Eingang in die Überlieferung gefunden haben, sind wohl nicht ohne Anhalt beim irdischen Jesus und dem vorösterlichen Interesse an ihm:

Taufe Jesu durch Johannes (Mk 1,9).
Jesu Predigttätigkeit (Mk 1,14f).
Jesu Jüngerberufungen (Mk 1,16–20).
Krankenheilungen (Mk 1,29–31).
Dämonenaustreibungen/Exorzismen (Mk 1,23–26; 3,22–30).
Streitgespräche mit Schriftgelehrten (Mk 2,6–9).
Essen mit Sündern und Diskriminierten (Mk 2,13–17; Lk 19,1–10).
Passionsgeschichte (Mk 14 – 15 parr).

Das Osterereignis

Einen tiefgreifenden Einschnitt im Weitergeben der Jesusüberlieferung stellt die Ostererfahrung der Frauen und Jünger dar; durch sie wurde der Glaube der ersten Zeugen, daß Jesus von Nazaret der Gesalbte, der Messias, der Christus Jahwes ist, daß in ihm »Gottes Sohn« auf Erden erschienen ist, noch klarer motiviert, verstärkt und eindeutig. Petrus, die Frauen und die 500 Brüder auf einmal gewinnen den vorher durch nichts sich andeutenden Glauben, daß der gekreuzigte Jesus von Gott aus den Toten auferweckt worden ist und nun als der verherrlichte Christus zur Rechten Gottes thront. Das Urkerygma von der Auferstehung in 1 Kor 15,3–5 wird zum Kerngehalt der nachösterlichen apostolischen Predigt mit ihrer konsequenten Entfaltung des Christusglaubens sowohl in der narrativen als auch titularen Christologie.

Die frühe Missionspredigt

Die ersten Auferstehungszeugen sahen sich verpflichtet, ohne Verzug die jüdischen Volksgenossen, aber auch die griechischen Interessierten (Heiden) anzusprechen, wozu die palästinensisch-aramäische wie auch die hellenistisch-griechische Missionspredigt entwickelt wurde. Wenn wir auch kaum über Zeugnisse der frühen palästinensischen Missionspredigt verfügen, da sowohl die von Lukas als Petruspredigten überlieferten Texte eigene theologische und literarische Kompositionen des Lukas sind (Apg 2,14–36; 3,12–26; 4,8–12; 5,29–32 u.ö.) als auch bei Paulus nur schwer eine frühe aramäische Tradition nachgewiesen werden kann, so läßt sich doch folgender Inhalt des frühen palästinensischen Kerygmas vermuten:

- Jahwe hat den gekreuzigten Jesus von Nazaret aus den Toten erweckt und zum Messias Israels erhöht;
- Jesus wird als Messias Jahwes und Menschensohn bald zum Gericht wiederkehren (Parusieerwartung);
- allen auf Jesu Namen Getauften schenkt Jahwe Sündenvergebung und eschatologische Heilszukunft.

Die Gemeindekatechese

Während die nachösterliche Jesusbewegung vorerst noch ganz im Rahmen des verfaßten Judentums verblieb, an der Tora festhielt und den Tempel besuchte (Apg 2,46), entstanden mit der Gedächtnisfeier des Brotbrechens, die Erinnerung an Jesu Auferstehung am Sonntagmorgen, der Taufe auf den Namen Jesu und der konsequenten Konzentrierung auf Jesus als einzigen Lehrer unaufhaltsame Distanzierungsprozesse dem Judentum gegenüber, die zur Bildung separater Gemeinden des »neuen Weges« und zu christlichen Hausgemeinden neben den Synagogen und jüdischen Toraschulen führten. Mehr und mehr kam nun in der liturgischen Feier und auch in der Begründung der Paränese neben der »Schrift Israels« auch das Wort und die Weisung Jesu Christi zur Sprache, so daß langsam ein eigener »Katechismus des Christentums« entstand und eine darauf beruhende typisch christliche Gemeindekatechese über das Credo der Urgemeinde. Folgende Stoffe können zur *urapostolischen Gemeindekatechese* gerechnet werden:

- die Taufe (vorbereitendes Katechumenat, Spendeformel, Bekenntnisformel, Ermahnung)
- Gebete (Vater unser, Maranatha, Gebete im Namen Jesu)
- Eucharistiefeier (Abendmahlsüberlieferung)
- Ehe-Ordnung (Verbot der Ehescheidung)
- Pflicht zur Vergebung (Versöhnung, Feindesliebe, Gewaltverzicht)
- Armenfürsorge (keinen Reichtum anhäufen, barmherziges Teilen)
- Bußdisziplin (brüderliche Zurechtweisung, Ausschluß aus der Gemeinde)

– Wachsamkeit für Christi Wiederkunft (Parusieerwartung)
– Geistbegabung (Durchhalten in Drangsal und Verfolgung).

Es ist anzunehmen, daß in diesem frühen Stadium der Traditionsbildung das Urchristentum bereits über einen umfassenden Bestand fixierter Sprache in bestimmten Gattungen, die den neuen christlichen »Sitzen im Leben« entsprachen, verfügte, z. B. geprägte Bekenntnisformeln (Credo, Homologese), geprägte liturgische Formeln, disziplinarische und rechtliche Formeln der Gemeindeordnung. Mit dem Übergang in die Breitenverkündigung mußte aber auch eine neue Traditionssprache der Missionspredigt gefunden werden.

Die hellenistische Mission

In Jerusalem und wohl auch in Syrien (Damaskus und Antiochien) haben sich schon früh griechisch sprechende Diasporajuden der neuen Bewegung des »christologischen Judeseins« angeschlossen und ihrer Glaubensweise andere Akzente aufgeprägt als es die »Hebräer« taten, so daß es schon bald zu einer Trennung der Sprachgruppen im diakonalen wie auch sozialen Bereich kam (Apg 6,1). Die griechisch gebildeten, an Philo orientierten Diasporajuden benutzten die Septuaginta (LXX) mit ihrem anderen Kanon als die hebräische Bibel, sie hatten zur hellenistischen Kultur und Philosophie ein anderes Verhältnis als die Aramäer und konnten daher auch der christologischen Auslegung des Alten Testaments auf Jesus hin anders folgen als die die hebräische Bibel benutzenden Juden. Das hellenistische Diasporajudentum war die Begegnung mit heidnisch-synkretistischem Denken gewohnt und konnte die neue Bewegung des Christentums eher assimilieren als die Jerusalemer Judenschaft. Auch die dem Judentum nahestehenden Heiden, die Proselyten, waren der christlichen Verkündigung gegenüber aufgeschlossener als die orthopraxen Juden Jerusalems, für die das Problem der Aufnahme von Heiden in die Kirche zum zentralen Streitpunkt verschiedener Richtungen wurde (vgl. Apg 15).

Die früheste schriftliche Fixierung

Es kann damit gerechnet werden, daß schon innerhalb der vorösterlichen Jesusbewegung schriftliche Mitteilungen, Briefe, Notizen, Sendschreiben oder Niederschriften über Jesu Reden, Taten, Streitgespräche und über Reaktionen auf ihn erstellt wurden und im Umlauf waren, die aus soziologischen Gründen nicht zwingend für eine strenge *Schriftlosigkeit der Jesusbewegung vor Ostern* sprechen. Da aber bis heute keinerlei archäologische Zeugnisse für eine solche schriftliche Fixierung von Nachrichten der Jesusbewegung vor Ostern vorliegen, bleibt jede Erwägung solcher Dokumente eine Spekulation. Wir besitzen keine literarischen Zeugnisse aus der Jesusbewegung vor Ostern.

Auch unmittelbar nach Ostern könnten womöglich schriftliche Nachrichten entstanden sein, die aber allesamt nicht erhalten sind, so daß wir auch keine einzige christliche Schrift der palästinensischen Urgemeinde von Jerusalem oder der galiläischen Gemeinden in hebräischer oder aramäischer Sprache besitzen. Dabei ist durchaus von der Möglichkeit auszugehen, daß die ersten Judenchristen auch in aramäischer Sprache Notizen oder Briefe erstellt haben, wenn auch wahrscheinlich niemals größere literarische Werke wie ein hebräisches oder aramäisches »Urevangelium« verfaßt worden sind, wie manche Forscher angenommen haben. Die heute noch erhaltenen vier kanonischen Evangelien setzen ganz gewiß ursprünglich schon griechisch abgefaßte *Quellenschriften* voraus, die daher im hellenistisch geprägten Judenchristentum, wie es sich um den sogenannten Stephanuskreis und später um den Apostel Paulus bildete, beheimatet gewesen sein dürften.

Zur literarischen Bildung der Großwerke christlicher Ursprungsliteratur, wie sie die synoptischen Evangelien darstellen, wurden von den Autoren und Redaktoren der verschiedenen Schulen kleinere und größere *Sammlungen* von Aussprüchen Jesu, Gleichnisreden, Wundererzählungen, Streit- und Lehrgespräche, aber auch größere Erzählkomplexe wie die Leidensgeschichte oder die beiden Vorgeschichten des Matthäus und Lukas herangezogen, die schon bald nach Ostern von den frühen apostolischen Predigern und Missionaren, von den Hauskirchen-Vorstehern und Gemeindekatecheten gebraucht worden waren. Der ursprüngliche

»Sitz im Leben« des urchristlichen Überlieferungsmaterials über Jesus war also sowohl die Unterweisung im Rahmen des Taufkatechumenats als auch die Predigtunterweisung im Rahmen der Hauskirchen-Eucharistiefeier oder die liturgischen Bekenntnisformeln und homologetischen Akklamationen im Gemeindegottesdienst. Hier sind wohl auch die Erzählkränze wie Passionsgeschichte oder die Redezyklen im Matthäusevangelium zuerst verwandt worden. Daher ist in jedem Fall die katechetisch-liturgische Prägung und Zielsetzung des Überlieferungsstoffes zu berücksichtigen, der Zeugnis auf neue Überzeugung hin und nicht neutrales Protokoll von einfach Geschehenem sein will. Die frühchristliche Tradition über Jesus will zu neuem Glauben an Jesus Christus motivieren und nicht schlechthin historische Berichterstattung oder Faktenbeschreibung sein. Das gilt es bei der Auslegung dieses frühen Traditionsmaterials über Jesus zu bedenken.

1. *Die Logienquelle Q*. Eines der ältesten Grundbestandteile der synoptischen Jesusüberlieferung ist die sogenannte Redequelle, Spruchquelle oder Logienquelle, die mit dem Siglum Q bezeichnet wird. Sie diente den beiden Evangelien des Matthäus und Lukas als zweite Hauptquelle außerhalb ihres jeweiligen Sonderguts zur Schaffung ihrer großen »Vita Jesu«. Sie überliefert fast ausschließlich isolierte Sprüche Jesu oder Spruchkombinationen und enthält nur wenige Erzählstoffe, so etwa die Versuchungsgeschichte (Mt 4,4 par) oder die Erzählung vom Hauptmann von Karfarnaum (Mt 8,8 par). Daß es eine solche Spruchsammlung schon bald nach Ostern gegeben hätte, ist eine gut begründete literarkritische Hypothese, die heute international in der Exegese akzeptiert ist und ein gültiges Denkmodell zur Entstehungsgeschichte der Großevangelien darstellt.

Allerdings muß ebenso klar betont werden, daß die Logienquelle Q als selbständige Schrift nicht erhalten ist, so daß man über ihr Alter, ihren Umfang, ihre Anordnung oder ihre sprachliche Verfaßtheit, ob original Griechisch oder Aramäisch, ob original schriftlich oder mündlich, nichts Sicheres sagen, sondern nur Vermutungen äußern kann. Man kann jedoch davon ausgehen, daß die Logienquelle Q schon um 45 n.Chr. schriftlich fixiert im Umlauf war und zur Schriftlesung im Gottesdienst sowie zur Taufkatechese benutzt wurde, da sie zu diesem Zweck schon eindeutig theologisch überarbeitet und mit klarer christologischer und eschatologischer Einfärbung redigiert worden war. Selbst diese frühe Spruchsammlung ist also bereits theologisch überarbeitet und bietet nicht mehr die ursprünglichen Worte des irdischen Jesus, die »ipsissima vox« Jesu, sondern nur dessen ursprüngliche Absicht, die »ipsissima intentio« Jesu, so daß wir trotz allem historischen Vorbehalt, in ihr noch den irdischen Jesus sprechen zu hören, dennoch über eine zuverlässige Tradition seiner Lehre aus beachtlicher zeitlicher Nähe zu Ostern verfügen. Vgl. dazu in dieser Reihe: *Dieter Zeller,* Kommentar zur Logienquelle (SKK-NT 21), Stuttgart 1984, 108 Seiten.

Freilich gilt es zu beachten, daß Jesusworte auch außerhalb der Logienquelle Q überliefert sind, so im Markusevangelium und im je eigenen Sondergut des Matthäus und Lukas. Das Gleichnis von der Barmherzigkeit des Vaters (Lk 15,11–32) etwa wird unter den Synoptikern allein von Lukas überliefert. Die Logienquelle überliefert aufs Ganze gesehen wenig vom Wirken und den Taten des irdischen Jesus, wie es später die Großevangelien darstellen, von den Kindheitsgeschichten ganz zu schweigen. Es werden vorwiegend Sprüche Jesu, die den Konflikt mit Israel und das Verhalten der Jünger zum Gegenstand haben, überliefert. Vor allem enthält Q weder eine *Passionsgeschichte* noch das Kerygma der Jerusalemer Urgemeinde, wie es Paulus 1 Kor 1,51ff zusammenfaßt. Nur in Lk 13,35 wird von Q der Tod Jesu angedeutet, und zwar als Entschwinden, kein Wort vom Sühnetod Jesu am Kreuz, keine Erwähnung der Auferstehung, abgesehen vom Jonazeichen Mt 12,38–42/Lk 11,29–32. Die Logienquelle läßt eine theologische Konzeption mit klarem eigenem Profil erkennen, in der andere kerygmatische Schwerpunkte als in der Verkündigung des Paulus gesetzt sind. Im Zentrum der Verkündigung der Logienquelle steht die Ansage der nahen Gottesherrschaft mit radikaler Absage an die Welt, mit charismatischer Heilsbotschaft für Arme und Kranke.

2. *Streit- und Lehrgespräche* bilden eine andere Sammlung neben jener der Herrenworte, die aus der historischen Erinnerung an die Auseinandersetzungen Jesu mit den Pharisäern schon früh gesammelt und schriftlich überliefert wurden, bevor sie in die Großevangelien integriert wurden. Sie enthalten Jesu verbindliche Weisungen zu wichtigen Lebensfragen der Gemeindedisziplin und

Nachfolgeethik: Sabbatgebot, Fasten, Reinheitsgesetze, Sündenvergebung, Ehescheidung, Verhältnis zu Besitz und Reichtum, Weitergeltung der Tora, Verhältnis zur politischen Macht des römischen Staates, Auferstehungsfrage (vgl. Mk 2,1 – 3,6; 10,2–31; 12,13–34). Manche Jesusworte, die isoliert überliefert wurden, sind in der *vormarkinischen Sammlung* in solche Streit- und Lehrgespräche eingebaut worden, etwa die Ablehnung der Zeichenforderung (Lk 11,29 par = Mk 8,11–13) oder das Scheidungsverbot (Lk 16,18 par = Mk 10,2–12), um ihnen wieder einen situativen Rahmen im Gemeindeleben zu geben und eine stärkere Verknüpfung mit dem irdischen Jesus herzustellen.

3. *Wundergeschichten.* Vorwiegend im hellenistischen Raum dürften die christlichen Missionare auch schriftliche Sammlungen von Wundergeschichten benutzt haben, mit deren Hilfe Jesus als Retter, Heiland, Helfer und Heroe dargestellt wurde, der mit überirdischen, göttlichen Kräften ausgestattet war und die Dämonen, bösen Geister, Naturgewalten, menschliche Notlagen und sogar den Tod überwinden konnte. Mit solchen Geschichten konnten heidnische Zuhörer zum Glauben an die Gottesherrschaft Jesu motiviert werden, wenn die Erzählungen auch durchweg auf dem Hintergrund alttestamentlicher Wundermotive und Prophetentätigkeit zu sehen sind. Über den Umfang solcher vormarkinischen Wundersammlungen bestehen in der Exegese verschiedene Meinungen, vgl. etwa Mk 3,7–12; 4,1.35–41; 5,1–43; 6,32–56.

4. *Passionsgeschichte.* Grundzüge eines Passionsberichtes und wohl auch schon früh eine schriftliche Fixierung waren wohl in allen urchristlichen Gemeinden vorhanden, um im Gottesdienst vorgetragen zu werden. Jesus wird als der unschuldig verfolgte Gerechte Israels vorgestellt, während die spätere Interpretation des Todes Jesu durch die hellenistischen Judenchristen eher auf die Sühneopfervorstellung oder das stellvertretende Leiden im Sinn des deuterojesajanischen Gottesknechts (Jes 53) abhob. Im Verlauf der Überlieferung und Redaktion sind dann Perikopenmeditationen erbaulichen und paränetischen Charakters hinzugekommen, so daß eine fortlaufende, spannende Leidensgeschichte entstand, die aber bei den vier Evangelisten sich jeweils erheblich unterscheidet. Matthäus und Lukas stützen sich beide auf Markus, arbeiten aber zahlreiche Sondergut-Stücke in ihre Passionserzählung ein,

ändern die Perikopenabfolge und greifen auf Traditionen mündlicher und schriftlicher Art zurück, die teils in späteren Johannisevangelien wiederkehren.

Das Überlieferungsmaterial des Passionsberichts ist von jedem Evangelisten sorgfältig redigiert und mit eigener theologischer Akzentuierung versehen worden.

5. *Die Gleichnisse.* Die Erzählungen der Gleichnisse gehören zum »Urgestein der Jesusüberlieferung«. In ihnen bringt sich der jüdische Rabbi und Weisheitslehrer Jesus von Nazaret am deutlichsten zur Sprache, zumal sie weitgehend um den zentralen Inhalt der Verkündigung, um das Kommen des Reiches Gottes, kreisen.

Von der Gattung her kann man eigentlich Gleichnisse, Parabeln, Beispielerzählungen und Allegorien unterscheiden, die allesamt den Hörer in ein »Erschließungsgeschehen« hineinziehen wollen, indem sie zu neuen Erfahrungen und damit zu einem neuen Verhalten führen wollen. Die Gleichnisse führen den Hörer in einen Konflikt zwischen seiner eigenen, normalen Erfahrung und einer hintergründigen Welt mit neuen Perspektiven und Lebensmöglichkeiten. Solche weisheitlichen Gleichnisse Jesu waren wohl schon sehr früh schriftlich fixiert und gesammelt worden, um für die Katechese Verwendung zu finden.

Betrachtet man dieses umfassende Quellenmaterial, das bereits vor der Entstehung der Großevangelien gesammelt und verschriftlicht worden war, dann gewinnt man nicht nur einen lebendigen Eindruck von Gottesdienst, Gemeindeleben, Predigt und Katechese der frühesten nachösterlichen Christenheit, sondern wir verfügen damit auch über die ältesten schriftlichen Glaubenszeugnisse der Jesusbewegung nach Ostern, rund 10 Jahre vor dem Ersten Thessalonicherbrief des Paulus aus dem Jahr 50 n. Chr.

Dieses alte Quellenmaterial hat einen unmittelbaren Anhalt sowohl am irdischen Jesus von Nazaret als auch am erhöhten und auferstandenen Christus von Ostern, wodurch sich die apostolische Verkündigung und Tradierung dieser Überlieferungsinhalte legitimierte. Das Problem, wie die Abhängigkeit der drei synoptischen Evangelien untereinander zu denken ist, bildet die *»Synoptische Frage«*. In Versen abgezählt, ergibt sich folgendes Bild der Übereinstimmung:

	Mk	Mt	Lk	insgesamt
Mk hat gemeinsam mit	–	600	350	661 Verse
Mt hat gemeinsam mit	600	–	240	1068 Verse
Lk hat gemeinsam mit	350	240	–	1149 Verse
An Sondergut (S) hat	35	350	548	Verse
Von der Logienquelle (Q) hat		245	235	Verse

Im Verlauf der Forschung wurden dazu folgende Erklärungen vorgelegt:

– literarische Abhängigkeit des Markus von Matthäus, so schon Augustinus um 400.
– gemeinsame mündliche Tradition = Traditionshypothesen von Johann Gottfried Herder 1797;
– schriftlich aramäisches Ur-Evangelium, vertreten durch Gotthard Ephraim Lessing 1778;
– Übernahme gleicher Einzelerzählungen = Fragmentenhypothese von Friedrich Schleiermacher 1817;
– verlorene Quellenschriften Proto-Lukas, Ur-Markus, Ur-Matthäus;
– literarische Abhängigkeit des Matthäus und Lukas von Markus (Markus-Priorität) und beider von der Logienquelle Q = Zweiquellentheorie, von Christian Hermann Weiße 1856 und Heinrich Julius Holtzmann 1863 entwickelt und heute international anerkannt, bis auf einige französische und angelsächsische Forscher.

Die Paulusbriefe

Die ältesten fertigen literarischen Dokumente der Christenheit, die im Kanon des Neuen Testaments Aufnahme gefunden haben, sind die echten Briefe des Apostels Paulus. Sie waren alle gemeindeadressierte Gelegenheitsschreiben, die aber schon bald sehr wahrscheinlich als Zirkularschreiben kopiert und herumgereicht wurden, was dann ihre systematische Sammlung und Bewahrung zur Folge hatte. Die Paulusbriefe bieten daher nur einen begrenzten Ausschnitt aus der Glaubenslehre und dem Gemeindeleben des jungen Christentums, und man muß sie stets durch die alten Überlieferungen der anderen neutestamentlichen Schriften ergänzen und vergleichen, um das Ganze im Blick zu behalten. Paulus selbst hat in vielfacher Weise älteres Traditionsgut übernommen und in seine Briefe eingefügt, so nicht nur die vielen Zitate aus der griechischen Übersetzung der Schrift Israels, der Septuaginta (LXX), sondern auch beachtlich viele Elemente der synoptischen Jesusüberlieferung und vor allem aus dem urgemeindlichen Gottesdienst der Glaubenskatechese. So zählt etwa 1 Kor 15,3–5 zum »ältesten Credo« der Urgemeinde, aber auch die alte christologische Formel Röm 1,3–4. Vgl. dazu: *Paul-Gerhard Müller,* Tradition und Geist bei Paulus, in: Theologische Berichte 18, Einsiedeln 1989, S. 31–59.

Die nachapostolischen Schriften

Man kann für die echten Paulusbriefe folgenden zeitlichen Ansatz sehen:

Frühjahr 50: 1 Thess
52: Gal
53: 1 Kor
54: Phil, Phlm, 2 Kor
Frühjahr 55: Röm

Die *synoptischen* Evangelien sind dann zwischen 70–80 entstanden. Die *deuteropaulinischen* Briefe, die aus der Paulus-Schule stammen (Kol, Eph, 2 Thess, Pastoralbriefe 1–2 Tim, Tit), sind deutlich später, zwischen 80 und 110, entstanden.

Die sieben »katholischen« Briefe (Jak, Jud, 1–2 Petr, 1–3 Joh) sind ebenfalls erst zwischen 60–130 entstanden, Hebr um 90.

Die *johanneische* Literatur (Joh, 1–3 Joh, Offb) ist 100–130 verfaßt worden.

Die chronologische Priorität liegt also bei den echten Paulusbriefen und der vorsynoptischen Tradition.

Die Entstehung des neutestamentlichen Kanons

Wie das Lehrhaus Israels und die Synode von Jamnia für das Judentum die authentischen Heiligen Schriften von der frommen Sekundärliteratur und den apokryphen Imitationswucherungen scharf trennte, indem es seinen Kanon abgrenzte, so sah sich auch die Frühkirche des nachapostolischen Zeitalters veranlaßt, die früheste und authentische mündliche wie schriftliche Überlieferung über Jesus von Nazaret und seine Heilsbedeutung gegenüber der Folgeliteratur und der Masse der Erbauungsschriften klar abzutrennen. Der Lukasprolog Lk 1,1–4 und die johanneischen Parakletsprüche zeigen, daß die frühe Kirche sich dieser Aufgabe der Reinhaltung der Tradition bewußt war und Kriterien reflektierte, welche Schriften in den Kanon aufgenommen und welche ausgeschieden werden sollen.

2 Petr 3,15f kennt um 130 anscheinend schon eine Sammlung der Paulusbriefe (Corpus Paulinum). *Polykarp von Smyrna* um 130 kann ebenfalls als Zeuge für eine Sammlung von 13 Paulusbriefen angeführt werden. *Justin der Märtyrer* (um 155) kennt die meisten Paulusbriefe, hält sie aber noch nicht für »Heilige Schrift«. *Justin* bezeugt, daß bei den sonntäglichen gottesdienstlichen Versammlungen die Evangelien und die Schriften der Propheten verlesen werden, worauf eine Predigt folgt. Justins Schüler *Tatian der Syrer* hat um 170 alle vier kanonischen Evangelien in eine Evangelienharmonie, das Diatessaron, zusammengearbeitet. Von einer Sammlung anderer apostolischer Schriften vor 170 haben wir keine Kunde. Der älteste Beleg für die Bezeichnung »Neues Testament = Neuer Bund« für die christlichen Heiligen Schriften findet sich bei einem anonymen Antimontanisten vom Jahr 192 (Eusebius H.E. V 16,3). Die Grundform des neutestamentlichen Kanons ist um 200 erreicht und wurde durch die Thesen des Häretikers Marcion von Sinope in Pontus um 140 gefördert. Marcion verwarf das Alte Testament und ließ nur 10 Paulusbriefe und das von alttestamentlichen Zitaten und der Kindheitsgeschichte gereinigte Lk zu. Diese massiven Eingriffe Marcions zwangen die Kirche zur Formulierung eines kritischen Kanonprinzips. Der Canon Muratori zählt 22 Schriften des Neuen Testaments auf. Der Hebr hat in der lateinischen Westkirche bis 380 Schwierigkeiten, in den Kanon aufgenommen zu werden. In der griechischen Kirche kennt Klemens von Alexandrien († 217) bereits 27 Schriften des Neuen Testaments, Origenes († 255) kennt das ganze Neue Testament als kanonisch, läßt aber die Offb unerwähnt, die sich erst im 6. Jh. durchsetzen konnte. Im 39. Osterfestbrief des Athanasius von Alexandrien aus dem Jahr 367 wurden alle 27 Bücher des neutestamentlichen Kanons aufgezählt.

Im Dekret von Papst Gelasius 382, in einem Brief von Papst Innozenz I. von 405 sowie auf den drei afrikanischen Synoden von Hippo Regius 393, Karthago 397 und 419 wird die Kanonform normativ festgelegt. Um 400 war also der neutestamentliche Kanon der apostolischen Anfangsliteratur weltkirchlich akzeptiert, wenn es auch regionale Diskussionen um einzelne Schriften bis heute gibt. Den Hebr z.B. hielten Thomas von Aquin († 1274) und Nikolaus von Lyra († 1340) für echt paulinisch, Erasmus von Rotterdam († 1536) hingegen für unpaulinisch. Mit Aufkommen der literatur-kritischen Bibelwissenschaft seit Richard Simon von Dieppe/Normandie (1638–1712) wurde dann aber zwischen Authentizität (Frage der Sicherheit der Verfasserangabe oder der Pseudepigraphie) und der Kanonizität unterschieden. Bei der Frage nach dem »Kanon im Kanon« oder »der Mitte der Schrift« wird entsprechend dem Prinzip von der »Hierarchie der Wahrheiten« das Wesentliche im Neuen Testament vom Zeitgebundenen unterschieden, entsprechend der klassischen Formel Luthers »Urgemus Christum contra Scripturam« (WA 39, 1, 47): »Wir bringen Christus gegen die Schrift vor!«

Literatur zum Weiterstudium

Nikolaus Appel, Kanon und Kirche, Paderborn 1964; *I. Löning,* »Kanon im Kanon«, München 1971; *B. S. Childs,* The New Testament as Canon, London 1984; *Paul-Gerhard Müller,* Wie sich der Kanon des Neuen Testaments herausbildete, in: Bibel und Kirche 42 (1987) 152–157; *B. Metzger,* The Canon of the New Testament, Oxford 1987.

Anmerkung:
Die Tabellen auf S. 75/76 sind der BLAUEN BIBEL entnommen; mit freundlicher Genehmigung des Verlags für Gemeindepädagogik, Robert Pfützner GmbH, München.

Die Entstehung des Alten Testaments und die Geschichte Israels

v. Chr.	Geschichte Israels	Bibelentstehung
1300	Spätbronzezeit **Landnahme in Palästina**	
1200	Eisenzeit	älteste Lieder, z. B. Ri 5
1100	**Richterzeit** König Saul	
1000	**Großreich Davids und Salomos**	die älteren Schichten von Ri und 1/2 Sam; Jahwist in Gen, Ex, Num
900	Elija Elischa **Nordreich** Am Hos **Reich Juda** Jes Mich Zef Hab Nah Jer **Neuassyrisches Reich** **Aramäerreich** (Damaskus)	
800		Elohist in Gen, Ex, Num
700		Beginn der Sammlungen der Prophetentraditionen, des Dtn, der Weisheitstraditionen, der Psalmen
600	Babylon. Gefangenschaft, Ez, Obd, Hag, Sach **Neu-Babylon. Reich**	Ijob, Klgl, Priesterschrift in Gen, Ex, Lev und Num, Abschluß der Bücher Jos, Ri, 1/2 Sam, 1/2 Kön
500	Esr Neh Deuterojesaja **Persisches Reich**	Abschluß der 5 Bücher Mose = Pentateuch, Rut, Hld, Jon, Klgl
400	Alexander d. Große	1/2 Chr, Esr, Neh, Abschluß der Prophetenbücher, der Psalmen, Spr
300	Ptolemäerherrschaft	Koh, Est
200	Seleukidenherrschaft Freiheitskrieg der Makkabäer Hasmonäerdynastie	Sir, Bar Dan, Jdt, Tob
100	Römerherrschaft	1/2 Makk, Weish

Die Entstehung des Neuen Testaments und die allgemeine und christliche Geschichte

	Allgemeine Geschichte	Christliche Frühgeschichte	Bibelentstehung
50 v.Chr.	Herodes der Große, König der Juden 37–4 v.Chr. Augustus, Röm. Kaiser 31 v.–14 n.Chr.	ca. 7–4 vor unserer Zeitrechnung: Geburt Jesu	Die angegebenen Entstehungszeiten der neutestamentlichen Schriften können und wollen nur Anhaltspunkte geben für eine ungefähre Einordnung.
Chr. Geb.	Röm. Statthalter seit 6 n.Chr. Hannas, Hoherpriester 6–15		
10 n.Chr.	Tiberius, Röm. Kaiser 14–37 Kajafas, Hoherpriester 18–36		
20 n.Chr.	Herodes Antipas, Vierfürst, 4 v.–39 n.Chr. Pontius Pilatus, Röm. Statthalter 26–36	Johannes der Täufer Zw. 27 und 30 Öffentl. Wirken Jesu ca. 30 Tod Jesu	
30 n.Chr.	Caligula, Röm. Kaiser 37–41	Tod des Stephanus Bekehrung des Paulus	
40 n.Chr.	Claudius, Röm. Kaiser 41–54; Herodes Agrippa I, Jüd. Kön. (bis 44), dann wied. röm. Statth.	Tod des Jakobus; ca. 45–49 1. Missionsreise d. Paulus 49 Apostelkonzil	50/51 1 Thess 2 Thess (falls von Paulus stammend) um 54 1 Kor um 55/56 2 Kor, Gal um 56 Röm um 58/60 Phil, Phlm (Kol – falls v. Paulus) zw. 50 und 70 Spruchquelle Q um 70 Mk
50 n.Chr.	Felix, Röm. Statthalter 52–58; Nero, Röm. Kaiser 54–68; Festus, Röm. Statthalter 59–62	ca. 50–52 2. Missionsreise des Paulus ca. 53–58 3. Missionsreise des Paulus	
60 n.Chr.	Brand d. Stadt Rom 64; Jüd. Krieg 66–73 Vespasian, Röm. Kaiser 69–79	Gefangensch. d. Paulus in Rom; Christenverf. in Rom (Nero); 66 Flucht der Christen v. Jerus. nach Pella	
70 n.Chr.	Zerstörung Jerusalems 70 Titus, Röm. Kaiser 79–81		zw. 70 und 90 Lk, Mt
80 n.Chr.	Domitian, Röm. Kaiser 81–96		zw. 80 und 100 Apg, Eph, Hebr
90 n.Chr.	Nerva, Röm. Kaiser 96–98 Trajan, Röm. Kaiser 98–117	um 94 Christenverfolgungen unter Domitian	zw. 90 u. 95 Offb, 1 Petr; zw. 90 u. 100 Joh, Jak, 1/2/3 Joh; um od. n. 100 Pastoralbr., Jud, 2 Petr
100 n.Chr.			

3. Die Entstehung und Aussonderung der Apokryphen

In ihrem situationsbedingten und fragmentarischen Erzählcharakter läßt die Bibel für den interessierten und mitdenkenden Leser und Hörer allerhand Fragen offen, deren Beantwortung einer nachdenklichen Neugierde vorenthalten wird. So erzählt die Genesis zwar, daß Adam und Eva von einem Engel mit dem Feuerschwert aus dem Paradies vertrieben wurden, aber wie es dann weiterging mit ihnen und der Menschheit, bleibt offen. Oder Henoch der Fromme wurde von Gott aufgenommen und verschwand, niemand erzählt, wohin und wie es weiterging mit ihm. So bieten die Leerstellen des biblischen Erzählzusammenhangs, die unausgefüllten Lücken und unausgeführten Ansätze Stoff und Anregung genug, um da weiterzuerzählen, wo die Bibel selbst aufhörte, und das zu ergänzen und zu präzisieren, was die Bibel nicht erzählte oder worin sie schwebend offen blieb.

Eine fromme, phantasievolle und bilderreiche Volksliteratur zwischen 200 v. Chr. und 100 n. Chr. bemächtigte sich im Judentum, das in dieser Phase unter harten Besatzungsmächten, Nöten und Verfolgungen litt, dieser Thematik und schuf in Erinnerung an die großen Führungsgestalten und an die siegreichen Zeiten Davids und Salomos eine ausgiebige religiöse Literatur voll frommer Hingabe und Hoffnung. Da die Bibel kein Antwortbuch auf die Fragen der Glaubenden und kein Rezeptbuch für glaubenden Lebensstil ist, wollte diese apokryphe Literatur Antworten geben, die man in der Bibel nicht fand, Antworten auf die Fragen, Ängste, Nöte, Sünden und Heilshoffnungen der Glaubenden. Diese Literatur hat im Judentum und Christentum einen großen Einfluß hinterlassen, sowohl in der Volksfrömmigkeit als auch in der Kunstgeschichte. Michelangelo hat an die Decke der Sixtinischen Kapelle die Sibyllinen gemalt. Dante hat aus dem Henochbuch das Motiv der Höllenfahrt und des Fegefeuers übernommen. Die Weltliteratur ist reich an apokryphen Motiven. Für esoterische und gnostische Kreise und Bewegungen war die apokryphe Literatur immer besonders attraktiv, da sie hierin das Geheimnisvolle, Verborgene zu entdecken hofften, was ihnen die Heilige Schrift nicht genügend bot.

Im folgenden sollen einige apokryphe Schriften kurz vorgestellt werden, um eine ungefähre Vorstellung vom Wesen dieser Literatur zu bekommen:

Alttestamentliche Apokryphen

Das Buch Henoch: Dieses Werk ist eines der volkstümlichsten und bei weitem das wichtigste der apokryphen Bücher des Judentums, das für die jüdische Theologie des 2. Jh. v. Chr. von großem Einfluß ist und auch vom Urchristentum stark benutzt wurde. Es enthält eine Beschreibung der Himmelfahrt Henochs zu Gott im Anschluß an Gen 5,24; Sir 44,16, seiner Reisen durch die Scheol und über die Erde und bietet die Namen von 20 der zweihundert gefallenen Engel nach Gen 6. Henoch redet über astronomische Fragen und Kalender, über die Sintflut und bietet Visionen von Menschen in Tierform. Er sieht die Geschichte in 10 Weltwochen aufgeteilt bis zum endgültigen Sieg. Wegen des messianischen und endzeitlichen Kolorits war das Buch auch in christlichen Kreisen hochgeschätzt und wird in Jud 14 zitiert. In ihm wird zum ersten Mal auf die Gestalt des Menschensohns, des kommenden und auserwählten Gerechten, hingewiesen.

Jubiläenbuch: Dieses um 100 v. Chr. verfaßte Werk bietet eine Darstellung der Ursprünge und der Bestimmung der Menschheit, die von der Bibel abweicht. Es enthält einige pharisäische Vorstellungen wie Freiheit des Menschen, Willensfreiheit und moralische Verantwortlichkeit für die eigenen Taten. Adams Sündenfall hat nur ihn selbst und die Tierwelt betroffen und wurde durch die Sintflut gesühnt. Die Schwäche des Menschengeschlechts kommt von der Verführung der Töchter der Menschheit durch die Engel Gottes und dämonische Geister. Die Prophetie ist endgültig vorbei. Der kommende Messias wird aus dem Geschlecht der Makkabäer stammen. Eine Hoffnung auf Auferstehung des Leibes wird abgelehnt, nur die Unsterblichkeit der Seele bekannt. Nach dem tausendjährigen Reich (Chiliasmus) wird das messianische Endzeitreich und mit ihm das Jüngste Gericht kommen.

4 Esdras: Dieses um 70–100 n. Chr. entstandene asketische Werk wurde in der frühen Kirche gern gelesen. Es beschäftigt sich mit den Krisenfragen der Epoche: Warum muß Israel so viel leiden? Warum werden so wenig Menschen gerettet? Wie wird die zukünftige neue Welt aussehen? Wie wird der Messias und der Menschensohn aussehen? Sehr schöne Bekenntnisse zur Gottesliebe und Gesetzestreue finden sich darin. Es ist früher oft in Ausgaben des Neuen Testaments als Andachtstext mit abgedruckt worden, ebenso wie der 15zeilige Bußpsalm »Gebet des Manasse«.

Sibyllinische Orakel: In dieser Schrift aus dem 2. Jh. v. Chr. hat der vorhomerische Mythos von der Gestalt der Sibylle als Schwiegertochter Noachs Eingang gefunden. In Michelangelos Gemälde wurde die Gestalt ebenso verewigt wie in der Sequenz der Totenmesse: *Dies irae ... teste David cum Sibylla.*

Testament der 12 Patriarchen: Auch diese Schrift spielte für die christliche Kirche eine große Rolle als Motivfundgrube. Anknüpfend an Gen 49 werden von allen 12 Patriarchen wichtige Abschiedsreden hinterlassen, in denen Israels Heilsbedeutung für die Völkerwelt zum Ausdruck kommt.

4 Makkabäer: Die um 70 n. Chr. entstandene Schrift entwickelt eine auch für das Christentum wichtige Lehre vom stellvertretenden Sühnen und Leiden für die Sünden anderer. Auch der Glaube an die Unsterblichkeit der Seele wird darin begründet.

Himmelfahrt des Mose: Diese auch im Neuen Testament (Jud 9) zitierte apokryphe Schrift aus dem ersten Drittel des 1. Jh. n. Chr. stammt aus dem Umfeld der Qumrangemeinde. Mose, der schon vor der Erschaffung der Welt dazu beauftragt wurde, jetzt 120 Jahre alt, weissagt vor Josua. Dann wird in der Art von Dan 10–12 die Geschichte Israels bis auf Herodes erzählt. In der endzeitlichen Drangsal tritt Taxo aus dem Stamme Levi auf, der mit seinen sieben Söhnen lieber den Tod erleidet als das Gesetz übertreten will. Mose will nun Josua die Führung des Volkes übertragen. Damit bricht das Manuskript ab.

Die syrische Baruch-Apokalypse: Um 90 n. Chr. in Jerusalem abgefaßt, enthält das Werk ältere Apokalypsen (27–30; 36–40; 53–74). Es ist ein Trostbuch für die Juden nach der Zerstörung Jerusalems 70 n. Chr. mit leiser Polemik gegen das aufkommende Christentum. Es behandelt die Fragen nach dem Leben der Gerechten, der Strafe der Gottlosen, des auf das kommende Heil in der Erscheinung des Memos und seines Reiches und der dann sich ereignenden Auferstehung der Toten. Das Buch ist in 7 Teile gegliedert und erzählt, wie nach dem Untergang Jerusalems Jeremia mit den Vertriebenen *(gola)* ins babylonische Exil zieht, Baruch aber in der Stadt bleibt und verschiedene Visionen erfährt und am Schluß einen Brief an die Deportierten nach Babel schreibt.

Psalmen Salomos: Die um 40 v. Chr. von einem einzelnen Dichter verfaßten Lieder, die die alttestamentliche kanonische Psalmengattung nachahmen, schildern den gesetzestreuen Frommen und den von der Tora abweichenden Übeltäter sowie deren Schicksale, berichten von der Strafe, die Pompejus 63 v. Chr. über den Tempel bringt, wie er jüdische Gefangene nach dem Westen verschleppt und im Jahre 48 v. Chr. am Nil ums Leben kommt.

Literatur zum Weiterstudium

Leonhard Rost, Einleitung in die alttestamentlichen Apokryphen und Pseudepigraphen einschließlich der großen Qumran-Handschriften, Heidelberg ³1985; *Paul-Gerhard Müller,* Entstehung und Anliegen der Apokalyptik, in: Bibel und Kirche 29 (1974) 110–115; *ders.,* Literaturbericht zur Einführung in das Thema »Apokalyptik«, ebd., 146–149; *E. Kautzsch,* Die Apokryphen und Pseudepigraphen des Alten Testaments, 2 Bde., Tübingen (1900–1921), Darmstadt 1962; *P. Rießler,* Altjüdisches Schrifttum außerhalb der Bibel (Augsburg 1928), Darmstadt 1966; *Klaus Koch* und *Johann Michael Schmidt* (Hg.), Apokalyptik (Wege der Forschung 365), Darmstadt 1982 (Lit. 471–486); *Johann Maier/Josef Schreiner,* Literatur und Religion des Frühjudentums, Würzburg – Gütersloh 1973; *Martin Hengel,* Judentum und Hellenismus (WUNT 10), Tübingen ²1973; *Werner Georg Kümmel* (Hg.), Jüdische Schriften aus hellenistisch-römischer Zeit, Gütersloh 1973 ff.

Neutestamentliche Apokryphen

Schon im 2. Jahrhundert begannen fromme christliche Schriftsteller die kanonischen Schriften des Neuen Testaments nachzuahmen und zu ergänzen. Sie verfaßten zahlreiche neue Evangelien, Briefe, Apokalypsen und Apostelgeschichten. Die meisten dieser Schriften füllen mit viel Phantasie die Lücken im neutestamentlichen Erzählbestand. Einige der legendarischen Motive dieser Apokryphen fanden Eingang in das Glaubensgut der christlichen Überlieferung und haben sich bis heute gehalten. Trotz aller Detailangaben in diesen Apokryphen wird unser historisches Wissen über Jesus und die Urkirche dadurch kaum über die Angaben des Neuen Testaments hinaus vermehrt. Ein kleiner Einblick in die große Materialfülle soll helfen, diese Literatur einordnen zu können:

Petrusevangelium (150 n. Chr.): Das 1886 in Oberägypten gefundene Manuskript ist aus den vier kanonischen Evangelien zusammengeschrieben und fügt Einzelheiten und Kommentare dazu, um die Richtigkeit des christlichen Glaubens nachzuweisen. Die massiv-realistisch geschilderte Auferstehung findet vor heidnischen und jüdischen Zeugen statt. Bei der Beschreibung der Passion wird die Wirklichkeit des Leibes Jesu geleugnet (Doketismus). Wahrscheinlich in Syrien entstanden.

Thomasevangelium (150 n. Chr.): Dies ist die wichtigste Schrift der neutestamentlichen Apokryphen. Es handelt sich um eine Sammlung von 114 Aussprüchen Jesu, der hypothetischen Logienquelle Q vor der Evangelienbildung vergleichbar. Einige Sprüche sind mit der Redetradition der kanonischen Evangelien identisch, andere könnten durchaus ebenfalls alt sein, wenn sie auch nicht in die kanonische Evangelienüberlieferung Eingang gefunden haben. Die Schrift entstammt gnostischen Kreisen und wurde 1945 bei Nag Hammadi in Mittelägypten zusammen mit 43 anderen Schriften gefunden, die vermutlich zur Bibliothek des Pachomius-Klosters (320 n. Chr.) gehörten.

Hebräerevangelium (2. Jh. n. Chr.): Dieses Werk wird bei den frühen Kirchenvätern erwähnt und war wohl bei den griechisch sprechenden Judenchristen Ägyptens im Gebrauch. Es ist gnostischen Ursprungs und bringt einige interessante Varianten zu den kanonischen Evangelienerzählungen, so zum Grabtuch Jesu sowie zu seiner Erscheinung vor Jakobus, dem Repräsentanten des Judentums.

Ebioniterevangelium (2. Jh. n. Chr.): In dieser griechischen Schrift, die vermutlich auch aus Ägypten stammt, fanden die häretischen Auffassungen der Sekte der Ebioniter ihren Niederschlag, vor allem die Leugnung der jungfräulichen Geburt Jesu, eine bestimmte Kultfeindlichkeit und ein religiös motivierter Vegetarismus (keinerlei Fleischgenuß).

Protoevangelium des Jakobus (150 n. Chr.): Dieses Kindheitsevangelium ergänzt aus frommer Neugier das Nichtgesagte in Lk 1 – 2 und Mt 1 – 2 und erreichte großen Einfluß auf die christliche Volksfrömmigkeit im Lauf der Jahrhunderte. Es enthält zahlreiche

Legenden, die auf die Marienfrömmigkeit, die Kunst und auch die Liturgie stark eingewirkt haben. So wird die Geburt Marias und ihre Darstellung/Weihe im Tempel geschildert, die Namen ihrer Eltern Anna und Joachim überliefert und die Idee, daß Josef vor seiner Heirat mit Maria Witwer war und durch ein Wunder auf Maria aufmerksam wurde. Es ist eines der frühesten Zeugnisse frühchristlicher Marienverehrung.

Nazaräerevangelium (2. Jh. n. Chr.): Diese judenchristliche Schrift scheint dem kanonischen Matthäusevangelium nahegestanden zu haben und war vielleicht paraphrasierende aramäische Wiedergabe des griechischen Matthäusevangeliums, jedoch keinesfalls dessen Vorlage.

Ägypterevangelium (2. Jh. n. Chr.): Es entstammt der Sekte der Enkratiten und läßt Jesus eine Reihe Fragen einer gewissen Salome beantworten, worin starke Tendenzen gegen »Werke des Weiblichen«, gegen Ehe, Kindergebären, Sexualität zum Ausdruck kommen, ausgesprochener Leibfeindlichkeit verpflichtet.

Nikodemusevangelium und *Pilatusakten* (200 n. Chr.): Ergänzende Erzählungen zur Leidensgeschichte, worin Pilatus von der Mitschuld am Tod Jesu auf Golgota freigesprochen wird, daher mit antijüdischer Tendenz. Am Schluß Bericht über die Höllenfahrt Jesu aus dem Munde zwei soeben Auferweckter (vgl. Mt 27,52).

Apokryphon des Johannes (2. Jh. n. Chr.): Diese gnostische Schrift zeigt den Aufbau und die Anlage eines typisch gnostischen Evangeliums, wobei der Offenbarer als Lichtgestalt nach der Auferstehung erscheint und lange Reden über die himmlischen Mysterien hält und dabei allerhand Fragen des Johannes beantwortet.

Pistis Sophia: In dieser Schrift erzählt der auferstandene Christus von seiner Reise durch die Äonen, wobei im 13. Äon die Weisheit (Sophia) in den Kosmos der Materie fiel. Es werden 39 Fragen der Maria Magdalena beantwortet.

Evangelium der Wahrheit: Diese gnostische Schrift ist nach Form und Inhalt kein Evangelium, sondern eine meditative Predigt oder ein theologischer Traktat über gnostische Vorstellungen, in Sprachform und Vorstellungswelt stark der johanneischen Redeweise ähnlich, jedoch kaum abhängig vom Johannesevangelium.

Dieser Überblick über die apokryphen Evangelien möge ausreichen, eine erste Ahnung von den Inhalten dieser Literatur zu erhalten und zu merken, daß sie erheblich unseriöser ist als die in den Kanon aufgenommenen Schriften. Neben den kurz beschriebenen Werken gibt es noch Evangelien, die allen zwölf Aposteln gemeinsam oder einzeln dem Philippus, Johannes, Bartholomäus, Matthias und sogar Judas zugeschrieben werden, auch eine Josefsgeschichte. Die meisten dieser Werke stammen erst aus dem 4. Jh. n. Chr., die Schrift »Aufnahme der Jungfrau Maria in den Himmel« sogar erst aus dem 7. Jh. n. Chr. Die apokryphe Buchproduktion ging dann das Mittelalter hindurch bis in Neuzeit und Gegenwart weiter, insofern zahllose Romane, Novellen, Themen, Oratorien und Filme zur Ergänzung und Füllung der Evangelien erschienen sind. Weitere Gruppen apokrypher Schriften bilden die Apostelgeschichten (Akten) und fiktiven Apostelbriefe sowie Apokalypsen:

Paulusakten (160 n. Chr.): Die echten Paulusbriefe und die Erzählungen der paulinischen Missionen in der Apostelgeschichte ließen viel Spielraum für phantastische Erzählungen und spekulative Ausschmückungen des Lebens der Apostel. Diese Schrift vermittelt zahlreiche neu erfundene, phantastische Einzelheiten über Paulus, vor allem seine Bekehrungserfolge bei der Jüngerin Thekla aus Ikonium und deren folgende Tätigkeit und Wunder bis zu ihrer Errettung von den wilden Tieren in der Arena. Hier wird von Folter, Tod und Martyrium des Paulus im römischen Gefängnis und seine Erscheinung danach vor Kaiser Nero erzählt.

Petrusakten (200 n. Chr.): Der größte Teil dieser Schrift erzählt die Auseinandersetzung des Apostels Petrus mit dem Magier Simon aus Apg 8, 9–24 in Jerusalem. Eine Erzählung befaßt sich mit der Tochter des Petrus und mit dem »Quo-Vadis-Motiv«, als Petrus bei seinem Versuch, aus Rom zu fliehen, auf den auferstandenen Jesus trifft.

Die Johannesakten, Andreasakten und Thomasakten sollen nur erwähnt werden. Fast in allen zeigen sich Einflüsse doketischer Christologie und leib- sowie ehefeindliche Einstellung.

Barnabasbrief (130 n. Chr.): Der früheste und bedeutendste der fiktiven apokryphen Briefe ist eine dem Begleiter des Paulus zugeschriebene Homilie, ein exegetischer Traktat, in dem sich der Verfasser über die judaisierenden Einflüsse im Christentum beklagt, wohl im Anschluß an den Gal. Der Verfasser betrachtet das Alte Testament als Teufelswerk und verfällt in eine peinliche und völlig unchristliche Polemik gegen die Juden, die den christlichen Antisemitismus gefördert hat.

Petrusapokalypse (170 n. Chr.): Diese Schrift vermittelt Visionen von der Glückseligkeit der Heiligen im Himmel und der Strafe der Sünder im Höllenfeuer. Beschreibungen der Qualen der Verdammten hat Dante für Szenen seiner »Göttlichen Komödie« übernommen. Die Frage der Kanonizität dieser Schrift wurde noch bis Ende des 2. Jahrhunderts diskutiert (vgl. Muratorisches Fragment).

Literatur zum Weiterstudium

E. Hennecke – W. Schneemelcher, Neutestamentliche Apokryphen, 2 Bde., Tübingen [5]1987; *Bibel und Kirche* 42 (1987, Nr. 4); *J. B. Bauer,* Die Neutestamentlichen Apokryphen (Die Welt der Bibel), Düsseldorf 1968; *A. Läpple,* Außerbiblische Jesusgeschichten. Ein Plädoyer für die Apokryphen, München 1983; *Erich Weidinger,* Die Apokryphen, Aschaffenburg 1985; *Berthold Altaner – Alfred Stuiber,* Patrologie, Freiburg–Basel–Wien [8]1978, 117–144 Apokryphen.

4. *Die zwischentestamentliche jüdische Literatur*

Während der letzten 300 Jahre v. Chr. wurden nur wenige der im Tempel- und Synagogendienst benutzten Bücher dem alttestamentlichen Kanon beigefügt. Drei Bücher aus dem dritten Jahrhundert v. Chr. (Ester, Kohelet, Tobit), vier Bücher aus dem zweiten vorchristlichen Jahrhundert (Sirach, Daniel, Judit, 2 Makk) und drei Bücher aus dem ersten Jahrhundert v. Chr. (1 Makk, Baruch, Weisheit) fanden noch Eingang in den jüdischen Kanon. Nach der Veröffentlichung von Baruch und Weisheit endigte die Produktion kanonischer Schriften, bis das Christentum dann um 150 n. Chr. mit dem Ersten Thessalonicherbrief die erste Schrift des Corpus Paulinum ebenfalls seiner kanonischen Literatur hinzufügte. Etwa zweihundert Jahre blieb der Kanon unverändert; dies bedeutet aber keinesfalls, daß man im Judentum nicht ständig neue religiöse Literatur hervorgebracht hätte. Es entstand eine sehr reiche »zwischentestamentliche Literatur«, die für die Interpretation des Neuen Testaments und für das Verständnis des Judentums von größter Bedeutung ist. Diese literarische Kontinuität ist zu beachten.

Während unter jüdischer »apokrypher« Literatur eigentlich nur jene Schriften zu verstehen sind, die im Verlauf der Abgrenzung des Kanons durch Aussonderung aus dem Kanon eleminiert wurden, gibt es eine umfangreiche jüdische religiöse Literatur »zwischen den Testamenten«, also etwa 300 v. Chr. bis 300 n. Chr., die ihrerseits nie in Konkurrenz zur »Schrift Israels« getreten ist und daher auch nie positiv aus dem Kanon ausgeschieden werden mußte. Als Quellenschriften für die Interpretation der Schrift Israels und des Neuen Testaments ist diese Literatur aber von hohem Wert, weil darin zahlreiche Motive urchristlicher Theologie anklingen oder grundgelegt sind. Dabei sind sowohl einige bedeutende Schriftsteller als auch einige Gruppenbereiche von Literatur bestimmter Bewegungen oder bestimmten Charakters zu berücksichtigen:

Philo von Alexandrien (25 v. Chr. – 41 n. Chr.): Dieser jüdische Philosoph versuchte, die jüdische Tradition und das griechisch-lateinische Denken seiner Zeit zu versöhnen und zu vereinbaren. Er hinterließ manche Spuren im Neuen Testament, vor allem im Hebräerbrief und dessen Entsprechungsdenken zwischen himmlischen und irdischen Vorgängen. Christliche Theologen lasen und zitierten ihn bis ins Mittelalter. Heute wird seine große Bedeutung für die Entstehung des Urchristentums mehr und mehr entdeckt, da er eine Form des Judentums vertrat, die für die christliche Interpretation teilweise günstig war.

Flavius Josephus (37–100 n. Chr.): Dieser jüdische Geschichtsschreiber ist die wichtigste nichtbiblische Quelle für unsere Kenntnis Palästinas und des Judentums zur Zeit Jesu. In Palästina geboren, trat er dem Pharisäismus als junger Mann bei, wurde 66 n. Chr. Befehlshaber der jüdischen Streitkräfte in Galiläa beim Aufstand gegen Rom, übergab sich aber dem römischen General Vespasian und ging mit diesem und dessen Sohn Titus nach Rom, wo er dessen Namen Flavius annahm und die römische Staatsbürgerschaft erhielt. Seine wichtigsten Werke sind »Der Jüdische Krieg« in 7 Büchern und »Die Jüdischen Altertümer« in 20 Büchern.

Rabbinische Literatur: Seit frühesten Zeiten hatten die Lehrer

(Rabbi) Israels die Tora auf die Erfordernisse des praktischen Alltags und der Zeit hin ausgelegt und zahllose Entscheidungen religiöser und ethischer Art vorgetragen. Vor allem nach der Zerstörung Jerusalems im Jahre 70 n. Chr. unternahmen die Rabbinen unter Führung von Jochanan ben Zakai die Sammlung, Ordnung und systematische Erfassung dieser mündlichen Weisungen und schriftlichen Nachrichten der alten Lehrer. Rabbi Juda Ha Nasi schließlich kodifizierte dieses Werk in schriftlicher Form gegen Ende des 2. Jh. n. Chr. Sein Werk wird *Mischna* genannt und gewann solches Ansehen, daß es Hauptgegenstand späterer rabbinischer Kommentare wurde.

Nach Erscheinen der »*Mischna*« wurde deren Inhalt in den Schulen und jüdischen Akademien Palästinas und in Babylon (dem heutigen Irak und Iran) diskutiert, wobei die Lehrmeinung der einzelnen Ausleger, später *Gemara* genannt, der *Mischna* hinzugefügt wurden, woraus um 500 n. Chr. dann das gelehrte Standardwerk des *Talmud* wurde. Man unterscheidet einen Jerusalemer Talmud von einem Babylonischen Talmud. Eine andere wichtige Quelle rabbinischer Kommentare bildet die *Tosephta,* alte Auslegungen, die nicht Eingang in die Mischna fanden. Daneben finden wir homiletische Auslegungen biblischer Bücher und Themen, die *Midrash* genannt werden.

Diese Gattung jüdischer Kommentierung sehen manche Exegeten auch im Neuen Testament angewandt, etwa in der Gattung der matthäischen und lukanischen Kindheitsgeschichten. Wenn auch das ganze Material dieser jüdischen Literatur aus rabbinischer Tradition erst verhältnismäßig spät nach dem Neuen Testament schriftlich niedergelegt wurde, so gehen seine Wurzeln doch lange in die mündliche Überlieferung der vorchristlichen Zeit zurück. Für die Interpretation des Neuen Testaments und der frühchristlichen Theologie und Kirchenpraxis ist die rabbinische Literatur von hohem Wert, wie der große Kommentar von Strack-Billerbeck verdeutlicht.

Literatur zum Weiterstudium

Hermann L. Strack/Günter Stemberger, Einleitung in Talmud und Mishna, München [7]1982; *Günter Stemberger,* Der Talmud. Einführung, Texte, Erläuterungen, München 1982; *ders.,* Das klassische Judentum. Kultur und Geschichte der rabbinischen Zeit (70 n. Chr. bis 1040 n. Chr.), München 1979; *ders.*, Geschichte der jüdischen Literatur. Eine Einführung, München 1977; *ders.*, Epochen der jüdischen Literatur, München 1982; *L. Cohn – F. Heinemann – M. Adler* (Hg.), Philo von Alexandrien. Die Werke in deutscher Übersetzung, 6 Bde. (Breslau 1909–1938), Berlin 1962; Bd. 7 von *W. Theiler*, Berlin 1964; *O. Michel – O. Bauernfeind* (Hg.), Flavius Josephus. De Bello Judaico/Der Jüdische Krieg, 3 Bde., Darmstadt 1959–1969.

Qumranschriften (120 v. Chr. – 68 n. Chr.):
Eine erhebliche Verbesserung unserer Kenntnisse des Judentums der Wende zur christlichen Ära brachte die Entdeckung der Qumran-Höhlen am Toten Meer im Jahr 1947. Manche Aussagen der dort gefundenen Schriften dieser jüdischen Sonderbewegung, die klosterähnlich mit Familien in der Wüste lebte, können für das Verständnis neutestamentlicher Texte hilfreich sein, wenn die Welt der Urchristenheit und die der Qumrangemeinde auch sehr unterschiedlich ist. Die wichtigsten Schriften dieser Herkunft sind:

1. *Die Gemeinde- oder Sektenregel* (1 QS): Sie beschreibt die endzeitlich orientierte innere Ordnung dieser Gemeinschaft, ihre Disziplin und ihre Sonderlehren, die teils dualistisch eingefärbt sind und vom pharisäischen Judentum und dem offiziellen Tempelkult in Jerusalem abweichen.

2. Die *Damaskusschrift* (CD): Sie wurde schon 1896 in der Geniza der Synagoge von Alt-Cairo gefunden und ist auch fragmentarisch in den Qumranhöhlen erhalten gewesen. Sie schildert Entstehung und endzeitliche Hoffnung der eschatologisch ausgerichteten Bundesgemeinde, zu der auch verheiratete Gemeindemitglieder zählen.

3. *Hodajot* (= Loblieder: 1 QH): Den Psalmen ähnlich ein Lieder- und Gebetbuch der Gemeinde, teils vom Gründer desselben, dem »Lehrer der Gerechtigkeit«, gedichtet und verfaßt.

4. Die *Kriegsrolle* (1 QM): Ein fiktiver Krieg zwischen den Söhnen der Finsternis und den Söhnen des Lichts mit ganz realistischen Anweisungen für den Kampf, die Strategie und Ausrüstung der endzeitlichen Heere im eschatologischen Schlußkampf, Belial und seinen Dämonenkämpfen gegen Gottes Engel unter Führung Michaels. Gott allein schenkt den Sieg.

5. Der *Habakuk-Kommentar* (1 Op Hab): Typische Auslegung der Qumranessener eines alttestamentlichen Textes in Form des »Pescher«, die auch im NT Anwendung fand. Die in Höhle 1 gefundene 1,5 m lange Lederrolle bietet in 13 Kolumnen eine Auslegung der beiden ersten Kapitel des Propheten Habakuk auf die aktuelle Situation der Gemeinde hin. Der Text weicht nur an wenigen Stellen vom masoretischen Text des Alten Testaments ab.

6. *Testimonia* (Q test) bilden eine Sammlung alttestamentlicher Zitate bezüglich der endzeitlichen Messiaserwartung der Gemeinde. Ähnlich den *Florilegien* (4 Q flor) dienten solche Zitatsammlungen der schriftgelehrten Argumentation in der theologischen Auseinandersetzung. Womöglich hat auch das Urchristentum solche Zeugnissammlungen benutzt, um seinen christologischen Glauben an Jesus von Nazaret aus der Schrift Israels zu begründen.

7. *Die Tempelrolle* (TR): Die 1960 von einem Antiquitätenhändler aus Betlehem angebotene und 1977 von Yigael Yadin in Jerusalem veröffentlichte längste unter den bisher bekannten Schriftrollen von Qumran besteht aus 19 Stücken dünnen Leders, ist 9 Meter lang, davon 8,75 m beschrieben (vgl. 1 Q Jes[a], 7,34 m lang!), und zwar in 66 Kolumnen mit 22 bzw. 28 Zeilen. In einer wohldurchdachten Komposition werden in exakter Reihenfolge die Heiligkeits- und Reinheitsbereiche des Jerusalemer Tempelkults um das Allerheiligste herum, den Sitz der Gottesgegenwart, beschrieben:

1. Das Heilige Land. A. Die Stadt, B. Das Haus
2. Drei-Tages-Wegstrecken rings um die Heilige Stadt
3. Dreißig Ris-Zone rings um die Heilige Stadt (etwa 4 Meilen)
4. Die Heilige Stadt
5. Der Tempelberg
6. Der äußere Tempelhof, zugänglich für alle rituell reinen Israeliten beiderlei Geschlechts
7. Bereich der kultfähigen Männer
8. Priesterbereich (für Laien verboten)
9. Äußerer Kultdienstbereich mit Brandopferaltar und Tempelgebäude
10. Innerer Kultdienstbereich *(Hekal)* mit Räucheropferaltar, Schaubrottisch und siebenarmigem Leuchter
11. Innerster Kultdienstbereich: Das Allerheiligste, Sitz der Gottesgegenwart

Auch in der Mischna, Traktat Kelim 1, finden wir eine ähnliche Gliederung der Heiligkeitsbezirke konzentrisch um das Allerheiligste. Die Tempelrolle beschreibt aus der Perspektive der Priester, d.h. vom Tempelinnern aus bis zu allgemeingültigen Gesetzen draußen. Inhaltlich starke Berührungen mit dem Jubiläenbuch. Im Anschluß an die Offenbarungsrede Jahwes an Mose in Ex 34 wird im Stil des Deuteronomiums eine Kodifizierung der Heiligkeitsbestimmungen versucht.

Auch wurden in Qumran zahlreiche Manuskripte alttestamentlicher und frühjüdischer Schriften entdeckt, wobei die ältesten textkritischen Belege für manche Bücher der »Schrift Israels« aus der Zeit um 300 v.Chr. zutage kommen, während bis dahin die ältesten hebräischen Handschriften des Alten Testaments erst aus der Zeit um 1000 n.Chr. datierten. Aus Vergleichen der frühen Textformen mit den späteren Kodizes ergibt sich, daß der Bibeltext die Jahrhunderte hindurch mit erstaunlicher Genauigkeit und Treue überliefert und immer wieder abgeschrieben wurde. Wichtigste Handschrift ist die komplette Rolle des Jesajabuches, die jetzt im »Schrein des Buches« in Jerusalem aufbewahrt wird. Alle kanonischen Bücher außer Ester, 1 und 2 Makk, Judit, Baruch und Weisheit sind in Qumran bezeugt. Sogar Fragmente vom Buch Tobit in Aramäisch wurden gefunden.

Literatur zum Weiterstudium

Johann Maier/Kurt Schubert, Die Qumran-Essener. Texte der Schriftrollen und Lebensbild der Gemeinde (UTB 224), München – Basel (1973), unveränderter Nachdruck 1986 (Lit. 313–315); *Johann Maier,* Die Tempelrolle vom Toten Meer (UTB 829), München – Basel 1978; *Eduard Lohse,* Die Texte aus Quamran. Hebräisch/Deutsch, München 1964; *Karl-Erich Grözinger* u.a. (Hg.), Qumran (Wege der Forschung 160), Darmstadt 1981; Bibel und Kirche 40 (1985), Nr. 2 »Die Essener«.

5. *Frühchristliche Literatur nach dem Neuen Testament*

Neben der sogenannten frühchristlichen Literatur sind schon zur Zeit des Neuen Testaments und kurz danach theologische Briefe und Traktate verfaßt worden, die man unter der Sammelbezeichnung »Schriften der Apostolischen Väter« von der Literatur unterschied, weil sie keinen Anspruch auf Imitation oder Ergänzung kanonischer Schriften erhoben, sondern sich als neue kirchliche Literatur der nachapostolischen Zeit vom neutestamentlichen Bestand abhoben. Wichtige Zeugnisse dieser Väter-Literatur, die für das Verständnis der neutestamentlichen Wirkungsgeschichte, für die Entwicklung der frühchristlichen Glaubenslehre, der Liturgie und des Dogmas große Bedeutung haben, sollen kurz vorgestellt werden, da sie als Umfeldliteratur des Neuen Testaments und nachbiblischen Judentums in seiner langsamen Distanzierung von der Kirche ebenfalls heranzuziehen ist. Es empfiehlt sich sehr, im Rahmen der praktischen Bibelarbeit auch einen Blick auf einzelne dieser frühen Väterzeugnisse zu werfen, zumal handliche Ausgaben vorliegen.

Der *Erste Klemensbrief* (1 Klem): Das um 95 n. Chr. verfaßte Schreiben ist ein Brief des römischen Presbyters Klemens, des 4. Bischofs von Rom, an die Gemeinde in Korinth. Die 65 Kapitel enthalten auch homiletische und liturgische Texte. Erstmals kommt in 42.44 die Lehre von der »Apostolischen Sukzession« der Päpste und Bischöfe zum Ausdruck. Ketzerische Anführer werden zur Umkehr oder zum Verlassen der Gemeinde aufgerufen.

Die *Ignatiusbriefe* (Ign): Diese um 110 vom Märtyrerbischof Ignatius von Antiochien in Syrien an die sieben Gemeinden der Epheser, Magnesier, Trallianer, Römer, Philadelphier, Smyrnäer und an den Bischof Polykarp gerichteten Schreiben warnen vor gnostischen Häresien, halten um Hilfe und Gebet für die verfolgten Gemeinden in Syrien an und betonen den selbständigen Wert des Bischofsamtes, den monarchischen Episkopat. Eine tiefe persönliche Christusfrömmigkeit prägt die Ausführungen.

Der *Polykarpbrief* (Polyk): Bischof Polykarp von Smyrna schrieb diesen Brief um 120 an die Gemeinde von Philippi. Es handelt sich um ein pastorales Mahnschreiben in Angleichung an neutestamentliche Vorbilder.

Die *Didache* (Did): Der um 130 entstandene Text versteht sich als »Lehre des Herrn durch die zwölf Apostel an die Heiden«. Er bildet eine Art urchristlichen Katechismus mit Hinweisen zur liturgischen Gestaltung der Eucharistiefeier und zur Auslegung der Bergpredigt für die christliche Ethik, wobei die »Zwei-Wege-Lehre« betont wird. Außerdem sind disziplinarische Hinweise für Wanderpropheten und Lehrer enthalten.

Der *Zweite Klemensbrief* (2 Klem) hat mit 1 Klem nichts zu tun und stellt eine Predigt aus der Zeit um 150 dar. Es handelt sich um die ausführlichste nichtbiblische Ansprache und sittliche Belehrung, die uns erhalten ist.

Der *Hirt des Hermas* (Herm): Hermas war der Bruder des Papstes Pius I. (140–155) und hat um 150 dieses apokalyptische Buch verfaßt. Es kritisiert die religiöse und moralische Laxheit unter den Christen und ruft sie zu Umkehr und Tugend auf. Das Buch setzt ein mit einer Reihe von vier Visionen, in denen eine weißgekleidete Frau, die Mutter und Braut Kirche, die sich ständig verjüngt, dem Hermas erscheint. In der fünften Vision erscheint der Hirt und ruft zur Buße auf. Bis ins 3. Jahrhundert hinein wurde diese Schrift wie eine kanonische auch in der Liturgie benutzt, auch Origenes (185–253 n. Chr.) sieht sie in Nähe zu den biblischen Büchern.

Das *Diatessaron* (175 n. Chr.): Der aus Syrien stammende Tatian wurde in Rom Christ und Schüler des Heiligen Justin. Er schuf diese Evangelienharmonie aus allen vier Evangelien, die sogar in die syrische Liturgie Eingang fand.

Das *Muratorische Fragment* (200 n. Chr.): Es handelt sich um das älteste Kanonverzeichnis des Neuen Testaments, das wir besitzen. Der Name kommt von L. A. Muratori, der im Jahr 1740 das Manuskript in der Mailänder Ambrosiana-Bibliothek entdeckte. Gegen die Verbreitung gnostischer Apokryphen wurde die autoritative Liste festgelegt. Die Unterschiede zu unserem jetzigen Kanon sind: Es fehlen Hebr, Jak, 1 und 2 Petr und 3 Joh. Zugefügt sind Weisheit und die Petrusapokalypse (mit Vorbehalt). Zwei apokryphe Paulusbriefe, nämlich die an die Alexandriner und die Laodizäer wurden abgelehnt. Der Hirt des Hermas wird zum öffentlichen Vortrag in der Gemeinde empfohlen, doch nicht als Bestandteil der Heiligen Schrift anerkannt.

Die *Oden Salomos* (Od Sal) bestehen aus einer Sammlung von 42 Hymnen mythischer Sprache über den Logos, die Höllenfahrt Christi, die jungfräuliche Empfängnis und andere Glaubenswahrheiten. Die nicht direkt aus gnostischem Hintergrund stammende Schrift ist um 180 n. Chr. in Griechisch oder Aramäisch-Syrisch abgefaßt worden und enthält folgende Themen: der Herr als

Kranz, Vermählung mit dem Herrn, die Pflanzung des Höchsten, der erlöste Mensch, die geistliche Milch; der Himmelsbrief, die Himmelfahrt der Seele, der Triumph des Erlösers.

Die beiden *Apologien des Justinus* (um 150 n. Chr.): Justinus († 165), Philosoph und Märtyrer, gilt als der bedeutendste Apologet des 2. Jahrhunderts. Er stammte aus einer heidnisch-griechischen Familie in Nablus, Palästina. Nach dem Studium der pythagoreischen und platonischen Philosophie wandte er sich den Propheten und dem Christentum zu und widmete sich ausschließlich der Verteidigung des Glaubens als Wanderlehrer. Seine zwei Apologien enthalten in 1 Apol 65–67 eine Schilderung des frühchristlichen Gottesdienstes. Sein »Dialog mit dem Juden Tryphon« berichtet über ein zweitägiges Gespräch mit einem gelehrten Juden (vielleicht Rabbi Tryphon) über den Wert des Zeremonialgesetzes und das Verhältnis zwischen Monotheismus und Verehrung Jesu als Sohn Gottes.

Papias von Hierapolis (130 n. Chr.) hat ein Werk unter dem Titel »Erklärungen der Herrenworte« geschrieben, von dem Eusebius (260–339) in seiner »Kirchengeschichte« Fragmente überliefert hat. Der historische Wert des Papias-Zeugnisses ergibt sich aus dem Kontext anderer früher Textzeugnisse.

Die *Antimarcionitischen Evangelienprologe* mit ihren Nachrichten über die Evangelisten Markus und Lukas und Johannes sind wohl erst im 4. Jahrhundert entstanden und daher nur von bedingtem historischen Wert, vgl. *Wikenhauser – Schmid,* S. 310.

Irenäus von Lyon († 202) bringt in seinem Werk »Wider die Heiden« Nachrichten über die vier Evangelisten, wobei er von Papias abhängt, aber die kirchliche Überlieferung damit nachhaltig geprägt hat.

Literatur zum Weiterstudium

Berthold Altaner – Alfred Stuiber, Patrologie, Freiburg [8]1978; *J.A. Fischer,* Die Apostolischen Väter. Griechisch und Deutsch, Darmstadt [6]1970; *Klaus Wengst,* Schriften des Urchristentums. 2. Teil: Didache, Barnabasbrief, Zweiter Klemensbrief, Schrift an Diognet, Darmstadt 1984. Zur *Gnosis: Robert Haardt,* Die Gnosis, Salzburg 1967; *K.-W. Tröger* (Hg.), Gnosis und Neues Testament, Berlin 1973; *ders.* (Hg.), Gnosis und Frühjudentum, Gütersloh 1980; *R. Mc. L. Wilson,* Art. Gnosis/Gnostizismus, in: TRE 13 (1984) 519–550 (Lit.); *ders.*, Nag Hammadi and New Testament, in: NTS 28 (1982) 289–302; *Christopher Tuckett,* Nag Hammadi and the Gospel Tradition, Manchester 1986; *Walter Schmithals,* Neues Testament und Gnosis (Erträge der Forschung 208), Darmstadt 1984 (Lit. 157–185); Die Gnosis, 3 Bde., Zürich – München, 1969–1980 (deutsche Übersetzung der Texte mit Kommentar); *Otto Betz – Tim Schramm,* Perlenlied und Thomas-Evangelium, Einsiedeln 1985; *Bibel und Kirche* 41 (1986) Heft 1 »Gnosis«.

III. Textgeschichte der Bibel

Nachdem der Text des Alten Testaments um 100 n. Chr. als Kanon gebündelt vorlag und der Text des Neuen Testaments um 380 n. Chr. als Kanon normativ gesammelt war, traten diese schriftlich fixierten Heiligen Schriften einen langen Weg durch die Geschichte bis heute an, wobei zwei wichtige Etappen zu unterscheiden sind: 1. Die Phase der handschriftlichen Überlieferung, 2. die Phase der drucktechnischen Überlieferung seit der Erfindung des Buchdrucks durch Johannes Gutenberg von Mainz 1450.

1. Textgeschichte des Alten Testaments

Die hebräisch und aramäisch verfaßte »Schrift Israels« entstand im Vorderen Orient, dem »Fruchtbaren Halbmond«, im Schmelztiegel großer Weltkulturen, die die Entstehung der Kultur Israels und seiner Heiligen Schriften mitbedingten. Die *Babylonier,* als Erfinder der Keilschrift und großer Mythen, die *Ägypter* mit ihrer großen Kultur und ihrer Hieroglyphenschrift, die *Kanaaniter,* von deren Literatur und Kultur die Ausgrabungen und Funde von Ugarit (Ras-esch-Schamra) in Nordsyrien zeugen, all diese Umweltvölker tragen dazu bei, daß die israelitische Geschichtsschreibung und Literaturfähigkeit ihre einmalige Höhe im Vorderen Orient erreichte.

Der allergrößte Teil des Alten Testaments ist hebräisch geschrieben, was das Volk Israel bis in die ersten Jahre nach der babylonischen Gefangenschaft gesprochen hat. Erst in den letzten vier Jahrhunderten v. Chr. wurde das Aramäische, das im Perserreich offizielle Reichssprache geworden war, allgemeine Umgangssprache der Juden, so daß im Gottesdienst die Lesungen aus der Tora und den Propheten dem Volk auf aramäisch übersetzt werden mußten. Aramäische Stücke im Alten Testament sind Esra 4,8 – 6,18; 7,12–26 (Briefe und königliche Erlasse); Dan 2,46 – 7,28; Gen 31,47 und Jer 10,11. Das Aramäische war auch die Sprache Jesu (Mk 5,41; 14,36; 15,34). Vom Alten Testament sind Weisheit, 2 Makk und die königlichen Dekrete in Ester griechisch geschrieben.

Die deuterokanonischen Bücher, die die Juden nicht als kanonisch anerkannten, sind nur griechisch erhalten, abgesehen von den hebräischen Textfunden aus Qumran.

Die hebräische Sprache gehört zur semitischen Sprachenfamilie, die von der indogermanischen völlig verschieden ist. Der Name »Semiten/semitisch« wurde im Anschluß an Gen 10,21 von L. Schlözer (1781) geprägt. Die Verästelung der Dialektentwicklung des Semitischen geht bis ins moderne Arabische.

Das Griechisch der Septuaginta (230 v. Chr.) wie das Neue Testament ist nicht das attische, die kanonische Sprache Athens, sondern die *Koine,* die vom 3. Jh. v. Chr. an im Reich gesprochen wurde und die volkstümliche (vulgäre) Umgangssprache bildete. Literarisch hohes Griechisch bietet der Lukasprolog 1,1–4 sowie der Hebräerbrief.

Frühestes Schreibmaterial war *Stein* (vgl. Ex 24,12; 31,18; Dtn 10,1–5; Ijob 19,23; Dtn 27,2–8; Jos 8,32), dann Tontafeln (Ostraka), Holztafeln (Jes 30,8), Papyrus, Leder, Pergament, aber auch Kupfer (Kupferrolle von Qumran). Die längste Papyrus-Rolle, die wir kennen, ist der Papyrus Harris aus der Zeit Ramses III. (1198–1167) im Britischen Museum, London, mit 40,5 m Länge. Die 7,34 m lange Jesaja-Rolle aus Qumran mit 17 Blättern ist auf Leder geschrieben. Ab 200 n. Chr. kam das in Pergamon bearbeitete Feinleder als Pergament auf den Markt und wurde der kostbarste Schreibgrund bis heute. Das im 1. Jh. v. Chr. in China erfundene *Papier* wurde durch den Islam im 8. Jh. bis Spanien verbreitet, vom 12. Jh. an begann die Papierproduktion in Italien, ab 1389 in Nürnberg. Mit Griffel, Schreibrohr oder Pinsel wurde *Tinte* oder *Farbe* aufgetragen. Der *Kodex* kam im 1. Jh. n. Chr. auf und verdrängte langsam die Schriftrolle, die im jüdischen Gottesdienst bis heute bewahrt wird.

Da die Urschriften der Heiligen Bücher der Bibel alle verschollen sind (keine Autographen!), verfügen wir nur über handschriftliche Kopien aus unterschiedlicher zeitlicher Nähe zu den Originalen. Die Juden legten abgenutzte Handschriften in der sogenannten Geniza (Verbergungskammer) ab oder begruben sie später. In der Geniza der Synagoge von Alt-Cairo, die zuerst St. Michaelskirche und seit 882 Synagoge war, wurden über 200 Tausend Fragmente solcher Handschriften gefunden. In der Bibliothek von Qumran wurden 1947 ebenfalls viele Bibelhandschriften entdeckt, die ältesten, die wir besitzen, einige aus der Zeit 350 v. Chr.

Der *Papyrus Nash* von 150 n. Chr. enthält den Dekalog nach Ex 20,2–17 und Dtn 5,6–21 und das »Sch^{e}ma Israel« Dtn 6,4f. Albright datiert etwa 150 v. Chr.

Der älteste Bibelkodex, der das ganze jüdische Alte Testament enthält, ist der *Kodex von Aleppo,* von 930 n. Chr., genannt Ben Ascher-Kodex, mit Punktation und Masora (= Überlieferung), welche im 6.–11. Jh. von den Masoreten festgelegt wurde. Aber schon um 100 n. Chr. hatten die Rabbinen den Normaltext festgestellt, der auch der griechischen Übersetzung des 2. Jh. n. Chr. und der Vulgata des Hieronymus zugrundelag. Die Masoretenschule von Tiberias (780–970) hat den heute gebräuchlichen hebräischen Bibeltext festgestellt. Das hebräische Alte Testament wurde 1494 in Brescia erstmals gedruckt und von Luther benutzt, dem folgte die Druckausgabe des Jakob ben Chajim bei Daniel Bomberg in Venedig 1524 (Bombergiana) und die des Felix Pratenis ebenfalls bei Bomberg 1516. Beides sind Rabbinerbibeln mit hebräischem Text, aramäischer Übersetzung (Targum) und Kommentaren maßgeblicher Rabbinen. Dieser »textus receptus« geht bis zur *Biblia Hebraica* von *R. Kittel* 1906, die auf dem Kodex B 19 A von Leningrad von 1008 fußte und den Kodex Mosche ben Ascher von 895 aus Cairo sowie den Kodex von Aleppo von 930 aus dem Britischen Museum in London berücksichtigte.

Der *Petersburger Prophetenkodex* von 916 enthält die Prophetenschriften mit babylonischen Punktationszeichen, der *Erfurter Kodex* von 1100 das ganze Alte Testament. Der *Karlsruher Prophetenkodex* von 1105 ist nach dem Humanisten Reuchlin benannt. Der Samaritanische Pentateuch weicht in etwa 6500 Fällen vom masoretischen Text ab und stimmt in etwa 1900 Fällen mit der Septuaginta überein.

Zur Vorlesung im Gottesdienst hat man in Palästina das Alte Testament in 452 *Sedarim* (= Ordnungen), den Pentateuch in 154 für eine dreijährige Leseordnung eingeteilt. In Babylonien waren im 1. Jh. 54 *Paraschen (= Abschnitte)* üblich für die Verlesung. Seit dem 14. Jh. wurde die Kapiteleinteilung der lateinischen Vulgata auch für hebräische Drucke übernommen.

War die *Biblia Hebraica* von Rudolf Kittel 1906–1975 das vorherrschende internationale Standardwerk für das Studium der hebräischen Bibel, so wurde in den Jahren 1967–1977 eine Neubearbeitung erstellt, die *Biblia Hebraica Stuttgartensia* (BHS) heißt und die heute international anerkannte Textgrundlage für alttestamentliche Studien bildet. Die Hebräische Universität Jerusalem gibt aber eine neue, große Ausgabe der Hebräischen Bibel heraus, die auf der Grundlage des Kodex von Aleppo erstellt wird und den größten textkritischen Apparat mit sämtlichen heute erreichbaren Textvarianten enthält, darunter die über 175 biblischen Manuskripte, die in Qumran gefunden wurden, davon allein 70 mit Pentateuchtexten.

Literatur zum Weiterstudium

Ernst Würthwein, Der Text des Alten Testaments, Stuttgart ⁵1988.

2. *Textgeschichte des Neuen Testaments*

Durch intensive Suche nach alten Handschriften in allen Bibliotheken der Welt und durch die Auswertung des genannten Handschriftenmaterials mittels moderner Computertechnik in den letzten 30 Jahren ist es gelungen, einen griechischen Urtext des Neuen Testaments zu erstellen, der auf der gesamten Textüberlieferung aufbaut und daher optimal abgesichert ist. Gibt es innerhalb der Gesamtzahl der erhaltenen Manuskripte auch etwa 300000 Abweichungen im Text voneinander, so handelt es sich dabei in den allermeisten Fällen um kleine Abschreibfehler, unbedeutende Umstellungen, Auslassungen, Zusätze oder rein stilistischen Verbesserungen, so daß die Zahl der sinnverändernden und theologisch bedeutsamen Varianten im griechischen Urtext des Neuen Testaments recht klein ist.

Wir verfügen seit 1982 insgesamt über 5366 Handschriften des Neuen Testaments, die sich wie folgt aufgliedern:

Papyri	88
Majuskel	274 (davon 55 Palimpseste)
Minuskel	2795
Lektionare	2209
	5366 Handschriften

Papyrus wurde aus dem Mark der Papyrusstaude gewonnen und bis ins 8. Jh. als Schreibmaterial verwandt. Alle neutestamentlichen Papyrushandschriften waren in Buch-Kodexform geheftet, waren also keine Rollen. Bis ins 9. Jh. schrieb man in Großbuchstaben *(Majuskel = Unzialen)*, die ohne Wort- und Satztrennung aneinandergefügt wurden. Seit dem 4. Jh. setzte sich das aus Tierfellen gewonnene *Pergament* durch. Vom 9. Jh. an wurde kursiv in Kleinbuchstaben *(Minuskel)* geschrieben. Die älteste Minuskelhandschrift ist Nr. 461 aus dem Jahr 835. Die *Lektionare* waren die für den liturgischen Gottesdienstgebrauch verfaßten Perikopenbücher, die fast das ganze Testament enthalten; die ältesten stammen aus dem 5. Jh., die meisten aus dem Mittelalter. Von den 5366 Handschriften des Neuen Testaments sind 1250 auf *Papier* geschrieben.

Die britischen Forscher *F. J. Hort* (1828–1852) und *B. F. Westcott* (1825–1901) wiesen in ihrer kritischen Textausgabe des Neuen Testaments von 1881 drei große handschriftliche Überlieferungsstränge nach:

1. Der *neutrale* (alexandrinische oder ägyptische) Text, hauptsächlich durch den Codex Vaticanus und den Codex Sinaiticus vertreten. P^{66} und P^{75} bezeugen, daß dieser Texttyp bis auf 120 n. Chr. zurückgeht und daher als ältester zu gelten hat.

2. Der *»westliche«* Text, der den altlateinischen Übersetzungen und den abendländischen Kirchenvätern sowie dem zweisprachigen Kodex D zugrundeliegt und ausschmückende Zusätze sowie kanonisierende Lesarten enthält.

3. Der *»syrische«* (antiochenische oder byzantinische) Reichstext oder Koine-Text, der auf die Redaktion des Presbyters Lukian von Antiochien († 311) zurückgeht und sich um Beseitigung dogmatischer Anstößigkeiten und Glättung des Stils bemüht, auch »textus receptus« genannt, weil er bis in die Neuzeit bevorzugt wurde.

Das älteste Papyrusfragment ist P^{52}, um das Jahr 120 in Ägypten verfaßt, von einem beiderseits beschriebenen Kodexblatt, das Joh 18,31–33 und 37f enthält. Es befindet sich in der Rylands Library in Manchester.

In den Jahren 1930–1936 wurden durch den Sammler *A. Chester-Beatty* Reste von elf Papyruskodizes erworben, die bei

Alalme am Ostufer des Nils 100 km südlich von Kairo bei einem alten Kloster gefunden worden waren. Sie enthalten neun alttestamentliche und 15 neutestamentliche Schriften, dazu Henoch und eine Homilie des Melito von Sardes. P^{45} enthält die vier Evangelien in der Reihenfolge Mt, Joh, Lk, Mk und Apg. Die Texte stammen aus dem Beginn des 3. Jahrhunderts. P^{46} ist ein Kodex mit 104 Blättern mit den Paulusbriefen, P^{47} enthält Offb 9,10 – 17,2, beide ebenfalls vor 250 n. Chr. verfaßt.

Sehr bedeutsam sind die seit 1950 bekannten Bodmer-Papyri, P^{66} mit Joh 1,1–6; 6,34 – 14,24 aus der Zeit um 200 mit einer Mischung von ägyptischem und westlichem Text, sowie P^{75} mit Lk 3,18 – 24,53; Joh 1,1 – 15,8 aus der Zeit um 250 mit seinem ägyptischen Text.

Pergamentkodizes

Als beste und älteste Pergamenthandschrift gilt der *Codex Vaticanus* mit dem Sigel B. Er umfaßt 759 quadratische Blätter 27,5 x 27,5 cm und ist um 350 in Ägypten geschrieben. Er enthält das ganze Alte Testament nach der Septuaginta und das Neue Testament bis Hebr 9,14 (es fehlen 1–2 Tim, Tit, Phlm, Offb). Seit 1475 in der Vatikanischen Bibliothek. Kronzeuge des »neutralen« Textes.

Der *Codex Sinaiticus* (S), 347 Blätter 43 x 37,8 cm, vierspaltig, um 350 in Ägypten geschrieben, von Konstantin von Tischendorf 1844/59 im Katharinenkloster auf dem Sinai erworben, bis 1933 in Leningrad, dann vom Britischen Museum London aufgekauft. Das Alte Testament nicht vollständig, das Neue Testament fast lückenlos, Barnabasbrief und Hirt des Hermas.

Der *Codex Alexandrinus* (A), um 450 in Ägypten geschrieben, auf 773 Blätter zweispaltig das Alte und Neue Testament und die beiden Klemensbriefe, seit 1098 in der Bibliothek des Patriarchs von Alexandrien, 1628 nach England verkauft, seit 1751 im Britischen Museum London. Es fehlt Mt 1,1 – 25,6; Joh 6,50 – 8,52; 2 Kor 4,13 – 12,7.

Der *Codex Ephraemi rescriptus* (C), im 5. Jh. in Ägypten geschrieben, 64 Blätter, einspaltig, und Texte aus dem Alten Testament, 145 Blätter mit Teilen aus allen Büchern des Neuen Testaments. In der Nationalbibliothek von Paris.

Der *Codex Bezae Cantabrigiensis* (D), um 500 verfaßt, 415 Blätter (26x21,5 cm), in Sinnzeilen geschrieben (kolometrisch), doppelsprachig griechisch und altlateinisch. Seit dem 9. Jh. im Irenäuskloster in Lyon, 1562 von den Hugenotten erbeutet, 1581 der Universität Cambridge geschenkt.

Der *Codex Claromontanus* (D 06) aus dem 5. Jh., enthält auf 533 Blättern (24,5x19,5 cm) die Paulusbriefe; doppelsprachig.

3. *Aufteilung in Abschnitte, Kapitel, Verse*

Während der Majuskeltext ohne Unterbrechung fortlaufend aneinandergeschrieben wurde, führten schon alte Handschriften Unterteilungen in Sinnabschnitte mit Überschriften durch; so hat im Codex Alexandrinus Mt 68, Mk 48, Lk 83, Joh 18 Sinnabschnitte. Eusebius zerlegte Mt in 355, Mk in 233, Lk in 342 und Joh in 232 Sektionen, die er in zehn Tabellen ordnete (Canones Eusebiani), um eine synoptische Übersicht zu ermöglichen, welche Abschnitte in allen vier Evangelien, welche nur in drei, welche nur in zwei und welche nur in einem vorhanden sind. Da sich auf diese Weise auch das »Sondergut« der einzelnen Evangelisten ermitteln ließ, ist darin eine Vorstufe der späteren Literarkritik zu sehen.

Die jetzige *Kapiteleinteilung* stammt erst vom Erzbischof von Canterbury, Stephan Langton († 1228), die jetzige *Verseinteilung* von dem Pariser Buchdrucker Robert Estienne (Stephanus), in seiner 4. Ausgabe des Neuen Testaments, Genf 1551.

Literatur zum Weiterstudium

Kurt Aland – Barbara Aland, Der Text des Neuen Testaments, Stuttgart 1982, mit kompletten Listen und Beschreibungen aller wichtigen Handschriften.

4. *Älteste Bibelübersetzungen*

Die ältesten Übersetzungen aus dem hebräisch-aramäischen Urtext des Alten Testaments und dem griechischen Urtext des Neuen Testaments haben, aufs Ganze gesehen, große Treue zum Urtext bewahrt und stellen daher wichtige Textzeugen für diskutable Varianten und Lesarten dar, zumal die deuterokanonischen Schriften des Alten Testaments größtenteils ja nur in alten Übersetzungen vorliegen.

Griechische Übersetzungen des Alten Testaments

Die griechische Septuaginta (LXX) stellt die früheste und wichtigste Übersetzung des Alten Testaments dar, weil sie Vorlage der altlateinischen und späteren Übersetzungen wurde. Der Name »Siebzig« kommt von der Legende im Aristeasbrief, wonach auf Veranlassung des Königs Ptolemaios II. Philadelphos (287–246 n. Chr.) vom Hohenpriester Eleasar 72 Männer, sechs aus jedem der zwölf Stämme, nach Alexandrien entsandt wurden, um für die königliche Bibliothek eine Übersetzung der Tora (des Pentateuchs) anzufertigen. Auf der Insel Pharos übersetzte jeder für sich die Tora, dann verglichen sie ihre Übersetzungen miteinander und kamen zu dem allseits gebilligten Normtext für die jüdische Gemeinde von Alexandrien. Zutreffend an dieser Legende ist, daß die griechische Übersetzung des Alten Testaments um 250 v. Chr. entstanden ist, und zwar in Ägypten.

Als der Enkel des Jesus Sirach im Jahr 138 nach Ägypten kam, fand er, wie er in der Vorrede zu der von ihm stammenden Übersetzung des Buchs seines Großvaters bemerkt, schon die griechische Übersetzung »des Gesetzes, der Propheten und der übrigen Bücher« vor. Die Übersetzungsweise der einzelnen Schriften der Septuaginta ist sehr unterschiedlich, es sind keinesfalls nur griechische »Targume« (Verdolmetschungen) der semitischen Vorlage, sondern teils starke Interpretationen, Ergänzungen und Bearbeitungen der Vorlage. Hohelied und Kohelet sind geradezu sklavisch, Psalmen und Propheten (bis auf Dan) meist wörtlich, Pentateuch und Geschichtsbücher treu, Ijob, Sprüche, Daniel, Ester recht frei übersetzt. In Jes und den Zwölf Propheten ist das Textverständnis äußerst schlecht. In Ijob und Sprüche ist die griechische Sprache am besten. Wie Philo von Alexandrien hielten auch die Kirchenväter die Septuaginta für inspiriert. Aber Hieronymus war gegen diese Auffassung und verwies auf die Urtexte als einzig inspirierte Texte. Heute jedoch wird die Septuaginta in ihrem textkritischen

Zeugniswert von der internationalen Forschung sehr hoch angesetzt, so daß man ihre Inspiration bedenken muß, zumal das Neue Testament fast ausschließlich die Septuaginta zitiert und benutzt. Schon früh wird in den Septuagintahandschriften die Tendenz sichtbar, sich wieder an den hebräischen Text anzugleichen, wo zu große Unterschiede bestehen.

Ältestes Textzeugnis für die Septuaginta ist der Papyrus Griechisch 458 der John Rylands Library, Manchester, aus dem 2. Jh. v. Chr., mit 15 Versen aus Dtn 23 – 28 auf sechs Fragmenten aus einer Mumienhülle. Der Papyrus Fouad 266 von Cairo stammt aus dem 1. Jh. v. Chr. und enthält Dtn 31,36 – 33,7. Die Berliner Fragmente aus dem 3. Jh. n. Chr. enthalten Gen 1,16 – 35,8. Heute sind über 1600 Septuaginta-Handschriften bekannt. Wichtige Druckausgaben sind: Sixtina, Rom 1587; Holmes-Parsons, Oxford, fünf Foliobände, 1798–1828; die Cambridger und die Göttinger Septuagintaausgaben sind erst teilweise erschienen.

Literatur zum Weiterstudium

Alfred Rahlfs (Hg.), Das griechische Alte Testament, mit textkritischem Apparat, Stuttgart, 2 Bde. (1935), [9]1982; *E. Hatch – H. A. Redpath,* A Concordance to the Septuaginta and the other greek versions of the Old Testament, Oxford 1897 = Graz 1954; vgl. *Würthwein,* 40–61; *Eissfeldt,* Einleitung 951–971; *Josef Ziegler,* in: LThK 2 ([2]1958) 375–380.

Nach der Septuaginta entstanden dann im 2. Jh. n. Chr. mehrere neue Übersetzungen, von denen die drei wichtigsten sind:

1. *Aquila* aus Synope in Pontus am Schwarzen Meer, Proselyt, übersetzt um 130 n. Chr. das ganze Alte Testament mit Ausnahme der deuterokanonischen Schriften, in sklavisch-wörtlicher Weise, die Hieronymus schätzte. In Fragmenten aus der Hexapla des Origines erhalten.
2. *Theodotion* um 180 n. Chr., Proselyt aus Ephesus, in Resten der Hexapla enthalten.
3. *Symmachus* um 200 n. Chr., Samaritaner, nach Hieronymus ein Ebionit (Judenchrist). Hieronymus benutzt sein Werk gern.

Die Hexapla des Origenes († 254)
Um in der textkritischen Überlieferung seiner Epoche mehr Sicherheit zu gewinnen, schuf der christliche Exeget und Theologe Origenes zwei gewaltige Werke, die Hexapla und die Tetrapla (=

sechsfache bzw. vierfache Bibel). Im ersten Werk standen parallel nebeneinander geschrieben:

1. der hebräische Text in hebräischer Schrift,
2. der hebräische Text in griechischer Umschrift,
3. die wörtliche Aquila-Übersetzung,
4. die freiere Symmachus-Übersetzung,
5. der von Origenes rezensierte Septuaginta-Text,
6. die Übersetzung des Theodotion.

Teilweise hatte er noch eine 7. Spalte mit anonymen Übersetzungen hinzugefügt. Diese gewaltige Handschrift in 50 Bänden befand sich in Cäsarea, wo Hieronymus sie einsah. Spätestens seit dem 6. Jh. verschollen, teilweise in der syrischen Übersetzung des Bischofs Paul von Tella (615) erhalten.

Die aramäischen Targume

Als die Juden nach dem Exil nicht mehr Althebräisch verstanden, wurden die Tora-Lesungen im Synagogengottesdienst verdolmetscht, und zwar in freien Paraphrasierungen des Sinngehalts. Man nennt diese Wiedergaben *Targume* (hebr. *targem* = übersetzen, meturgeman = Übersetzer, Dolmetscher, Dragoman), z.B. *Targum Onkelos* zum Pentateuch oder Targum Jonathan zu den Propheten.

Die syrischen Übersetzungen

Aus der frühen Stufe der aramäischen Targume ging die alte syrische Übersetzung der Heiligen Schrift, die »Peschitta« (= die Einfache) hervor. Um 40 n. Chr. nahm das Königshaus von Adiabene östlich des Tigris den jüdischen Glauben an, vielleicht in diesem Zusammenhang ist das Alte Testament aus dem masoretischen Text (nicht aus der Septuaginta) ins Altsyrische übersetzt worden.

Das Neue Testament soll von Bischof Rabula von Edessa (411–431) ins Syrische übersetzt worden sein, was die bis dahin gebräuchliche Evangelienharmonie Diatessaron von Tatian (170) ersetzte. Um 500 übersetzten Bischof Philoxenos von Mabbug (Hierapolis) am Eufrat und Bischof Polykarp die ganze Bibel des Alten und Neuen Testaments. Von der syrischen Übersetzung des

Bischof Paul von Tella 615 in Ägypten war schon die Rede. Thomas von Harkel, Bischof von Mabbug, und Jakob von Edessa überarbeiteten um 705 die Peschitta. Vgl. *Wikenhauser – Schmid,* Einleitung 127–143.

Die altlateinischen Übersetzungen (Vetus Latina und Vulgata)

Frühe lateinische Bibelübersetzungen benötigte vor allem die Kirche von Afrika, wo sich schon ab 180 n. Chr. eine lateinische Literatursprache entwickelte, während in Rom noch bis nach 250 das Griechische in der Liturgie vorherrschte. Es ist bezeichnend, daß der erste große lateinische Kirchenvater, Tertullian, aus Nordafrika stammt. Um 250 finden wir bei Cyprian von Karthago eine afrikanische Form des lateinischen Bibeltextes. Das afrikanische Latein der Bibelübersetzung unterscheidet sich in Wortschatz und Grammatik vom europäischen Latein um 300 n. Chr. Augustinus hingegen hat das italienische Latein (Itala) dem afrikanischen vorgezogen. Diese Vetus-Latina-Texte wurden von den lateinischen Kirchenvätern, wie Hieronymus, und von der abendländischen Liturgie benutzt. 1739–1749 hat der Mauriner *Pierre Sabatier* in drei Foliobänden die Reste dieser altlateinischen Bibelübersetzung gesammelt, von Augustinus allein 50000 Zitate, heute wird das Material vom Vetus-Latina-Institut der Benediktinerabtei Beuron herausgegeben.

Papst Damasus beauftragte 383 den Presbyter *Sophronius Hieronymus,* der in einem dreijährigen Aufenthalt in der Wüste Chalkis bei Antiochien von einem getauften Juden die hebräische Sprache erlernt hatte, den lateinischen Bibeltext zu revidieren. Dieser ließ sich in Betlehem nieder, studierte in Cäsarea die Hexapla des Origenes und revidierte das ganze Alte Testament nach dem hexaplarischen Septuagintatext. 390 begann er mit den Samuelbüchern die Übersetzung des Alten Testaments direkt aus dem Hebräischen, 405 war das große Übersetzungswerk abgeschlossen. Nicht übersetzt hat er die deuterokanonischen Bücher Bar, Weish, Sir, 1 und 2 Makk. Seine Übersetzungsgrundsätze waren: 1. »Nicht die Wörter wiedergeben, sondern den »Sinn«; 2. Beachtung der herkömmlichen Sprachform; 3. in elegantes Latein übertragen. Daher übersetzt er nicht sklavisch, macht erklärende Zusätze, übersetzt Eigennamen (Gen 41,45), verdeutlicht messianische Weissagungen. Er gebraucht Hebraismen, Gräzismen und Vulgärausdrücke. Er sucht Abwechslung in der Wiedergabe gleicher Worte (nicht konkordant!). Zu seinen Lebzeiten ist die Übersetzung des Hieronymus heftig kritisiert worden, Augustinus hielt sie für den kirchlichen Gebrauch für ungeeignet, Sophronius allerdings machte aus Begeisterung eine Rückübersetzung der Vulgata ins Griechische.

Zur Zeit Papst Gregors des Großen († 604) wurden die Vetus Latina wie die Vulgata gleichberechtigt zitiert. Erst im 9. Jh. setzte sich dann die Vulgata durch, mit Ausnahme des Psalters, für den das Psalterium Gallicanum maßgeblich blieb, vom 13. Jh. an wurde die Hieronymusrevision zur »Vulgata« im Abendland. Die älteste Vulgata-Handschrift aus der Zeit um 430 n. Chr. ist der Evangelienkodex von St. Gallen 1395. Viele Handschriften mischen altlateinische und revidierte Lesarten, vor allem in Italien und Südgallien. Bischof Victor von Capua hat 547 ein Neues Testament herausgegeben, dessen Originalschrift in den Besitz des Heiligen Bonifatius gelangte und die heute in der Landesbibliothek von Fulda ist. Ganzbibeln heißen *Pandekten* (griech. »die alles aufnehmen«). Abt Maudramnus von Corbie (722–781) ließ auf Weisung Kaiser Karls des Großen eine solche Ganzbibel in zwölf Bänden schreiben, deren Text eine Vorstufe zur Alkuinbibel ist. Die *Bibel von Metz,* unter Bischof Angilram († 791), dem Leiter der Hofkapelle Karls d. Gr., geschrieben, ist der erste Pandekt in Großformat im karolingischen Reich. *Alkuin* begann als Abt von Tours (794–804) die Arbeit an seinem Pandekten, der vom 9. Jh. an zur Vorbildbibel wurde. Gleichzeitig erstellt der Bischof von Orléans, der Westgote Theodulf († 821), eine Vollbibel als wissenschaftliches Handexemplar mit zahlreichen Varianten am Rand. *Petrus Damiani* († 1072), Erzbischof Lanfrank von Canterbury († 1089) und der Diakon Nicolaus Maniacoria († 1145) in Rom arbeiten an der Verbesserung des Vulgatatextes, ähnlich der Zisterzienserabt Stephan Harding († 1134). Thomas von Kempen († 1471) schrieb die fünfbändige Bibelhandschrift in der Darmstädter Hofbibliothek. Die erste gedruckte Vulgata ist die 42zeilige Gutenbergbibel mit dem Pariser Normaltext.

Das Konzil von Trient erklärte in seiner vierten Sitzung am 8.

April 1546 unter den lateinischen Bibelausgaben die »durch so viele Jahrzehnte erprobte alte und allgemeine Ausgabe (vetus et Vulgata editio)« für »authentisch«, was Pius XII. in seiner Enzyklika »Divino afflante Spiritu« von 1943 näherhin erläuterte. Der Vulgataausgabe Sixto-Clementina von 1592 folgte 1889–1954 die Oxforder Vulgata des Neuen Testaments, dann von *R. Weber* (Hg.), Biblia sacra iuxta vulgatam versionem, 2 Bde., Stuttgart (1969) ³1984 und *Nova Vulgata,* Vatikan 1979.

Die koptischen Übersetzungen

Schon früh verbreitete sich das Christentum am Nil. Um 200 wurde die Bibel ins *Sahidische* Oberägyptens und ins *Bohairische* Unterägyptens übersetzt, was noch heute Kirchensprache der Kopten ist. Auch *Fajumische* Bibelübersetzungen sind bekannt.

Die äthiopische Bibelübersetzung

Die mit der koptischen Kirche Ägyptens eng verbundene Kirche in Äthiopien erhielt im 4. Jh. erste Bibelübersetzungen, die aus griechischen oder syrischen Handschriften angefertigt wurden.

Weitere bedeutende Bibelübersetzungen sind die der *Armenier* (Patriarch Isaak † 440), die der *Georgier* (Mesrop), die gotische Bibel von *Wulfila* (311–383), die *altslawische* (Cyrill und Methodius) und die *arabischen* ab 7. Jh.

5. Erste Bibeldrucke

Johannes Gutenberg hatte bereits ab 1440 während seiner Lehrjahre in Straßburg Versuche mit beweglichen Lettern gemacht. In Mainz begann er 1450 mit dem Druck einer lateinischen Bibel, der 1455 vollendet war: die 42zeilige Bibel als zweibändige Folioausgabe mit 643 Blättern, in 150 Exemplaren auf Papier und 30 auf Pergament gedruckt, von der weltweit noch 46 Exemplare erhalten sind.

Die Gesamtausgabe des hebräischen Alten Testaments, Brescia 1494, die Luther für seine Übersetzung benutzte, sowie die »Bombergiana«, Venedig 1524, von Jakob ben Chajim, und die Ausgabe von Felix Pratensis, Bamberg 1516, wurden schon erwähnt.

Vom Zeitpunkt der Erfindung der Buchdruckerkunst 1450 an fand die Verbreitung der Heiligen Schrift in immer mehr Sprachen und für immer mehr Leserschichten statt, so daß die Bibel das weltweit am meisten verbreitete Buch wurde und Kultur, Religion, Recht und Kunst der Menschheit wie kein anderes Buch geprägt hat.

Wir wenden uns nun der Geschichte der »Eindeutschung« der Bibel zu.

IV. *Die Bibelübersetzung ins Deutsche*

Mit der Ausbreitung des Christentums in entferntere Gebiete des Römischen Reiches, in denen zwar die griechische und besonders die lateinische Sprache in Verwaltung und Wissenschaft eine gewisse Dominanz hatten, derer sich jedoch die »Barbaren« in der Regel nicht zu bedienen vermochten, ergaben sich erste Ansätze zu einer volkssprachlichen Fassung oder Interpretation der biblischen Texte und Themen. Zwar hatten sich etwa in den westlichen Provinzen nicht nur römische Lebensformen eingeprägt, und auch die lateinische Sprache hatte Vermischungen mit den einheimischen (autochthonen) Dialekten erfahren, doch erfuhr der Prozeß der volkssprachlichen Übertragung der biblischen Texte in der Zeit der Völkerwanderung und mit der Christianisierung der Goten nachhaltige Impulse. Als erster übersetzte *Wulfila,* von der Donaumündung in der heutigen Türkei stammend, 341 auf der Synode von Antiochien zum Bischof der Goten geweiht, die ganze Heilige Schrift ins Gotische, eine germanische Sprache, wobei er nicht nur die griechischen Anteile einfach übersetzte, sondern die Sinngehalte und Begriffe auch auf das gänzlich andere geistige und religiöse Umfeld der Goten semantisch zu übertragen versuchte. Erhalten ist die Wulfila-Bibel im *Codex argenteus* von 450, seit 1662 in der Universitätsbibliothek Upsala/Schweden.

Mit dieser Übertragung ins Gotische 311–383 war gleichsam ein Markstein in der Entwicklung der volkssprachlichen Bibeltexte ins Germanische gesetzt. Nach und nach waren nahezu alle germanischen Stämme, mit Ausnahme der Franken, zum arianischen Christentum übergetreten und hatten sich demzufolge auch die gotische Bibelübersetzung angeeignet. Die späteren Missionare wie Pirmin und Bonifatius konnten zwar auf dieser gotischen, jedoch auch arianischen Sprachbasis aufbauen, doch war eine neuerliche Übersetzung in fränkische Dialekte eine Voraussetzung für die kontinuierliche Missionierung.

Die Bildungsbestrebungen Karls des Großen von Aachen aus, verbunden mit dem auch politisch selbstbewußten Interesse und Anspruch, die Bibel in der eigenen Sprache der Franken zu verkünden, kommen den ersten Versuchen aus dem 8. Jh. entgegen, lateinisch-althochdeutsche Glossare bzw. Wörterbücher zu erstellen.

Es entstanden noch in der karolingischen, mehr noch in der ottonischen Zeit und danach bis hin ins 11. Jh. Übersetzungen der Bibeltexte ins Althochdeutsche und dazu mehrere biblische Heilsdichtungen.

Neben diesen literarischen Formen treten zur gleichen Zeit auch Gesang und Spiel biblischer Themen, um einzelne Inhalte der Heilsgeschichte in dramatisch-volkstümlicher Auswahl zu vermitteln. Wie diese geistlichen Spiele weder den vollständigen Text reflektierten noch in die Tiefe des Textes vordrangen, so sollten auch die Illustrationen, mit denen lateinische und deutsche Bibeln vor allem im Hoch- und Spätmittelalter geschmückt wurden, in erster Linie einzelne Ereignisse und Vorgänge der Bibel dem Volk näherbringen. Die bebilderten Bibeln mit ihren Textauszügen in lateinischer oder deutscher Sprache – die sogenannten *Armenbibeln* sind ein Beispiel für diese Art der Verbreitung des Bibeltextes – führten jedoch auch zu einer Fehlentwicklung, die oftmals die Zusammenhänge biblischer Ereignisse in der Darstellung nicht mehr eindeutig erkennen ließ.

Parallel zu dieser von einer gesteigerten Spiritualität geförderten Verbreitung der deutschen volkssprachlichen Texte oder des zumindest durch Spiel, Bild oder Lied aufbereiteten und meist verkürzten Bibelgutes entwickelte sich ein wissenschaftlich-scholastisches Interesse am Bibeltext. Vor allem haben sich einzelne Orden seit dem 13. Jh. mit Methoden der Textkritik auf der Basis intensiver Sprachstudien, insbesondere des Griechischen, mit dem Bibeltext befaßt. Folgten diese wissenschaftlich-philologischen Studien vorwiegend theologischem Interesse an einer Verbesserung des Textes und der Übersetzungen, so führte die sich im Spätmittelalter weiter ausbreitende Volksfrömmigkeit zu einer gesteigerten Beschäftigung mit volkssprachlichen Bibeln. Die wissenschaftlichen lateinischen Bibelausgaben des 13. Jh. konnten diesen neuen Bedarf einer breiten volkssprachlichen Bibelbewegung ebensowenig entgegenkommen, wie die Technik der handschriftlichen Vervielfältigung und Übertragung auf dem vergleichsweise teuren Pergament eine weitgehende Massenverbreitung ermöglichen konnte. Hieraus erklärt sich auch die relativ geringe Zahl von deutschsprachigen, mehr und minder vollständigen Texten des Hoch- und Spätmittelalters. Die Zahl der bibelinteressierten Laien stieg im

14. Jh. enorm an, so daß die Kirche durch ihr Lehramt Weisungen zum rechten Gebrauch der Bibel in muttersprachlichen Übersetzungen erlassen mußte, um Willkür und Häresie bei der Auslegung und Übersetzung vorzubeugen. Erst die Einführung des Papiers und vor allem die Erfindung des Buchdrucks haben einen Ausweg gebracht aus dem Dilemma, dem sich das Bibellesen im Spätmittelalter zwischen verstärkter Laienfrömmigkeit und lehramtlichem Auslegungsanspruch der Kirche ausgesetzt sah.

1. Die deutsche Bibel im Mittelalter

Eine tabellarische Chronologie der frühesten Eindeutschung der Bibel hat etwa folgende Daten festzuhalten:

ab 369	Gotische Übersetzung Wulfilas
748	Mondseer Matthäus-Fragmente (in der Wiener Hofbibliothek)
765	Abrogans
772	Wessobrunner Gebet
790	Älteste Reichenauer Bibelglossare (keronisches Glossar, Vocabilarius S. Galli)
795	Samanunga-Glossar, Neubearbeitung des Abrogans
825	Deutsche Übersetzung der Evangelienharmonie Tatians durch Rabanus Maurus in Fulda
830	Heliand, 6000 Verse (Staatsbibliothek München) Altsächsische Genesis Muspilli-Gedicht
863	Ottfried von Weißenburg/Elsaß: Evangelienharmonie »Liber evangeliorum theotisce (= deutsch)«
910	Freisinger Psalm 138
950–1022	Notker der Deutsche, Leiter der St. Gallener Klosterschule, Psalmenkommentar 278 Pergamentseiten lateinisch und deutsch
980	St. Pauler Bruchstücke (Kärnten)
1060	Hohelied-Bearbeitung durch Abt Williram von Ebersberg Hohelied-Bearbeitung im Kloster Trudbert/Schwarzwald
1065	Wiener Genesis
1100	Biblische Balladen
1120	Wiener Exodus Milstädter Genesis und Exodus

1130 Biblische Gedichte der Ava von Melk
1140 Vorauer Bücher Moses
1150 Judith-Epos
Makkabäer-Dichtung
Tobias von Lamprecht
1187 Windberger Psalter
1190 Kindheit Jesu von Monrad von Fußesbrunn
1220 Urstende und Himmelfahrt Mariä, von Konrad von Heimesfurt
1250 Übersetzung der Evangelienharmonie des Ammonius Alexandrinus
1275 Hohelied-Bearbeitung des Brun von Schönebeck
1300 Blüte biblischer Dichtung im Deutschen Orden: Judith und Ester; Die Erlösung;
Heinrich von Neustadt: Gottes Zukunft;
Gundacker von Judensburg: Christi Hort.
ab 1300 Deutsche Übersetzungen vollständiger Bibelteile und von Apokryphen
1315 Psalter des Heinrich von Mügeln
1330 Weitere biblische Dichtungen im Deutschen Orden: Esra und Nehemia, Makkabäer, Daniel, Hjob,
Historien der alden ê
1331 Tilo von Kulm, von den sieben Insigeln
1340 Heinrich von Hesler, Nikodemus-Evangelium; Apokalypse
1350 Claus Cranc, Übersetzung der Propheten
Deutsche Vollbibel. Übergang von Bibeldichtung zu Bibelübersetzung im Deutschen Orden
1380 Übersetzung des Alten Testaments im Kloster Krumau, Böhmen
1400 Wenzelsbibel
Codex Teplensis
Übersetzung der Evangelien durch Johann Bischof
Deutsche Evangelienharmonie und Übersetzung der Apokalypse durch Georg Kreckwitz
Übersetzung der Evangelien durch Nikolaus Straub
1420 Alttestamentliche Schriften aus der großen Schreiberwerkstatt des Georg Roger in Regensburg
1430 Schreiberwerkstatt des Diebold Lauber in Hagenau/Elsaß. Verstärkte gewerbsmäßige Abschreibung von Handschriften mit deutschen Bibeltexten durch professionelle Kopierunternehmen
1456 *Druck* der 42zeiligen Bibel durch Johannes Gutenberg

Im 11. bis 14. Jh. blühte das Latein an den Hochschulen, so daß verhältnismäßig wenig deutsche Bibelübersetzungen entstanden, weil die Masse der Bevölkerung analphabetisch war und nicht lesen konnte. Aber es gab zu pastoralen und künstlerischen Zwekken freie Bearbeitungen biblischer Bücher und Stoffe, Kommentierungen mit Kirchenväterzitaten und Nacherzählungen im Anschluß an die Bibel, wie etwa die 33 500 Verse umfassende Weltchronik des Rudolf von Ems von 1250, dann Historienbibeln in Prosa und vor allem die *Biblia Pauperum* (Armenbibel), von der allein aus der Zeit 1460–1480 etwa 21 Handschriften bekannt sind.

Zentren des Bibel-Abschreibens waren vor allem die Klöster der Windesheimer Reform am Niederrhein und der Benediktiner wie Reichenau, Melk/Donau, Tegernsee, St. Ulrich und Afra/Augsburg, Benediktbeuern, Blaubeuren, St. Blasien, Echternach.

An Handschriften deutscher Bibelübersetzungen des Mittelalters sind bekannt:

Deutsche Vollbibeln	43
Deutsche Bibelteile Altes Testament	599
Deutsche Bibelteile Neues Testament	165
Zusammen	817

Diese 817 Handschriften geben etwa 40 Überlieferungsstränge verschiedener Übersetzungen wieder.

Literatur zum Weiterstudium

Hans Rost, Die Bibel im Mittelalter, Augsburg 1939, 324–363; *Th. Schauffter,* Althochdeutsche Literatur, Berlin 1914; *Hans Vollmer,* Neue Beiträge zur Geschichte der deutschen Bibel im Mittelalter, Potsdam 1938; *K. Ruh* u. a. (Hg.), Die deutsche Literatur des Mittelalters, Verfasser-Lexikon, Berlin ²1976; *Maurus Berve,* Die Armenbibel. Herkunft, Gestalt, Typologie, Beuron 1969

2. *Die 18 deutschen Bibeldrucke vor Martin Luther*

Lesen und Schreiben waren im Früh- und Hochmittelalter nur wenig verbreitet. Die Fähigkeit, sowohl literarische Texte antiker Schriftsteller als auch christliche Texte zu lesen, besaßen im Grunde genommen nur wenige höhere Geistliche, die dann diese Texte in den mittelalterlichen Skriptorien (Schreibwerkstätten) immer wieder abschreiben ließen. Die Vermittlung der Heiligen Schrift an das Volk erfolgte vorwiegend mündlich. Als die Ordensgemeinschaften im 12. Jh. immer mehr neue Klöster gründeten, vermehrte sich entsprechend der Bedarf an Bibelhandschriften ständig; maßgeblichen Anteil an dieser Erhöhung des Bedarfs hatten freilich auch die neuen Schulen und vor allem *Universitäten,* in denen immer mehr Texte zum Studium benötigt wurden (Paris 1221; Neapel 1224; Perugia 1308; Florenz 1349; Pavia 1361; Toulouse 1229; Salamanca 1254; Bologna 1150; Oxford 1180; Prag 1348; Krakau 1364; Heidelberg 1385; Köln 1388; Erfurt 1379; Freiburg i. Br. 1455; Tübingen 1477; Löwen 1425). Von 64 um 1400 bestehenden Universitäten waren 21 durch päpstliche Bullen errichtet worden, was den starken Einfluß der Kirche im Bildungswesen verdeutlicht.

Längst waren die Klöster, ursprünglich die »Bücherproduzenten«, nicht mehr in der Lage, die progressiv ansteigende Nachfrage nach Bibelhandschriften zu befriedigen. In den Städten, und dort oft in der Nähe der Universitäten, übernahmen professionelle Schreiber zunehmend die Funktion der Mönche und kopierten die Bibeltexte. Die Kommerzialisierung des Publizierens und die steigende Quantität des Bedarfs brachte aber vielfach eine Minderung der Qualität mit sich, da die gewerblichen Abschreiber nicht selten auf Grund mangelnder Sachkenntnis und hoher Auftragslage recht mangelhafte Abschriften lieferten. Seit etwa 1220 war das Buch in hohem Maße Handelsobjekt geworden, das in den Buchläden der Universitätsstädte angeboten wurde, nachdem die sozialökonomische Entwicklung der Städte auch das Bildungsverhalten verändert hatte. Die städtischen Verwaltungen, das Handwerk und der Handel bedienten sich mehr und mehr der Schriftlichkeit und komplizierter Abkürzungssysteme, zudem wurde das relativ teure Pergament in Europa seit Gründung der ersten Papierfabrik in Fabriano bei Ancona 1276 durch das Papier ersetzt.

Da durch den Einfluß des Humanismus das Bildungsinteresse breiter Schichten der Laien weiter gestiegen war, die Schreibarbeiten aber der Nachfrage nicht entsprechen konnte, war die Modernisierung des Herstellungsprozesses unausweichlich. Um 1420 wurden in Haarlem/Holland bereits Blockbücher mit Holzschnitten *und* Texten vervielfältigt. Johannes Gutenberg führte ab 1440 Versuche mit beweglichen Lettern durch und stellte schließlich 1452–1456 die 42zeilige lateinische Bibelausgabe der Vulgata her. Von den etwa 35 Pergament- und 165 Papierexemplaren existieren heute noch 48 Exemplare weltweit, davon zwölf in Deutschland. Das Land Baden-Württemberg kaufte 1980 eine Gutenbergbibel für 1,4 Millionen Deutsche Mark für die Württembergische Landesbibliothek Stuttgart, ein zweibändiger Folio mit 643 Blättern.

Im Dezember 1987 wurde im New Yorker Auktionshaus Christie's eine Gutenberg-Bibel von 1455 für 5,39 Millionen Dollar an einen japanischen Buchkonzern verkauft. Das war der höchste Preis, der jemals für ein Buch bezahlt worden war.

Gutenberg verwendete noch die gotische Schrift (Textura), da es ihm um eine Faksimilierung (Nachahmung) handschriftlicher Formen ging. Doch die weiteren *»Inkunabeln«* (lat. incunabula = Windel, daher *Wiegendrucke*) übernahmen bald die in Italien üblichen rundgotischen Schrifttypen, um Platz zu sparen. Man entwickelte die Gotico-Antiqua-Schrift über die Druckbastarda, oberrheinische Kursive bis hin zur Schwabacher-Type, die für den Druck der ersten Luther-Bibel ausgewählt wurde. Die vorreformatorischen Bibeldrucke sind zweispaltig in Fortführung der Tradition mittelalterlicher Handschriften, die Bibeldrucke der Reformation einspaltig und oft in kleinerem Format. Nach Gutenberg druckte ein Unbekannter 1457–1461 die 36zeilige lateinische Bibel, danach Johannes Mentelin 1460/61 die dritte lateinische Bibel, der sich die 48zeilige Bibel von Johannes Fust und Peter Schöffer von Mainz 1462 anschloß. In der Folgezeit verdichteten sich sowohl die Erscheinungsorte als auch die Erscheinungsjahre lateinischer Bibeldrucke. In Straßburg, Basel, Augsburg, Nürnberg, Ulm und Köln wurde in der Zeit bis 1500 eine große Zahl lateinischer Bibeln gedruckt oder nachgedruckt. In Deutschland, Frankreich und Italien zusammen werden rund 160 Vollbibeldrucke für die Zeit vor Luther gezählt.

Parallel zu diesen lateinischen Bibeln waren aber bis zu Luthers Übersetzung des Neuen Testaments 1522 bereits 18 deutsche Bibel-Inkunabeln oberdeutscher und niederdeutscher Herkunft gedruckt worden:

Die 14 oberdeutschen Bibeln

1. 1466 Straßburg: Johannes Mentelin, 405 Blätter, 61 Zeilen
2. 1470 Straßburg: Heinrich Eggestein, Nachdruck der Mentelin-Bibel
3. 1475 Augsburg: Jodocus Pflanzmann, 57 Holzschnitte
4. 1475 Augsburg: Günther Zainer, 531 Blätter, 58zeilig, 73 Initialen
5. 1476 Nürnberg: Johannes Sensenschmidt, nach Zainer-Verlag
6. 1477 Augsburg: Anton Sorg, 77 Holzschnitte
7. 1477 Augsburg: Günther Zainer II, 653 Blätter, 51zeilig
8. 1480 Augsburg: Anton Sorg II, 672 Blätter, 51zeilig
9. 1483 Nürnberg: Anton Koberger, 1. Zainerbibel, 109 Holzschnitte
10. 1485 Straßburg: Johannes Grüninger, 831 Blätter, 43zeilig
11. 1487 Augsburg: Johannes Schönsperger, 799 Blätter, 48zeilig
12. 1490 Augsburg: Johannes Schönsperger, 1011 Blätter, 42zeilig
13. 1507 Augsburg: Johannes Otmar
14. 1518 Augsburg: Silvan Otmar, Nachdruck von Otmar I.

Die vier niederdeutschen Bibeln vor Luther

1. 1478 Köln: Heinrich Quentell (niedersächsisch)
2. 1478 Köln: Heinrich Quentell (niederrheinisch)
3. 1494 Lübeck: Steffen Arndes
4. 1522 Halberstadt: Lorenz Stucks

All diese vorreformatorischen Bibeldrucke brachten jedoch im Hinblick auf die Textedition keine großen Verbesserungen. Johannes Mentelin übernahm eine Handschrift unbekannter Herkunft aus der Zeit um 1350, die von seinen Nachfolgern ohne textkritische Verbesserungen übernommen wurde. Erst mit dem Humanismus und dem epochalen Übersetzungswerk Martin Luthers fand ein Neubeginn im Prozeß der Eindeutschung des Bibeltextes statt. Für die Übersetzung Luthers wie die der katholischen Gegenreformation waren die achtzehn vorreformatorisch deutschen Bibeldrucke schon allein wegen ihres hohen Verbreitungsgrades von nicht zu unterschätzender Bedeutung.

3. Luthers epochale Bibelübersetzung

Martin Luther übersetzte nach seiner Ächtung durch den Reichstag zu Worms 1521 auf der Wartburg in drei Monaten das Neue Testament aus dem Griechischen ins Deutsche. Melchior Latter begann in Wittenberg im Frühjahr 1522 mit dem Druck und legte den Folioband am 21. September 1522 Luther vor (Septembertestament). Die Auflage betrug vermutlich 5000 Exemplare.

1523 bis 1534 gab Luther in Teilen das Alte Testament heraus, das am 26. August 1534 als Vollbibel erschien. Später wurde Hans Lufft Luthers Drucker und stellte bis Luthers Tod 43 Bibeldrucke her. Bis Luthers Tod folgten 13 Neuauflagen des Alten Testaments und 21 Neuauflagen des Neuen Testaments. Die endgültige Form fand die Lutherbibel in der nach seinem Tod erschienenen Ausgabe von 1546, die alle noch von Luther selbst stammenden Korrekturen enthielt.

Luthers Übersetzung war ein gewaltiger Fortschritt gegenüber den früheren deutschen Bibeln, die teils zu wortgetreu und unverständlich waren. Luther schloß sich der neudeutschen Sprache der sächsischen Kanzleisprache an und versuchte, eine moderne Sprechweise anzuwenden. Die Apokryphen (deuterokanonisch) setzte er zwischen Altes Testament und Neues Testament. Der Luther-Text wurde 1867, 1892, 1913, 1938, 1956, 1964 und 1984 revidiert und dem heutigen Sprachempfinden angepaßt. Erst von Luther ab wurde es Sitte, den Namen des Übersetzers im Druck anzugeben. Bei der Revision der Luther-Bibel 1984 wirkte seitens der Katholischen Kirche offiziell Rudolf Schnackenburg von Würzburg mit, der erklärte, daß diese Bibelübersetzung »auch katholische Christen mit Nutzen zur Hand nehmen können, denn dogmatische Bedenken bestehen nicht«.

Literatur zum Weiterstudium

S. Meurer (Hg.), Die neue Lutherbibel. Beiträge zum revidierten Text 1984 (Die Bibel in der Welt 21), Stuttgart 1985; *Heimo Reinitzer,* Biblia deutsch. Luthers Bibelübersetzung und ihre Tradition, Hamburg 1983; Martin Luther (Text und Kritik), München 1983; TRE IX (1982).

4. *Katholische Bibelübersetzungen nach Luther*

1. *Hieronymus Emser,* 1527 Neues Testament Dresden
   Seine Neue Testament-Ausgabe wurde 29mal aufgelegt und in der Überarbeitung durch Dietenberger und Eck weitere 65mal verlegt.

2. *Johann Dietenberger* OP, 1534 Mainz, Neues Testament und Altes Testament. Bis 1783 über 100 Auflagen!
3. *Johannes Eck,* 1537 Augsburg, Vollbibel. Letzte Auflage 1611.
4. *Caspar Ulenberg,* 1630 Köln, Vollbibel. Nachdruck bis 1757.
5. *Biblia Pentapla,* 1710 Hamburg, Vollbibel in fünf parallelen Übersetzungen (Ulenberg, Luther, Piscator, Reitz, holländische). Erster Versuch einer *ökumenischen* Bibel!
6. *Mainzer Bibel,* 1662 Mainz, von Erzbischof Joh. Philip von Schönborn, nach Vulgata übersetzt. ²1740 mit 234 Kupferstichen.
7. *Straßburger Bibel,* 1734, von Kardinal Rohan Soubise von Straßburg, im süddeutschen Raum sehr verbreitet.
8. *Nürnberger Bibel,* 1763, Deutschritterorden. In der Vorrede: »Den Catholischen ist das Bibellesen keineswegs verboten!«
9. *Wessobrunner Bibel,*1723 Augsburg, mit Index und Konkordanz.
10. *Ettenheimmünster Bibel,* 1751, ²1763 in 4 Folio-Bänden.

In der Zeit der *Aufklärung* 1773–1829 wurden weitere 20 katholische Bibelübersetzungen angefertigt, von denen nur zwei erwähnt werden sollen: *Leander van Ess* (1772–1847), mit einer Vorrede »Bibellesen als Pflicht« gegen das Verbot des Bibellesens in der Muttersprache für Laien durch Pius VII. (»Magno et acerbo« vom 3. September 1816); die Übersetzung wurde am 19. 12. 1821 vom Hl. Officium in Rom verboten, von Johann Baptist Hirscher in Tübingen am 25. 6. 1822 aber empfohlen und vom Generalvikar von Bruchsal 1826 appobiert.

Georg Michael Wittmann (1760–1833) von Regensburg, der 1805 die »Katholische Bibelanstalt Regensburg« gründet, welche 1817 von Pius VII. verboten wird, übersetzt das Neue Testament 1808.

Im *19. Jh.* erscheinen sechs neue Übersetzungen der Vollbibel, von denen die von *Josef Allioli* (1793–1873) aus Sulzbach/Oberpfalz, einem Schüler von Johann Michael Sailer, Exegeseprofessor in Landshut, Rektor der Universität München, Domkapitular in Regensburg, die größte Verbreitung gefunden hat. In der 7. Auflage 1851 vermerkt er im Vorwort: »gegen neologisch-rationalistische wie gegen hyperkatholische Schriftauslegung und Exegese«. Noch 1940 in Colmar nachgedruckt.

Im *20. Jh.* sind bis zum Erscheinen der Einheitsübersetzung 1979/80 etwa zwölf Übersetzungen des Alten Testaments und sechsundzwanzig Übersetzungen des Neuen Testaments in

Deutsch erschienen, von denen Riessler-Storr, Hamp-Stenzel-Kürzinger, das Neue Testament von Keppler 1915, das Neue Testament von Rösch 1921, von Fritz Tillmann 1925, Otto Karrer 1950 die geläufigsten waren. Eine späte internationale Wirkungsgeschichte fand die Kinderbibel des Trierer Exegeten Jakob Ecker (1851–1912), die seit 1980 durch »Kirche in Not« in über fünfundzwanzig Weltsprachen verbreitet wurde. Für die »Jerusalemer Bibel« Freiburg 1968 hatten Diego Arenhoevel, Alfons Deißler und Anton Vögtle den Herderschen Bibeltext revidiert.

Literatur zum Weiterstudium

Wilhelm Th. Auer, Katholische Bibelkunde, Stuttgart 1956; *J. Schildenberger* u.a., Die Bibel in Deutschland, Stuttgart 1965.

5. Die Einheitsübersetzung 1979/80

Einschließlich der achtzehn vorreformatorischen deutschen Bibeldrucke waren bis 1978 etwa 67 katholische Eindeutschungen der Vollbibel angefertigt und gedruckt worden. Zählt man die ca. 40 Übersetzungsstränge der 817 deutschen Bibel-Handschriften hinzu, dann haben wir bis heute rund 107 Eindeutschungsversuche der katholischen Tradition. Auf protestantischer Seite sind seit Luther bis heute mehr als 200 Eindeutschungsversuche gedruckt worden, allein im 20. Jh. bis 1980 waren es 64 Bibelübersetzungen ins Deutsche.

Da eine Vielzahl von verschiedenen Bibelübersetzungen im katholischen Gottesdienst, Schulwesen und Privatgebrauch im Umlauf war und fast jede Diözese einen anderen Bibeltext in ihren Lektionaren führte, war es angesichts der starken Migration (Wanderungen, Flüchtlinge, Tourismus) in den deutschsprachigen Ländern schon seit dem Ersten Weltkrieg ein pastorales Desiderat, einen einheitlichen Bibeltext für die katholischen Diözesen aller deutschsprachigen Länder zu schaffen. Der Wissenschaftliche Beirat des Katholischen Bibelwerks Stuttgart hat einen entsprechenden Antrag für eine katholische »Einheitsübersetzung« schon 1934 gestellt. Man dachte damals weniger an eine ganz neue Übersetzung, als vielmehr an eine modernisierte Bearbeitung einer der gut eingeführten katholischen Bibelausgaben oder an eine katholisierende Revision der Luther-Bibel für den katholischen Gebrauch. Der Zweite Weltkrieg verhinderte jedoch die Ausführung eines solchen Projekts.

Erst 1961 wurde vom Katholischen Bibelwerk e.V. in Stuttgart eine Denkschrift über die Notwendigkeit einer einheitlichen Übersetzung der Bibel für alle deutschsprachigen Diözesen herausgegeben und ein Gutachten bei allen Professoren und Dozenten der Exegese über eine solche Neuübersetzung eingeholt und der Deutschen Bischofskonferenz zugeleitet, die am 14. 3. 1962 einen vorbereitenden Ausschuß berief, dem die Bischöfe Josef Freundorfer von Augsburg und Carl Josef Leiprecht von Rottenburg sowie die Professoren Johann Michl, Freising, Josef Schmitt, München, Peter Bläser, Paderborn, Vinzenz Hamp, München, Heinrich Schlier, Bonn und Josef Schabert, München, angehörten. Später haben über 100 Mitarbeiter an der Übersetzung mitgewirkt. 1972 wurde das Neue Testament und 1974 das Alte Testament zur Erprobung eingeführt.

Am 4. 2. 1972 wurden die »*Loccumer Richtlinien*« veröffentlicht, nach denen eine einheitliche Schreibweise aller biblischen Eigennamen ausgeführt werden sollte.

Nachdem die Revisionskommission rund 14000 Stellungnahmen zum Neuen Testament und 2500 Stellungnahmen zum Alten Testament bearbeitet hatte, approbierte die Deutsche Bischofskonferenz am 14. 2. 1978 die Endfassung der Einheitsübersetzung für den offiziellen kirchlichen Gebrauch in Gottesdienst und Schule. Am 30. 4. 1979 stimmte der Ständige Rat der Deutschen Bischofskonferenz auch den Einleitungs- und Auslegungstexten der Einheitsübersetzung zu, die auch vom Rat der Evangelischen Kirche Deutschlands angenommen wurde, so daß das Neue Testament und die Psalmen der Einheitsübersetzung ökumenisch akzeptiert sind. Im Herbst 1979 wurde das Neue Testament und im Frühjahr 1980 das Alte Testament der Einheitsübersetzung der Öffentlichkeit vorgestellt. Die Endfassung der Einheitsübersetzung wurde in die katholischen Lektionare aufgenommen.

Die ökumenische Akzeptanz der Einheitsübersetzung wurde dann aber bald durch die »Fellbacher Synode« der Evangelischen

Kirche Deutschlands 1981 in Frage gestellt, die eine Revision der Lutherbibel in Auftrag gab. Die Lutherbibel in der Revision 1984 wurde dann von der Evangelischen Kirche Deutschlands für Gottesdienst, Konfirmandenunterricht und Schule verbindlich erklärt. Eine ökumenische Verabschiedung des Alten Testaments der Einheitsübersetzung (außer den Psalmen) kam nicht mehr zustande. So war leider das Ziel einer ökumenischen Vollbibel für die getrennten Kirchen im deutschen Sprachgebiet nicht erreicht worden.

Auf einem großen Fach-Symposion zu »Bibelübersetzung heute« 1984 in Stuttgart wurden weitere Kriterien einer linguistisch-semantisch begründeten Übersetzungstheorie für die Eindeutschung der Bibel erarbeitet und der Wunsch durch Prof. Josef Schabert formuliert, etwa für das Jahr 2020 eine wirklich ökumenische Vollbibel, auch unter Beteiligung von Juden für das Alte Testament, ins Auge zu fassen. Vorher müssen freilich noch die Fragen um die Apokryphen/Deuterokanonischen Bücher, um die Rolle konfessioneller Standardübersetzungen (wie die Lutherbibel) für die Liturgie der jeweiligen Kirche, um die linguistischen Übersetzungsprinzipien und um die eventuell notwendige Pluralität von Bibelübersetzungen in den pastoralen Zielfeldern geklärt werden. Vorerst wird die Einheitsübersetzung, trotz aller Mängel und Fehler, die Standardübersetzung der katholischen Kirche bleiben und eher einer behutsamen Revision in angemessenen Zeitabständen unterzogen, als daß man sie in absehbarer Zeit durch eine Neuübersetzung ersetzen wird.

Literatur zum Weiterstudium

Josef B. Plöger – Otto Knoch (Hg.), Einheit im Wort. Informationen, Gutachten, Dokumente zur Einheitsübersetzung der Hl. Schrift, Stuttgart 1979; *dies.* (Hg.), »Brannte uns nicht das Herz?« Dokumentation über die Veranstaltungen zur Vollendung der Einheitsübersetzung, Stuttgart 1980.

6. *Die Gute Nachricht – Die Bibel in heutigem Deutsch 1982*

Seit 1965 planten das Evangelische Bibelwerk und das Katholische Bibelwerk in Stuttgart, neben der revidierten Lutherbibel und der seit 1962 in Arbeit befindlichen Einheitsübersetzung eine umgangssprachliche Bibelübersetzung für Erstleser und missionarische Jugend- und Randgruppen zu schaffen. 1966 erschien in den USA die »Good News Bible« mit dem Neuen Testament, dem dann die »Gute Nachricht für Sie – Neues Testament 68« in Stuttgart folgte. Diese Ausgabe wurde völlig überarbeitet für die Edition »Die Gute Nachricht« 1971, der »Die Gute Nachricht erklärt« 1973 und eine Auswahl des Alten Testaments 1977 folgten. Die Vollbibel der »Die Bibel im heutigen Deutsch – Die Gute Nachricht«, die die erste ganz ökumenisch erarbeitete deutsche Bibelübersetzung darstellt, wurde am 28. Mai 1982 durch Bischof Dr. Georg Moser und Bischof Dr. Eduard Lohse in Stuttgart der Öffentlichkeit übergeben.

Sie wird vor allem in der Jugend- und Seniorenarbeit, in Bibelkreisen und bei ökumenischen Anlässen benutzt. Da sie nicht wortwörtlich, sondern auslegend-paraphrasierend übersetzt, ist *»Die Gute Nachricht«* eher für die fortlaufende Tägliche Schriftlesung und die *Lectio continua* geeignet, weniger für die detaillierte Textanalyse im Bibelseminar, sehr gut aber für den öffentlichen Vortrag und die Rezitation von Texten, bei künstlerischen Anlässen, in den Medien und bei Großversammlungen. Sie eignet sich besonders auch als Geschenkbibel für Hochzeit, Taufe, Firmung, Erstkommunion und Jubiläen.

Literatur zum Weiterstudium

Paul-Gerhard Müller, Zur Funktion der Bibelübersetzung »Die Gute Nachricht«, in: Una Sancta 38 (1983) 234–249.

7. Das Münchner Neue Testament 1989

Galt bisher die Zürcher Bibel und das Neue Testament von *Rudolf Pesch – Ulrich Wilkens* als wortwörtliche Übersetzung, abgesehen von der sehr wortgetreuen »*Elberfelder-Bibel*«, so fertigte das Collegium Biblicum München unter Federführung von Prof. Dr. Josef Hainz, Mainz, eine sehr wortgetreue Übersetzung des Neuen Testaments für den Studiengebrauch in Seminaren und Bibelkreisen an, die sich gerade für interessierte Laien, die kein Griechisch lernten, eignet, um den genauen Wortlaut des griechischen Urtextes in Erfahrung zu bringen. Ähnlich bot bereits die Auswahlsynopse von *Franz-Josef Schierse* (Patmos-Verlag) und die Synopse von *Rudolf Pesch* »*Synoptisch Lesen*« (Knecht-Verlag) eine sehr wortgetreue Wiedergabe der Evangelien. Natürlich eignet sich eine solche wortwörtliche Übersetzung nicht zum Gebrauch in der Liturgie oder zum öffentlichen Vorlesen, sie ist eben für das Textstudium gedacht.

8. Das interlineare Neue Testament

Dieter Nestle gab 1986 ein »interlineares« Neues Testament heraus, bei dem unter dem griechischen Urtext jeweils das deutsche Wort notiert ist, ohne daß der deutsche Satzbau und Syntax berücksichtigt werden. Des Griechisch nichtkundige Interessierte können somit Wort für Wort den Urtext in Deutsch nachvollziehen, was allerdings nicht immer dem Verständnis des Textes und der Sinnerhellung dient. Daher eignet sich die Ausgabe eher zur Nachhilfe von Exegese-Studenten, die wenig Griechisch können. Ähnliche interlineare Präparationen gibt es für die Bücher des Alten Testaments in Hebräisch.

9. Das Neue Testament von Friedolin Stier 1989

Diese schon 1950 angefertigte und erst 1989 posthum herausgegebene und auch auf Kassette erschienene Übersetzung des Neuen Testaments fand viele Liebhaber wegen ihrer teils urwüchsigen und überraschenden Wortwahl bei der Textwiedergabe und ihrer poetischen Kraft. Sie ermutigt hoffentlich auch weiterhin sprachbegabte und exegetisch kompetente Schriftsteller, die Bibel des Alten und Neuen Testaments immer wieder neu ins Deutsche zu übertragen, damit die so fruchtbare Tradition der Eindeutschung der Bibel seit dem 4. Jh. nicht abrupt zum Stillstand kommt oder gewaltsam abgebrochen wird.

Ein so zentraler Text wie die Bibel, der die abendländische Kultur entscheidend geprägt hat, muß Gegenstand dichterischen wie künstlerischen Schaffens bleiben und sich in immer neuen Übersetzungsversuchen in den Generationen zur Sprache bringen. Es wäre eine Verarmung der Bibelkultur, wenn die Pluralität parallel genutzter Bibelübersetzungen zugunsten der Idee einer sprachregulierenden amtlichen Monopolübersetzung aufgegeben würde. Das sprachkreative Schaffen an der Eindeutschung der Bibel sollte nicht gelähmt werden.

V. *Die Auslegungsgeschichte der Bibel*

Selbstverständlich gab es in der dreitausendjährigen Geschichte des Judentums und der zweitausendjährigen des Christentums verschiedene Weisen, die Heilige Schrift auszulegen und ihren eigentlichen Aussagesinn ausfindig zu machen. Soweit man über die Methode der Auslegung und des Verstehens der biblischen Texte eine eigene Lehre entwickelt hat, nennt man diese »*Hermeneutik*«, im Unterschied zur faktischen Exegesegeschichte der verschiedenen Auslegungsweisen.

Ein kurzer Überblick über die Exegesegeschichte zeigt, daß alle Auslegungsmethoden zeitgebunden und nicht absolut zu setzen sind und daß alle sinnvoll möglichen Methoden angewandt werden müssen und dürfen, um den umfassenden Sinn eines biblischen Textes zu erheben.

1. *Jüdische Bibelauslegung*

Die Auslegung der Bibel beginnt im Alten Testament, wo jüngere Autoren und Schulen die älteren Texttraditionen auslegen und die überlieferte Geschichte Israels wie auch das überlieferte Glaubensgut auf ihre Zeit hin interpretieren, vgl. Ez 38,7; Dan 9; Sir 44 ff; die Bearbeitung des Stoffes der Samuelbücher durch die Chronik; Weish 10 ff als Midrasch der Urgeschichte Israels. Vor allem in der nachexilischen Zeit wurde die Auslegung der Tora als Grundlage des religiösen und sozialen Lebens der Gemeinde notwendig. Esra gilt als profilierter Ausleger (Esra 7,10; Neh 8,8).

Später übernahmen die pharisäischen Schriftgelehrten die Auslegung der Tora auf die sich ständig ändernden Lebensbedingungen. In Sir 51,23 wird für diese Aufgabe das »*Lehrhaus*« Israels erwähnt. Die zunächst mündlich weiterüberlieferten Gesetzesauslegungen der älteren Rabbinen, der Tannaiten, wurden Ende des 2. Jh. n. Chr. in systematischer Anordnung aufgeschrieben in der *Mischna,* in Form von Kommentaren zu Ex bis Dtn in den ältesten *Midraschim.* Die *Amoräer* betrachteten als ihre Aufgabe die Erklärung der Mischna. Das Ergebnis ihrer Auslegungsdebatten wurde niedergeschrieben im *Talmud.* Eine ähnlich aktualisierende Auslegung der Schrift Israels begegnet uns auch in der *Qumrangemeinde,* die teils einen eigenen Auslegungsstil entwickelt hat.

Im 10. Jh. n. Chr. wird *Rabbi Saadja* zum Bahnbrecher des wissenschaftlichen jüdischen Schriftstudiums, Pionier jüdischer Sprachwissenschaften. Spanien wurde Zentrum des jüdischen Bibel- und Sprachstudiums. Die jüdischen Gelehrten des Mittelalters haben eine große Zahl von Schriftkommentaren und von philologischen, grammatikalischen und lexikalischen Werken geschaffen, die auch der christlichen Bibelwissenschaft zugute kommen. *Moses Mendelssohn* 1786 hat Methoden angewandt, die der modernen Exegese nahekommen.

Schriftauslegung liegt auch schon in den *Targumim,* den aramäischen gottesdienstlichen Übersetzungen der Schrift Israels, wie auch in der *Septuaginta* 230 v. Chr. in Ägypten vor. Philo von Alexandrien hat die Tradition Israels mit der griechischen Philosophie Platons und der Stoa zu versöhnen versucht und zeigen wollen, daß die griechische Weisheit schon in der Tora enthalten sei. Durch seine von der griechischen Homerauslegung her übernommene *allegorische* Methode hat Philo auch auf die christliche Exegese von den Alexandrinern an nachhaltigen Einfluß ausgeübt. Die lateinischen Kirchenväter haben die *Allegorese* dann auch auf die lateinische Exegese des Mittelalters vererbt.

2. *Jesus und die Urgemeinde*

Jesus der Jude und die aus dem Judentum hervorgegangene Jesusbewegung in der Urgemeinde zu Jerusalem hat zunächst die Schriftauslegung des zeitgenössischen Judentums übernommen, dabei aber rabbinischen Schriftgebrauch auch kritisch hinterfragt und korrigiert. Wie und in welchem Umfang Jesus die Schrift Israels verwendet hat, zeigt ein ganz spezielles Auswahlprinzip, das mit dazu führte, in Jesus den einzigen Lehrer der Jesusbewegung anzuerkennen.

Die Urkirche hat die Schrift Israels eschatologisch und christologisch im Licht des Osterglaubens der Urzeugen ausgelegt. Der Einfluß der palästinisch-jüdischen Auslegungsmethode ist vor allem bei dem Rabbinerschüler Paulus feststellbar.

3. Die Väterzeit (Patristik)

Die früheste christliche Schriftauslegung des Alten Testaments und des Neuen Testaments ist durch die Auseinandersetzung einerseits mit dem *Judentum* (Barnabasbrief, Justin), andererseits mit der *Gnosis* geprägt. Bedeutend war zunächst die *Schule von Alexandrien.* Die wissenschaftliche Tradition der ägyptischen Hauptstadt bot dem jungen Christentum einen günstigen Boden, mit Hilfe der berühmten Weltbibliothek der Ptolemäer die christliche Religion und Theologie mit neuplatonischer Philosophie und klassischer Philologie zu konfrontieren. Da immer häufiger gebildete Juden und Heiden zum Christentum übertraten, mußte eine christliche Lehre und Philosophie entwickelt werden, die sich zur Auseinandersetzung mit den Gegnern des Christentums eignete. Lukas hatte in der Areopagrede seines Paulus Apg 17 die Richtung gewiesen, die Apologeten wie Justin der Märtyrer 150 in Rom suchten die Begegnung von Weltweisheit und Christentum.

So entstanden in Alexandrien neben einfachen Katechetenschulen für Taufbewerber auch private Institute in Art akademischer Bildungswerke, die für jeden Interessierten offenstanden und die sich in erster Linie der Bibelauslegung widmeten.

Der Stoiker *Pantaenus* ist als der erste Lehrer bekannt, der in einem solchen *Didaskaleion* um 180 mit seinem Schüler Klemens von Alexandrien Unterricht in Bibelauslegung und Glaubenslehre erteilte. Um 215 widmet sich *Origenes* in einer Theologenschule der Ausbildung von Gebildeten und Fortgeschrittenen. Diese Schule bestand bis Ende des 4. Jh. Das große Anliegen des Klemens von Alexandrien war es, Evangelium und griechische Kultur miteinander zu verbinden, entsprechend dem Programm Philo's von Alexandrien.

In seiner Werbeschrift »Protreptikos« schließt sich Klemens der Propaganda profaner Schriftsteller an, eine gebildete heidnische Leserschaft für seine Bibelauslegung zu gewinnen. Durch den Hinweis auf den einen göttlichen Logos, der sowohl die Propheten wie die Philosophen gelehrt hat, gelingt es ihm, alle Wahrheit und Weisheit auf den einen menschgewordenen Logos Jesus Christus zurückzuführen, den einzigen Lehrer für Hellenen, Barbaren wie Juden. Jesus ist der große »Paidagogos« der Menschheit, die Heilige Schrift ist die Weisung des göttlichen Erziehers der Welt. Der »wahre Gnostiker« ist Zielbild des christlichen Lebens.

Hatte schon der Hellenismus eine Philologie entwickelt, die den Mythologien Homers und Hesiods sinnbildlich-symbolische Deutung gab, so hatte schon Philo diese Methode auf den Pentateuch angewandt, und Klemens lernt von Philo, die typologisch-allegorische Exegese auf die Bibel anzuwenden: Weil der eine Logos Christus die Juden wie Heiden gelehrt hat, können David und Orpheus als Harfenspieler, Minos und Mose als Gesetzgeber verglichen werden. Alle sind Vorbilder Christi, der wie Orpheus als Guter Hirte oder wie Herkules auftritt.

Später betreibt *Origenes* vor allem gründliche philologische und historische Studien zur Schriftexegese, wie seine einzigartige Bearbeitung der Septuaginta in der *»Hexapla«* zeigt. Der Schrifttext ist für ihn voller Geheimnisse, die sich nicht erst erschließen, wenn man hinter dem Buchstaben den tiefen Sinn aufspürt. Obwohl Origines meist die Schrift nach dem Literalsinn auslegt und die Erzählungen historisch wörtlich versteht, auch wenn er sie allegorisch erklärt, zieht er doch oft dem buchstäblichen (somatischen) Sinn den moralischen (psychischen) oder mystischen (pneumatischen) vor. Sein Werk »De principiis« kann als das erste dogmatische Handbuch verstanden werden; nach ihm ist Schrift und Tradition die Quelle der Theologie, alle alttestamentlichen und neutestamentlichen Schriften sind »Worte Christi« und inspiriert. Die Kirche wacht über die Unverfälschtheit der Bibelauslegung, die Kirche ist die authentische Interpretin der Heiligen Schrift. In der Christologie findet er für Christus die Bezeichnung »Gottmensch« (theánthropos). Die Verbindung der beiden Naturen in Christus deutet er als »Idiomenkommunikation«. Er betont die endzeitliche »Wiederherstellung von allem« (apokatástasis pántōn).

Die Mystik des Origines prägte das Mönchtum der Ostkirche, aber auch Ambrosius im Westen. Auch Athanasius benutzte die Schriften des Origenes und seine allegorisch-pneumatische Exegese. Später wurde Didymus der Blinde Leiter der Schule von Alexandrien, wo auch Rufinus und Hieronymus studierten. Da Origines ab 230 in Cäsarea in Palästina lehrte, wurden der Historiker Eusebius von Cäsarea ebenso beeinflußt wie Basilius von Kappadozien, Gregor von Nyssa oder Maximus Confessor.

Literatur zum Weiterstudium

W. Bousset, Jüdisch-christlicher Schulbetrieb in Alexandrien und Rom, Göttingen 1915; *W. Jaeger,* Das Christentum und die griechische Bildung, Berlin 1963.

In bewußtem Gegensatz zur Alexandrinischen Schule steht die von *Lukian* von Antiochien († 312) gegründete *Antiochenische Schule,* deren bedeutendste Vertreter Diodor von Tarsus, Theodoret von Cyrus und Theodor von Mopsuestia, der *»selige Exeget«* der Nestorianer, sind und zu denen auch der große Homilet Johannes Chrysostomus zu rechnen ist. Unter entschiedener Ablehnung der Allegorie betonen die Antiochener den *typologischen* Sinn der Schrift, die heilsgeschichtliche Schau der biblischen Offenbarungskontinuität mit ihren Vorabbildungen im Alten Testament. Aus dem 6. Jh. stammen die beiden bedeutendsten Kommentare zur Offenbarung des Joh, von Ökumenius und von Andreas von Cäsarea.

Vom 6. Jh. an kommt in der griechischen Kirche die Epoche der *Katenen* (= Ketten-Auslegung am Rande), die das ganze byzantinische Mittelalter hindurch anhielt, nachdem das 2. Trullanische Konzil 692 diese Art der Bibelkommentierung empfohlen hatte und die Auslegung der frühen Kirchenväter für verbindlich erklärt hatte. Im 9. Jh. haben wir den bedeutenden Paulus-Kommentar des Patriarchen *Photius,* im 12. Jh. die Kommentare des *Theophylakt,* größtenteils Exzerpte aus Johannes Chrysostomus.

Der erste uns bekannte *lateinische* Exeget des Westens ist der Ausleger der Offenbarung des Johannes, *Viktorinus von Pettau* († 314). Ambrosius, Hieronymus, Augustinus und Gregor der Große († 604) übernahmen die allegorische Bibelauslegung im Westen. Der Kommentar zur Offenbarung des Joh des *Tyconius* beeindruckte Augustinus. Die antiochenische Bibelauslegung findet sich im *»Ambrosiaster«,* dem Pauluskommentar eines Unbekannten, bei *Pelagius* und *Julian von Eclanum. Isidor von Sevilla* war mehr Kompilator.

4. *Das westlich-lateinische Mittelalter*

Die Schriftauslegung des frühen Mittelalters war weitgehend auf die Predigt und Liturgie ausgerichtet. Die ältesten Kommentare waren katenenähnliche Kompilationen von Vätertexten, hauptsächlich aus Ambrosius, Hieronymus, Augustinus und Gregor dem Großen. Es herrschte die allegorische Deutung vor. Der erste Verfasser solcher Kommentare war *Beda Venerabilis* († 735). *Alkuin* und *Theodulf von Orleans* versuchten, den stark verwilderten Vulgatatext zu reinigen. Die Kommentare von *Hrabanos Maurus, Paschasius Radbertus, Christian von Stablo, Johannes Skotus Eriugena* und *Remigios von Auxerre* im 9. Jh. zeigen schon mehr Selbständigkeit. Im 11. Jh. waren Utrecht und Laon Zentren des Bibelstudiums. In der *Glossa* wurden die bisherigen Traditionen der Auslegung in den Text der Bibel eingebracht, sei es zwischen den Zeilen (glossa interlinearis), sei es am Rande (glossa marginalis). *Petrus Lombardus* schuf das exegetische Handbuch des ganzen späteren Mittelalters. In der Scholastik wurden besondere Textfragen in den *Quaestiones* behandelt, die *Robert von Melun* (1167) von der Sacra Pagina (Heilige Schrift) löste und damit die neue Disziplin »Dogmatik« schuf. *Bonaventura, Albert der Große* und *Thomas von Aquin* waren bedeutende Schriftausleger der Hochscholastik. *Hugo von St. Cher* nannte die fortlaufende Erklärung des Bibeltextes *»Postille«*, deren bedeutendste die des Nikolaus von Lyra († 1349) ist. Mit *Lorenzo Valla* und *G. Mannetti* beginnt die humanistische Exegese.

5. *Humanismus und Neuzeit*

Von 1500 bis 1650 erlebte die katholische Exegese eine Blütezeit, in der viele Fachinstrumente wie Lexika, Konkordanzen, Synopsen usw. geschaffen wurden. Viele Exegeten, besonders in Spanien und Italien, verfaßten monumentale Kommentare zur Bibel. Im Humanismus erwachte ein starkes Interesse an der Antike und ihrer Literatur, an biblischer Geographie und Archäologie, an den biblischen Sprachen Hebräisch und Griechisch. Unter dem Einfluß des Juden *Elias Levita* traten hervorragende Kenner des Hebräischen auf: *F. Vatablus* in Frankreich, *Johann Reuchlin* in Deutschland, *Santes Pagnino* und *Egidius von Viterbo* in Italien. *Luther* gab den vielfachen Schriftsinn des Mittelalters preis und unterschied nur noch den christologischen Sinn vom Literalsinn; er stufte die biblischen Bücher nach dem Grad ein, wie sie »Christum treiben«. In Italien vertrat *Kardinal Cajetan,* in Deutschland *Erasmus von Rotterdam,* in Frankreich *Jakob Faber Stapulensis* die neue Bibelauslegung. *Cajetan* forderte bereits, die Bibel nach den Urtexten anstatt nach der Vulgata auszulegen. Aus den zahlreichen Kommentaren der Epoche ragen die der zwei Spanier *J. Maldonatus* und *F. de Ribera* sowie des Niederländers *W. Estius* heraus.

Ab 1650 trat die Bibelwissenschaft gegenüber anderen theologischen Disziplinen zurück. Den Hypothesen der englischen Deisten, der französischen Enzyklopädisten und protestantischen Rationalisten des 17. und 18. Jh. hatte die katholische Exegese nichts methodisch Überzeugendes entgegenzusetzen. Begründer der historisch-kritischen Methode wurde der Oratorianer *Richard Simon* aus Dieppe/Normandie († 1712), der aber von der offiziellen Kirche verfolgt wurde. Auf protestantischer Seite ist die riesige Variantensammlung zum Text des Neuen Testaments von *John Mill* († 1707) und die textkritische Arbeit von *J. S. Semler* († 1791) zu erwähnen. Im 19. Jh. wurde die Textkritik fast ausschließlich durch protestantische Forscher vorangetrieben *(Tischendorf, Tregeless, Westcott* und *Hort).* Gegen Ende des 19. Jh. übte die *Religionsgeschichtliche Schule,* beim Alten Testament durch *H. Gunkel,* beim Neuen Testament durch *W. Bousset, W. Heitmüller* und den Philologen *R. Reitzenstein* großen Einfluß aus.

Die *Religionsgeschichtliche Schule* wurde abgelöst durch die von *H. Gunkel* für das Alte Testament, von *K. L. Schmidt, M. Dibelius, R. Bultmann* u.a. für das Neue Testament begründete *Formgeschichte und Traditionsgeschichte.* Damit war auch die Frage nach dem »historischen Jesus und dem Christus des Glaubens« gestellt.

Auf katholischer Seite setzte sich *M.-J. Lagrange* entschieden für die historisch-kritische Methode ein, gründete 1890 die Ecole Biblique der Dominikaner in Jerusalem und gab ab 1892 die *»Revue Biblique«* und seit 1900 die *»Études bibliques«* heraus. Sein Buch *»La méthode historique«* 1903 war bahnbrechend für deutsche

Exegeten wie *J. Goettsberger, J. Sickenberger, N. Peters, K. Hollzhey, A. Schulz.*

Leo XIII. gründete 1902 die Päpstliche Bibelkommission, Pius X. rief 1909 das Päpstliche Bibelinstitut ins Leben. Die drei bahnbrechenden päpstlichen Enzykliken sind: Leo XIII., Providentissimus Deus 1893; Benedikt XV., Spiritus Paraclitus 1920; Pius XIII., Divino afflante Spiritu 1943. Die letztgenannte erlaubte der katholischen Exegese den Anschluß an die internationale Forschungslage und die methodische Befreiung der Bibelwissenschaft.

In der wichtigen *»Instruktion über die historische Wahrheit der Evangelien«* vom 21. April 1964 werden die katholischen Exegeten aufgefordert, unter Beachtung der Regeln der wissenschaftlichen und katholischen Hermeneutik sorgfältig die neuen Hilfsmittel der Exegese zu benutzen, vor allem die historische Methode. Jener Exeget, der *»nicht alle Ergebnisse der neuen Forschung sachgemäß verwertet, erfüllt nicht seine Aufgabe«*.

Das *Zweite Vatikanische Konzil* hat sich in der *Dogmatischen Konstitution über die Göttliche Offenbarung* (Dei Verbum) 1965 zur modernen Schriftauslegung bekannt und die form- und redaktionskritische Methode als notwendige Wege der Evangelienformulierung erklärt.

Literatur zum Weiterstudium

H. J. Kraus, Geschichte der historisch-kritischen Erforschung des Alten Testaments, Neunkirchen 1956; *W. G. Kümmel,* Das Neue Testament. Geschichte der Erforschung seiner Probleme, Freiburg – München 1958; *Franz Mußner,* Geschichte der Hermeneutik von Schleiermacher bis zur Gegenwart (HDG I, 302), Freiburg ²1976; *J. A. Fitzmyer,* Die Wahrheit der Evangelien (SBS 1), Stuttgart 1965; *J. Beumer,* Die katholische Inspirationslehre zwischen Vatikanum I und II (SBS 20), Stuttgart 1966; *O. Semmelroth – M. Zerwick,* Vatikanum II über das Wort Gottes (SBS 16), Stuttgart 1966; *D. Arenhoevel,* Was sagt das Konzil über die Offenbarung?, 1967; *Robert Grant – David Tracy,* A Short History of the Interpretation of the Bible, Philadelphia ²1984; *B. Smalley,* The Study of the Bible in the Middle Ages, Oxford ²1952; *Heinrich Zimmermann,* Neutestamentliche Methodenlehre. Darstellung der historisch-kritischen Methode. Neubearbeitet von *Klaus Kliesch,* Stuttgart ⁷1982.

6. Die Gegenwart

Gegenwärtig werden vor allem fünf neue Zugangswege zum biblischen Text angeboten, die in ihrer eigenen Akzentsetzung jeweils auch bestimmten ideologischen Voraussetzungen verpflichtet sind:

a) Der linguistische – strukturale Ansatz
b) Der sozialanalytische Ansatz
c) Der materialistische Ansatz
d) Der tiefenpsychologische Ansatz
e) Der feministische Ansatz

Wer sich für diese neuen Zugänge zur Bibel interessiert, kann sich mittels einer Fülle neuerer Literatur dazu sachkundig machen:

a) Linguistische Exegese
Klaus Berger, Exegese des Neuen Testaments. Neue Wege vom Text zur Auslegung (UTB 658), Heidelberg 1977; *Ch. Hardmeier,* Texttheorie und biblische Exegese, München 1978; *Paul-Gerhard Müller,* Die linguistische Kritik an der Bibelkritik, in: Bibel und Liturgie 46 (1973) 105–118; *W. Richter,* Exegese als Literaturwissenschaft, Göttingen 1971; *C. Chabrol, L. Marin* (Hg.), Erzählende Semiotik nach Berichten der Bibel, München 1973; *J. Delorme* (Hg.), Zeichen und Gleichnisse. Evangelientext und semiotische Forschung, Düsseldorf 1979; *L. Marin,* Semiotik der Passionsgeschichte, München 1976; *Michael Theobald,* Im Anfang war das Wort. Textlinguistische Studie zum Johannesprolog (SBS 106), Stuttgart 1982; *Wilhelm Egger,* Methodenlehre zum Neuen Testament. Einführung in linguistische und historisch-kritische Methoden, Freiburg 1987.

b) Sozialanalytische Exegese
Gerd Theißen, Studien zur Soziologie des Urchristentums (WUNT 19), Tübingen [2]1983; *W. A. Meeks* (Hg.), Zur Soziologie des Urchristentums (ThB 62), München 1979; *W. Schottroff – W. Stegemann* (Hg.), Der Gott der kleinen Leute. Sozialgeschichtliche Bibelauslegung, 2 Bde., München 1979; *dies.,* Traditionen der Befreiung. Sozialgeschichtliche Bibelauslegung I und II, München 1980; *H. C. Kee,* Das frühe Christentum in soziologischer Hinsicht (UTB 1219), Göttingen 1982; *M. Gottwald* (Hg.), The Bible and Liberation. Political and Social Hermeneutics, New York 1983.

c) Meterialistische Exegese
F. Belo, Materialistische Lektüre des Markusevangeliums, Stuttgart 1980 (Paris 1974); *K. Füssel,* Was heißt materialistische Lektüre der Bibel?, in: Una Sancta (1977) 46–56; *M. Clévenot,* So kennen wir die

Bibel nicht. Anleitung zu einer materialistischen Lektüre biblischer Texte, München 1978; *D. Schirmer,* (Hg.), Die Bibel als politisches Buch. Beiträge zu einer befreienden Christologie (Urban Tb 655), Stuttgart 1982.

d) Tiefenpsychologische Exegese
Gerd Theißen, Psychologische Aspekte paulinischer Theologie (FRLANT 131), Göttingen 1983; *ders.*, Biblischer Glaube in evolutionärer Sicht, München 1984; *E. B. Howes,* Die Evangelien im Aspekt der Tiefenpsychologie, Zürich 1968; *M. Kassel,* Biblische Urbilder, München 1980; *dies.*, Sei, der du werden sollst, München 1982; *Y. Spiegel* (Hg.), Psychoanalytische Interpretation biblischer Texte, München 1972; *G. Wehr,* Wege zu religiöser Erfahrung, Darmstadt 1974; *H. Wolff,* Jesus als Psychotherapeut, Stuttgart [4]1981; *E. Drewermann,* Tiefenpsychologie und Exegese, 2 Bde., Olten 1985/85.

e) Feministische Exegese
Brooten – Greinacher (Hg.), Frauen in der Männerkirche, München 1982; *R. Rieger,* Gedanken zu feministischer Bibellektüre, in: P. Düsterfeld (Hg.), Neue Wege der Verkündigung, Düsseldorf 1983, 138–147; *E. Moltmann-Wendel,* Ein eigener Mensch werden. Frauen um Jesus, Gütersloh [3]1982; *U. Winter,* Frau und Göttin (OBO 53), Freiburg 1983; *Karin Walter* (Hg.), Frauen entdecken die Bibel, Freiburg 1986; *Elisabeth Schüssler-Fiorenza,* Zu ihrem Gedächtnis... Eine feministisch-theologische Rekonstruktion der christlichen Ursprünge, München – Mainz 1988.

Zum Ganzen:
H. Harsch – G. Voß (Hg.), Versuche mehrdimensionaler Schriftauslegung, Stuttgart 1972; Methoden der Evangelien – Exegese (Theologische Berichte XIII), Einsiedeln 1985; *Paul-Gerhard Müller,* Lexikon exegetischer Fachbegriffe, Stuttgart 1985 (Stichworte).

Eine tabellarische Übersicht über den *Methodenpluralismus* heutiger Exegese zeigt folgende Gliederung:

I. Historisch-kritische Methoden	
1. Textkritik (Geschichte und Rekonstruktion des Textes)	seit 250 n. Chr.
2. Literarkritik (Quellen, Brüche, Dubletten)	seit 1650
3. Formkritik (literarische Gattungen, Sitz im Leben)	seit 1890/1920
4. Redaktionskritik (Stufen der Bearbeitung)	seit 1950

5. Traditionskritik (Schichten, Textwachstum)	seit 1920
6. Religionsgeschichtliche Methode (Umwelt, Gnosis)	seit 1890
7. Sozialanalytische Methode (Wirtschaftlich-politische Bedingungen)	seit 1930

II. Linguistisch-sprachwissenschaftliche Methoden

1. Philologie – Grammatik – Syntax – Übersetzung	seit 450 v. Chr.
2. Semantik (Wortbedeutung, Begriffe, Lexika)	seit 300 n. Chr.
3. Struktur-Analyse (Gliederung, Aufbau)	seit 400 n. Chr.
4. Hermeneutik (Verstehenslehre)	seit 300 n. Chr.
5. Sprachanalyse, philosophisch	seit 350 n. Chr.
6. Strukturalismus (innere Textoperationen)	seit 1960

III. Interaktionale Methoden

1. Das »einfache Bibellesen«	seit 600 v. Chr.
2. Typologisch-Allegorische Auslegung	seit 300 v. Chr.
3. Textpragmatik (Wirkung auf Gesellschaft)	seit 1100 n. Chr.
4. Materialistische Exegese (Text Produkt der ökonomischen Verhältnisse)	seit 1960
5. Tiefenpsychologische Exegese (Bewußtseinsmotivierung)	seit 1930
6. Feministische Exegese (Frauenemanzipation)	seit 1970
7. »Bibel-Teilen« (vom Text zur Aktion)	seit 1970

IV. Kreativ-erlebnisorientierte Identifikationsmodelle

1. Biblische Motive malen und darstellen (Miniaturen, Armenbibel, Kirchenfenster, Kunst)
2. In Musik umsetzen (Singspiele, Oratorien, Lieder, Rock-Pop)
3. In Gestik, Theater, Drama, Spiel umsetzen (Bibliodrama)
4. In Tanz/Ballett umsetzen (Indien)
5. In Formgebung umsetzen (Kneten, Gießen, Modellieren, Skulpturen)
6. In Medien umsetzen (Schallplatten, Hörspiele, Dias, Cassetten, Videos, Film, TV, Comics)
7. Symbolerfahrung in Meditation, spirituellen Exerzitien, Liturgie

All diese einzelnen Methoden der wissenschaftlichen oder praktischen Textbehandlung und Textbegegnung sind legitim und verantwortet, soweit sie sich koordinieren und nicht in exklusive Monopolansprüche verlieren. Um den wirklichen Tiefensinn des biblischen Textes zu erheben, sind möglichst viele methodische Schritte anzuwenden und aufeinander abzustimmen.

VI. Bibelbewegungen und Bibelorganisationen

Von der Auslegungsgeschichte und Exegesegeschichte der Bibel zu unterscheiden ist die Geschichte der praxisorientierten Bibelbewegungen und der neuzeitlichen Bibelorganisationen zur Verbreitung und zum Studium der Heiligen Schrift. Um die Entwicklung der »Praktischen Bibelarbeit«, ihrer Formen und Methoden, ihrer Einrichtungen und Institutionen zu verstehen, ist eine gute Kenntnis der Geschichte der Bibelbewegungen und der verschiedenen Bibeleinrichtungen zweckmäßig.

1. Die Franziskanische Bibelbewegung im 13. Jahrhundert

Ab dem 11. Jh. finden sich vermehrt Zeugnisse für die Praxis der *»Täglichen Schriftlesung«* von Mönchen, Priestern und gebildeten Laien, die sich um eine an der Bibel orientierte Glaubensform und Lebensführung bemühen. Einflußreichste Gestalt dieser mittelalterlichen Bibelbewegung ist *Franziskus von Assisi* (1181–1226), der eine radikale Christusnachfolge mit einer inneren Erneuerung der Kirche verbinden wollte. Mit zwölf Gefährten befolgte er zunächst eine Regel, die nur aus Bibelworten besteht und die 1210 von Innozenz III. mündlich bestätigt wird. Die Brüder nannten sich Minores (die Kleinen, Unmündigen). Ihre Predigt ruft großen Enthusiasmus und eine evangelische Erneuerungsbewegung in Italien hervor. Beim Mattenkapitel 1221 wurde mit 3000 Mitgliedern die zweite, ebenfalls ganz biblische Regel mit ihrer Ordnung der Heidenmission verabschiedet. Um 1300 war die Mitgliederzahl der franziskanischen Bibelbewegung schon auf etwa 40000 gestiegen. Das führte im gesamten Abendland zu einer neuen Orientierung auf die Bibel und das Evangelium und zu einer mächtigen Laienbewegung mit ausgesprochener Bibelfrömmigkeit.

Freilich barg eine solche Bibelbewegung auch ihre Gefahren, wie das Beispiel der *Waldenser* und *Katharer* zeigt. *Petrus Waldes* († 1218), ein reicher Kaufmann aus Lyon, erfuhr durch die Bibel eine Bekehrung zu radikaler Christusnachfolge in vollkommener Armut. Er veranlaßte zwei Priester zur Übersetzung des Neuen

Testaments und einzelner Bücher des Alten Testaments in die provenzalische Landessprache und bildete missionarische Bibelkreise. Da diese willkürlicher Bibelauslegung, unberechtigter Kirchenkritik und mangelnder Einordnung in die katholische Auslegungstradition verfielen, wurden sie 1184 von Papst Alexander III. exkommuniziert. Papst Innozenz III., dem es gelang, einen Teil der Waldenser wieder mit der Kirche zu versöhnen, schrieb 1199 in zwei Briefen an den Bischof von Metz und an die Äbte von Citeaux und Morimond: »Das Verlangen nach Kenntnis der Heiligen Schrift und das Bestreben, aufgrund derselben Mahnungen zu äußern, ist nicht zu tadeln, vielmehr zu empfehlen. Tadelnswert ist, daß sie geheime Veranstaltungen abhalten und sich das Predigtamt anmaßen. Die Geheimnisse des Glaubens können nicht unterschiedslos von allen ausgelegt werden, da sie nicht unterschiedslos von allen verstanden werden.«

Daher finden wir ab 1230 auf französischem und spanischem Boden eine Reihe von Synodalbeschlüssen, die bestimmte Verbote des muttersprachlichen Bibellesens für Laien gegen Albigenser und Waldenser anordnen. Die Synode von Toulouse 1229 bestimmt in ihrem 14. Kanon: »Wir verbieten auch, daß Laien die Bücher des Alten oder Neuen Testaments zu besitzen erlaubt wird, außer dem Psalter oder Brevier oder dem marianischen Stundengebet. Doch wir bestehen aufs strengste darauf, daß sie die genannten Bücher nicht in landessprachlichen Übersetzungen haben.« Auch die Synode von Tarragona im Jahr 1234 bestimmt im Kanon 2: »Niemand darf die Heilige Schrift in der Muttersprache haben. Und wer eine hat, muß sie binnen einer Woche dem Erzbischof zum Verbrennen abliefern, wenn er nicht als Häretiker gelten soll.« Die Synode von Tarragona 1317 unter Erzbischof Ximenes verbot für Beginen, Begharden und Franziskaner-Tertiaren den Besitz der Bibel oder anderer theologischer Bücher in der Volkssprache, mit Ausnahme von zugelassenen Gebetbüchern. Kaiser Ferdinand und Isabella (1474–1516) verboten unter Androhung schwerer Strafen, die Bibel in die Volkssprache zu übersetzen oder solche Übersetzungen zu besitzen. In Deutschland verbietet Erzbischof Berthold von Mainz 1485 den Druck und Verkauf aller deutschen Bibelübersetzungen, die nicht von der Kirche genehmigt sind, bei Strafe der Exkommunikation.

Damit kam die franziskanische Laien-Erneuerungsbewegung mit ihrer bibelzentrierten Frömmigkeit auf einen anderen Kurs, der mit die Voraussetzungen für das spätere »Sola Scriptura« (Allein die Schrift!) der Reformation schuf.

Literatur zum Weiterstudium

J. Gribomont u.a., Art. Bibel in der christlichen Theologie, in: Lexikon des Mittelalters II, München 1983, 41–72; *H. Grundmann,* Religiöse Bewegungen im Mittelalter, Darmstadt 1970; *Raoul Manselli,* Franziskus, Einsiedeln 1984; *G. Wendelborn,* Franziskus von Assisi, Köln 1977; *I. Schlauri,* Saint Francois et la Bible in: Collectanea Franciscana 40 (Rom 1970) 365–437; Wie Franziskus die Schrift verstand, in: Concilium 17 (1981) Heft 11; *A. Molnar,* Die Waldenser, Göttingen 1980; *K. v. Selge,* Die Erforschung der mittelalterlichen Waldensergeschichte, in: Theologische Rundschau 33 (1968) 281–343.

2. *Die Allgäuer Bibelbewegung und Johann Michael Sailer (1751–1832)*

Gleichsam als Gegengewicht und Korrektur von Aufklärung und theologischem Rationalismus entstand ab 1750 die »Allgäuer Erweckungsbewegung«, die innerhalb der pietistischen Gemeinden wie der katholischen Kirche lebendig war. Sie nährte sich aus der mystischen Literatur beider Konfessionen und betonte das christozentrische Innigkeitsprinzip. Sie war betont ökumenisch ausgerichtet und entschieden auf die Bibel begründet. Sailer hatte zahlreiche evangelische Freunde, mit denen er in regem Austausch stand. Er war zutiefst überzeugt, daß die Erneuerung der Kirche aus der Heiligen Schrift kommen müsse. Diesem Ziel diente seine eigene Übersetzung des Neuen Testaments. Sailer stand der Allgäuer Erweckungsbewegung nahe und war ihr geistiger Vater, denn die führenden Gestalten der Bibelbewegung waren seine Schüler: Johann Michael Feneberg (1751–1812) und Martin Boos (1762–1825) von Düsseldorf. Unter dem Einfluß Sailers gründete der Regensburger Regens und ernannte Bischof *Georg Michael Wittmann,* ein Führer der katholischen Restauration, im Jahr 1805 in Regensburg die erste katholische Bibelanstalt, die bis 1817 bestand, als sie von Pius VII. verboten wurde. Mit Hilfe der Britischen Bibelgesellschaft hatte Wittmann 74000 Neue Testamente drucken und verteilen lassen! Wittmann sah in der Bibelbewegung das ökumenische »Band der Vereinigung in Christo«. Der ehemalige Benediktiner Leander von Eß (1772–1847), Professor in Marburg, setzte die Linie Wittmanns fort, auch mit Hilfe der katholischen Eichsfelder Bibelgesellschaft und der katholischen Bibelgesellschaft Kleve von 1815. Bis 1826 hatte von Eß ca. 600000 Neue Testamente und 12000 Lutherbibeln verbreitet. Der Sailer-Schüler *Joseph Franz Allioli* (1793–1873), Professor in München und Domkapitular in Regensburg, schuf die maßgebende deutsche Bibelübersetzung der Katholiken, die bis zum 2. Weltkrieg größte Verbreitung hatte.

3. *Die Bibelgesellschaften und der Widerstand des Vatikans*

Hatte schon 1710 Baron Karl Hildebrand von Canstein (1667–1719) die erste Bibelanstalt gegründet, die bis Ende des 18. Jh. über drei Millionen Bibeln weltweit verbreitete, so wurde am 7. 3. 1804 in London die große »Britische und Ausländische Bibelgesellschaft« gegründet, nachdem 1803 schon eine Londoner katholische Bibelanstalt ins Leben gerufen worden war. Hiervon hingen alle deutschen Bibelgesellschaften ab, so die 1812 gegründete »Privilegierte Württembergische Bibelanstalt Stuttgart«.

Pius VII. nannte in seinem Breve »Postremis litteris« vom 4. 6. 1816 die Bibelgesellschaften eine »Pest, die die Fundamente der Religion erschüttert«. Er ging am 3. 9. 1816 mit seinem Brief »Magno et acerbo dolore« (Mit großem und bitterem Schmerz) gegen die Bibelausgaben der Bibelgesellschaften vor, Leo XII. mit seiner Enzyklika »Ubi primum« vom 5. 5. 1824 gegen die Bibelgesellschaften als solche, ebenso Pius VIII. am 31. 3. 1829 gegen die Bibelgesellschaften. Gregor XVI. verbot am 6. 5. 1844 mit der Enzyklika »Inter praecipuos« die Mitgliedschaft und Unterstützung der Bibelgesellschaften, und Pius IX. verurteilte sie in seinem Syllabus »Quanta cura« vom 8. 12. 1864 zusammen mit dem Sozialismus, dem Kommunismus und den Freimaurern. Alle Päpste des 19. Jh. haben vor Bibelübersetzungen in die Landessprache für Laien und vor den Bibelgesellschaften gewarnt.

Erst Leo XIII. mit seiner Enzyklika »Providentissimus Deus« vom 8. 9. 1893 setzte andere Akzente und öffnete die katholische Kirche erneut für eine bessere exegetische Ausbildung des Klerus und für eine zaghaft einsetzende Laien-Bibelbewegung. Er gründete dann 1902 in Rom die *»Hieronymus-Bibelgesellschaft«* zur Verbreitung der Heiligen Schrift und richtete am 30. Oktober 1902 die *»Päpstliche Bibelkommission«* ein, die der katholischen Bibelwissenschaft und Bibelbewegung Impulse geben sollte, tatsächlich aber dann im Antimodernistenstreit ganz im Gegensatz zu ihrer Gründungsabsicht zu einem Hemmschuh für die Entwicklung der katholischen Exegese wurde; von ihren ca. 18 Anordnungen zur lehramtlichen Klärung exegetischer Fragen sind ziemlich alle unhaltbar gewesen. Inzwischen hat sie sich neu geordnet und verfolgt positiv orientierende Absichten. Auch das am 7. Mai 1909 in Rom gegründete *»Päpstliche Bibelinstitut«* sollte die katholische Exegese fördern und Fachleute für den weltweiten Einsatz ausbilden. Papst Benedikt XV. rief in seiner Enzyklika »Spiritus Paraclitus« (Der göttliche Geist – der Beistand) vom 15. September 1920 zur Täglichen Schriftlesung und zum Bibelstudium auf. Pius XII. hat dann mit seiner Enzyklika »Divino afflanto Spiritu« vom 30. September 1943 die eigentliche Befreiung katholischer Exegese und Bibelbewegung geschaffen, um Anschluß an die interkonfessionelle und internationale Entwicklung zu finden.

Literatur zum Weiterstudium

Wilhelm Gundert, Geschichte der deutschen Bibelgesellschaften im 19. Jahrhundert (Texte und Arbeiten zur Bibel 3), Bielefeld 1987, 70–101: Die katholische Bibelbewegung; *Erich Beyreuther,* Die Erweckungsbewegung, in: Die Kirche in ihrer Geschichte, Bd. 4, Göttingen 1963; *F. W. Kantzenbach,* Leander van Eß und die Frühzeit der protestantisch-katholischen Bibelbewegung (1808), in: Jahrbuch des Vereins für westfälische Kirchengeschichte 66 (1973); *K. Gastgeber,* Gotteswort durch Menschenwort. J. M. Sailer als Erneuerer der Wortverkündigung, Wien 1964; *J. Hofmaier,* Seelsorge und Seelsorger. Eine Untersuchung zur Pastoraltheologie J. M. Sailers, Regensburg 1967; *Paul-Gerhard Müller,* Zur Geschichte und Gestalt von Bibelschulen, in: Mittelpunkt Bibel (Die Bibel in der Welt 20), hrsg. von S. Meurer, Stuttgart, 1983, 148–164.

4. *Die deutsche katholische Bibelbewegung im 20. Jahrhundert*

Führende Persönlichkeiten der deutschen Bibelbewegung Anfang des 20. Jh. waren die Paderborner Alttestamentler *Norbert Peters* (1862–1938), der Trierer Exeget *Jakob Ecker* (1851–1912), *Pius Parsch* von Klosternburg bei Wien (1884–1954), *Anton Stonner* von Wien und andere. Unter dem Namen des Rottenburger Bischofs Paul Wilhelm v. Keppler (1852–1926) erschien 1915 die *»Keppler-Bibel«*, eine Übersetzung des Neuen Testaments von Dr. Vinzenz Schweitzer, die später von dem Trierer Exegeten Prof. Dr. Peter Kettler († 1950) neubearbeitet wurde und bis zum 2. Weltkrieg in einer Million Exemplare verbreitet war. Seit 1919 wurden in Klosterneuburg regelmäßige Bibelkreise gehalten, seit 1926 erschien die Zeitschrift »Bibel und Liturgie«. Kardinal *Michael Faulhaber* von München (1869–1952), ehemaliger Professor für AT in Straßburg, rief auf dem Homiletischen Kongreß im Oktober 1927 alle Diözesen und den Klerus auf, einen neuen Diakonat am Wort Gottes zu üben und in allen Pfarreien, Klöstern, Verbänden Bibelstunden einzurichten und Tägliche Schriftlesung zu halten, um gegen den Zeitgeist (des heraufziehenden Nationalsozialismus) gerüstet zu sein. Er richtete im Erzbischöflichen Ordinariat München 1934 eine eigene Abteilung »Katholisches Bibelapostolat« ein und betraute mit der Leitung Domkapitular Prälat Johann Neuhäusler.

So war die Zeit reif, daß sich die deutsche katholische Bibelbewegung eine eigene Form und Zentrale schuf, und diese entstand am 22. September 1933 in Stuttgart in der Gründung der *»Katholischen Bibelbewegung e.V.«*, die sich ab 1937 in »Katholisches Bibelwerk e.V.« umbenennen mußte. Heute hat dieses Bibelwerk ca. 23 000 eingeschriebene Mitglieder, die die Geschäftsstelle in Stuttgart zur Hälfte tragen, während die andere Hälfte von der Deutschen Bischofskonferenz finanziert wird.

Literatur zum Weiterstudium

Paul-Gerhard Müller, Zur Geschichte des Katholischen Bibelwerks, in: Katholische Bibelarbeit in Deutschland, Stuttgart 1980, 16–29, abgedruckt in: 50 Jahre Katholisches Bibelwerk in Deutschland, Stuttgart

1983, 46–60; *ders.*, Volksverein und Bibelwerk 1933, in: 50 Jahre Katholisches Bibelwerk in Deutschland, Stuttgart 1983, 35–45; *Norbert Peters*, Unsere Bibel Lebensquellen der Heiligen Schrift, 1929, ²1935; *Anton Stonner*, Vom Sinn und Wert der Heiligen Schrift, 1927; *ders.*, Bibellesung mit der katholischen Jugend, Padernborn 1932, ³1936; *Pius Parsch*, Wie halte ich Bibelstunde?, Wien 1951.

5. *Bibelorganisationen*

Die katholische Weltbibelföderation (WCFBA) 1969

Im Anschluß an das Zweite Vatikanische Konzil lud Kardinal Augustin Bea S.J. im April 1968 Vertreter der europäischen Bibelorganisationen, religiöser Verlagshäuser und des protestantischen (interkonfessionellen) Weltbundes der Bibelgesellschaften zu einer ersten Tagung nach Rom ein. Im Juni 1968 folgte die Veröffentlichung der »Guiding principles«, der »Richtlinien für interkonfessionelle Zusammenarbeit bei der Bibelübersetzung« und am 16. April 1969 die Gründung der »World Catholic Federation for Biblical Apostolate« (WCFBA), auf deutsch: Katholische Weltbibelföderation. Im September 1970 eröffnete sie ihr Sekretariat in Rom und führte im April 1972 ihre erste Vollversammlung in Wien durch. Im Dezember 1972 verlegte sie ihr Büro nach Stuttgart. Die folgenden Vollversammlungen fanden 1978 in Malta, 1984 in Bangalore (Indien), 1990 in Kolumbien statt. Heute gehören ihr 61 Vollmitglieder und 143 assoziierte Mitglieder aus 78 Ländern an.

Adresse
Mittelstraße 12, 7000 Stuttgart 1
Telefon: 0711/609274 und 604099
Zeitschrift »Bulletin Dei Verbum«

Das Katholische Bibelwerk e.V., Stuttgart

Der Mitgliederverein eröffnete 1937 und wieder 1957 einen eigenen Verlag Katholisches Bibelwerk GmbH, der 1981 von der Deutschen Bischofskonferenz und der Diözese Rottenburg-Stuttgart übernommen wurde und pro Jahr ca. 35 biblisch-exegetische Titel produziert.

Für das Projekt »Einheitsübersetzung« wurde 1969 die Katholische Bibelanstalt GmbH seitens der Deutschen Bischofskonferenz gegründet, um die Lizenzrechte an dem Werk zu verwalten und Folgeprojekte wie Synopse, Konkordanz usw. zu erstellen. Sie arbeitet in Personalunion mit dem Verlag Katholisches Bibelwerk GmbH.

Hatte das Bibelwerk schon vor dem 2. Weltkrieg große Pilgerreisen nach Palästina, dem Orient und Ägypten durchgeführt, so lebte diese Tätigkeit seit 1962 wieder in der Tochtergesellschaft »Biblische Reisen GmbH« auf. 1988 reisten ca. 21 000 Menschen mit diesem Unternehmen.

Das Bibelwerk e.V. führt mit seinen fünf Referenten und seinem Direktor ca. 120 biblische Fortbildungsveranstaltungen pro Jahr durch, schwerpunktmäßig im süddeutschen Raum und der Diözese Rottenburg-Stuttgart. Es gibt die beiden Zeitschriften »Bibel und Kirche« (1934/1946) und »Bibel heute« (1965), den Kalender »Bibel im Jahr«, den »Bibelleseplan«, den Kommentar »Bibelauslegung für die Praxis« und den »Grundkurs Bibel« heraus, dazu die Vorlage für den ökumenischen Bibelsonntag und die ökumenische Bibelwoche sowie andere bibelpastoralen Hilfen.

Neben einem 18köpfigen Wissenschaftlichen Beirat unterhält das Werk eine 22köpfige Diözesanleiterversammlung als beratende Gremien des Vorstandes. 1935 wurde das Schweizer Katholische Bibelwerk, 1950 das Österreichische Katholische Bibelwerk gegründet.

Adresse
Silberburgstraße 121, 7000 Stuttgart 1
Telefon: 0711/606201

Die Deutsche Bibelgesellschaft, Stuttgart

Auf Anregung von A. Francke (1690) gründete Baron Hildebrand von Canstein 1710 in Halle die nach ihm benannte Bibelgesellschaft, der 1804 in London die »Britische und Ausländische Bibelgesellschaft« und 1812 in Stuttgart die »Privilegierte Württembergische Bibelanstalt« sowie in der Folge zahlreiche regionale Bibelgesellschaften im Deutschen Reich folgten. 1948 schlossen sie sich zum Verband der Evangelischen Bibelgesellschaften, 1965 zum »Evangelischen Bibelwerk in Deutschland«, 1976 zur »Deutschen Bibelstiftung« und schließlich am 1. 1. 1981 zur »Deutschen Bibelgesellschaft« zusammen (28 Gesellschaften). Übersetzung, Herstellung und Verbreitung der Bibel ist Hauptziel des Unternehmens. Zu Auslegung und Studium der Heiligen Schrift wird in der Evangelischen Kirche Deutschlands durch die Ämter für Missionarische Dienste und Seelsorge angeleitet.

Dazu: Siegfried Meurer, Die Geschichte des Evangelischen Bibelwerkes in der Bundesrepublik und Berlin West e.V., in: Jahrbuch 15, Bielefeld – Berlin 1975, 13–82.

Adresse
Balinger Straße 31, 7000 Stuttgart 80 (Möhringen)
Telefon: 0711/720030
Zeitschrift: »Bibelreport«. Ständige Bibel-Ausstellung im Vestibül.

Weltbund der Bibelgesellschaften

1946 schlossen sich die protestantischen nationalen Bibelgesellschaften zum Dachverband der United Bible Societies (UBS) zusammen, dem heute 102 nationale Gesellschaften angehören. Er gibt das »Bulletin UBS«, die Zeitschrift »The Bible Translator« und das Programm »Weltbibelhilfe« heraus. Bei 610 laufenden Übersetzungsprojekten sind ca. 180 katholische Mitarbeiter beteiligt. Sechs katholische Bischöfe sind in Leitungsgremien der UBS.

Adresse
63 Carter Lane, London EC 4 V 5 DY
Generalsekretär seit 1. 1. 1988: Civilo A. Rigos (Manila)

Deutsches Bibelarchiv (Hamburg)

Von H. Vollmer 1931 in Hamburg unter dem Protektorat der Universität gegründet, interkonfessionell, soll es die Rolle der Bibel für die Kultur, Kunst, Sprache, Literatur, Volks- und Brauchtum erforschen. 1931–41 erschienen elf Bände der Reihe »Bibel und deutsche Kultur«, 1912–29 vier Bände. Es gibt »Materialien zur Bibelgeschichte und religiösen Volkskunde des Mittelalters« heraus.

Adresse
Direktor Prof. Heimo Reinitzer
Deutsches Bibelarchiv
2000 Hamburg

Institut für neutestamentliche Textforschung in Münster/Westfalen

Das von Kurt Aland aufgebaute Institut an der Universität Münster verfügt über die größte neutestamentliche Handschriftensammlung (auf Mikrofilm) der Welt und gibt den griechischen Standardtext von Nestle-Aland und viele Hilfsmittel heraus. Ein sehenswertes *Museum* über die biblische Textgeschichte ist angeschlossen. Es ist Sitz der Hermann Kunst-Stiftung zur Förderung der neutestamentlichen Textforschung.

K. Aland, Bibelmuseum Münster (Kunstführer 1259), Schnell und Steiner, München 1981, 24 Seiten, 13 Abbildungen.

Adresse
Georgskommende 7, 5500 Münster/Westf.

Zentrum Informatik und Bibel

In der Benediktinerabtei Maredsous in Belgien ist unter Leitung von R.-F. Poswick seit 1980 das Zentrum Informatik und Bibel aufgebaut worden, mit biblischer Datenbank und einer Reihe von Publikationen. Vgl. dazu die Berichte von *Paul-Gerhard Müller,* Bibel und Computer, in: Bibel und Kirche 37 (1982) 108f und 43 (1988) 123f.

Adresse
B-5198 Dénée
Telefon: (082) 699647 Belgien
Zeitschrift: Interface. Sekretariat der »Internationalen Konferenz für Computer und Bibelstudien« (AI BI).

Erzbischöfliche Bibelschule Köln

Die 1982 gegründete Bibel- und Liturgieschule befähigt in einem zweijährigen Grundkurs Laien dazu, das Wort Gottes weiter zu vermitteln als Leiter von Bibelkreisen und als Katecheten. Die Absolventen erhalten ein Zertifikat. Es wird die fachwissenschaftliche, spirituelle und pastorale Erschließung der Bibeltexte angestrebt. Die Vorlesungen, freitags 18 bis 20 Uhr, im Maternushaus Köln umfassen auch Einführungen ins Griechische und Hebräische für Interessenten.

Adresse
Erzbischöfliche Bibel- und Liturgieschule
Victoriastraße 17, 5000 Köln 1
Telefon: 0221/133524
Direktor: Dr. Franz-Josef Helfmeyer

Geistliche Bibelschulen

Die aus der Charismatischen Erneuerungsbewegung hervorgegangenen Geistlichen Bibelschulen in den deutschsprachigen Ländern bieten Kurse, Wochen und Freizeiten zur spirituellen Texterschließung an.

Kontaktadressen
Prof. Dr. Norbert Baumert S.J.
Phil.-Theol. Hochschule St. Georgen
Offenbacher Landstr. 224, 6000 Frankfurt/Main 70
Telefon: 069/6061-1

Katholisches Evangelisationszentrum
Klosterhof 5, 8861 Maihingen
Telefon: 09087/215

Diözesanstelle für Bibelarbeit Trier

Bibelpastorale Fortbildungsveranstaltungen für kirchliche Verkündigungsdienste und für Laien, Bibelkreisleiter, Bibelgesprächsrunden, Gebetskreise, Liturgiehelfer usw. werden über die regionalen Erwachsenenbildungswerke, über die Katholische Akademie, die katholischen Bildungs- und Exerzitienhäuser sowie in einem ständigen »Grundkurs Bibel« (einjährig) angeboten. Sie verfügt über eine Präsenzbibliothek, ein Archiv und gibt Informationen zur Praktischen Bibelarbeit heraus.

Adresse
Hinter dem Dom 6, 5500 Trier
Telefon: 0651/7105-262
Leiter: Prof. Dr. Paul-Gerhard Müller
(bis 1988 zehn Jahre Direktor des Katholichen Bibelwerkes)

VII. Modelle Praktischer Bibelarbeit

Im folgenden sollen nun sowohl für die volkskirchliche Breitenarbeit wie auch für die bibelorientierten Kerngruppen Möglichkeiten und Formen verstärkter bis intensiver Begegnung mit der Bibel konkret aufgezeigt werden. Dabei wird die Verwendung der Bibel in der Schule und Sakramentenkatechese sowie in der Liturgie ausgeklammert, weil diesem Bereich eigene Behandlungen zustehen und darüber andere Literatur ausreichend vorhanden ist. Hier soll in erster Linie der Bereich des privat-persönlichen und des gemeinschaftlich-gruppenmäßigen Dialogs zwischen Bibeltext und Glaubenden im Vordergrund stehen, weil Bibelkreise in Pfarreien, Verbänden, Schulen, Heimen, Klöstern in jedem Falle eine gewisse Eigenständigkeit gegenüber dem schulischen wie gottesdienstlichen Gemeindeleben aufweisen.

1. Tägliche Schriftlesung

Neben der öffentlichen Verkündigung und Lesung der Bibel im Gemeindegottesdienst bei Juden und Christen ist die Tägliche Schriftlesung in der Bibel die älteste und grundlegende Form der persönlichen Aneignung der Bibel. Sei es, daß man in Form einer fortlaufenden Gesamtlektüre der Vollbibel regelmäßig einen Abschnitt liest und betrachtet (Lectio continua), sei es, daß man nach Themen geordnet einzelne Texte anliest oder ganze Bücher der Bibel jeweils in einem Zug durchliest, um den dramatischen Zusammenhang zu erfassen.

Die beste Zeit für die feste Tägliche Bibellesung – die Protestanten sagen dafür »Bibellese« – ist individuell verschieden und hängt von Beruf und Lebenssituation ab; jedoch versuchen viele Menschen, auch in verantwortlichen Positionen mit vielen Terminen und Belastungen, sich regelmäßig Zeit für diese Tägliche Schriftlesung zu nehmen und über dem Bibeltext zur Besinnung zu kommen.

Als Hilfen für eine nach Jahreszeiten und Texten geordnete fortlaufende Bibellese bietet sich der *»Bibelleseplan«* an, der ökumenisch verantwortet von der Bibelgesellschaft und dem Bibelwerk herausgegeben wird. Mit seiner Hilfe liest man in vier Jahren das Neue und in acht Jahren das Alte Testament einmal ganz durch. Dazu gibt es bei der Deutschen Bibelgesellschaft Stuttgart eine Bibelausgabe nach amerikanischem Muster, in der für jeden der 365 Tage des Jahres ein Abschnitt aus dem Alten Testament, aus dem Neuen Testament und den Psalmen zusammengestellt sind, so daß man ebenfalls im Laufe eines Jahres die Vollbibel einmal durchliest. Hinter dem Bibelleseplan ökumenischer Herkunft steht auch die Idee, die von den Herrnhuter Losungen übernommen wurde, daß weltweit alle Christen an ein und demselben Tag denselben Bibeltext lesen, beten, betrachten. Auch das jährliche Taschenbuch *»Mit der Bibel durch das Jahr«* (Kreuz-Verlag Stuttgart; Verlag Katholisches Bibelwerk, Stuttgart) bietet tägliche Meditationen zum ökumenischen Leseplan.

Zweifellos führt die Tägliche Schriftlesung im Laufe der Jahre zu fruchtbarer Bibelkenntnis und hoher Vertrautheit mit den Textaussagen, aber auch zu einem dichten Glaubensleben mit dem Bibeltext.

2. *Bibel beten*

Alte Tradition hat auch jene Weise des Zugangs zur Bibel, bei der man einfach in Ruhe und Stille ihre Texte betont liest, gleichsam als Nachsprechen des Wortes Gottes, ohne sich lange an Problemen, Fragen, Ungereimtheiten der Textaussage aufzuhalten. Vor allem im Judentum wird seit alters her bis heute die Form des ehrfürchtigen Bibellesens als Gebet gepflegt, verbunden mit einem Murmeln (»Gegurre«) des Textes, fast singend, und begleitet von rhythmischen Körperbewegungen des Neigens vor Gott und seinem Heiligen Gesetz.

Im Zuge der rationalistischen Aufklärung und der forcierten Popularisierung der historisch-kritischen Methoden anhand immer derselben Themenfelder wie Wundererzählungen, Ostererscheinungen, Kindheitsgeschichten usw. ist bei vielen Laien und einfachen Glaubenden der Eindruck, ja die Angst entstanden, die Bibel sei ein Buch voller Probleme, unlösbarer Schwierigkeiten, unerklärbarer offener Fragen, und zuerst müsse viel studiert und gelesen werden, bevor man sich an die Bibel heranwagen dürfe. Dabei wird einfach übersehen, daß die allermeisten biblischen Erzählungen und Texte für jedermann völlig verständlich und beim ersten Lesen erfaßbar sind, daß jeder mit Gewinn und Verstehen Bibel lesen und beten kann. Es ist keine verbotene Sache, über gewisse Textstellen, die man tatsächlich nicht versteht, zunächst hinwegzulesen und sich erst später sachkundig zu machen.

Das betende, Gott preisende und ihn für seine Offenbarung dankende Rezitieren biblischer Texte, das ganz einfache Bibel-Beten, darf heute wieder heimischer werden in unserer Kirche, nachdem seit 1950 kräftig problematisiert und exegetisch aufgeklärt wurde. Denn die Bibel will nicht nur Buch der Sachinformationen und der Methodenübungen sein. Sie ist aus Glaubenszeugnis für Glaubensmotivation verfaßt worden, so daß der Lesende sich vorwiegend auch im Glauben dem Buch der Bibel nähern und sie im Herzen lesen und wahrnehmen darf, d.h. betend aufnehmen und verarbeiten. Denn die Bibel spricht ja nicht nur zu Verstand und kritischem Intellekt, sondern auch zum Gefühl, zum Herz des Menschen. Letztlich wird doch jedes echte Bibelstudium ins Gebet münden, weil sich Gott im Text selbst mitteilt und uns seine Wahrheit offenbart, vgl. Dei Verbum 2 und 6. »In den Heiligen Schriften trifft der Vater, der im Himmel ist, seine Kinder in Liebe und spricht zu ihnen» (Dei Verbum 21). Die Bibel ist, wie wir gesehen haben, eine ganze Bibliothek von Schriften, aber auch ein Tempel, in den man betend und Gott preisend eintritt. »Der Gläubige möge immer daran denken, daß Gebet die Schriftlesung begleiten solle, so daß Gott mit seinem Volk ins Gespräch kommt« (25).

In der Liturgie und im Stundengebet der *»Lectio Divina«* (Göttliche Lesung) kommt dieser betende Gebrauch der Bibel voll zum Ausdruck, aber auch bei der privaten und gruppenhaften Schriftlesung sollte am Anfang und am Schluß ein ausdrückliches Gebet stehen, wie auch die Bibellesung selbst als betender Akt vollzogen werden soll. Die »Göttliche Schriftlesung« ist eine Suche nach Einung mit der Textaussage, nicht bloß nach Information über den Text, ist der Versuch, den Text ins Glaubensleben zu transformieren, und zwar mittels Betrachtung, Meditation, Fantasiekraft eigener Vorstellung, Selbstfindung und Selbsterfahrung.

Sei es, daß eine einzelne Perikope, ein einzelner Vers, ein Satz oder ein Bild des Bibeltextes meditierend betrachtet wird, immer wird man ohne Hetze, ruhig meditierend versuchen, den Tiefensinn der Stelle in Gottes Mit-uns-Sein und Gegenwart zu finden und so Gottes Stimme zu hören. Wenn man zum Beispiel den sehr alten, bekannten Hymus aus Phil 2,6–11 betrachtet und meditiert, wird man Vers für Vers bedenken, was diese Bekenntnisaussagen über Jesu Erniedrigung und Erhöhung auch für unsere Glaubensexistenz bedeuten. Was bedeutet Jesu »Sklave sein« für meinen Umgang mit Mitmenschen, meinen Formen des Herrschen- und Ausbeutenwollens? Wo liegen meine eigenen Versklavungen, von denen mich Gott befreien kann? Ziel solcher Textkonfrontation ist nicht Kenntniszuwachs, sondern sich ganzheitlich auf den Textanspruch einzulassen und betend die Identifikation von Text und Leben zu suchen.

Wenn hier von »Meditation« die Rede ist, gilt es zu bedenken, daß man heutzutage verschiedene Weisen und Techniken dafür kennt und praktiziert. Die frühen Mönche der Wüstenklöster verstanden darunter das stetige Wiederholen von Versen oder Worten, das rezitierende Einprägen und Einfühlen in die Aussage, wie es im orientalischen »Herzensgebet« und auch im »Rosenkranz« geschieht. Selbst beim Gehen oder bei der Arbeit pflegten sie solches Bibel-Sprechen unaufhörlicher Wiederholung. Offensichtlich geht es dabei nicht um intellektuelle Meditation, sondern um emotionale Internalisierung von Wort- und Versinhalten für eine ganzmenschliche Integration. Heute hingegen steht oft die diskursive Meditation, die denkerische Aneignung der Betrachtungsstoffe, im Vordergrund. Aber schon in den Geistlichen Exerzitien des Hl. Ignatius von Loyola 1533 spielte die Technik der emotionalen Aneignung der biblischen Bilder, Stoffe, Themen, Impulse eine große Rolle für die Prägung des geistlichen Lehrers.

So läßt Ignatius zum Beispiel am ersten Tag der dritten Woche den Weg Jesu von Betanien nach Jerusalem zum letzten Abendmahl betrachten. Nach einem einleitenden Gebet kommen drei Vorstufen: Erinnerung des Erzählvorgangs – Aussendung der Jünger, Passamahl, Abschiedsrede; dann eine imaginäre Vorstellung der Orte und Plätze der Handlung – die Straße, der Abendmahlsaal, der Tisch; dann der Wunsch, aufgrund dieser Erzählung selbst Reue zu empfinden. Dann folgen die sechs Punkte der

Übung: Visualisierung der beteiligten Personen des Abendmahls, Hinhören und Teilnehmen an ihren Gesprächen, ihre Reaktionen beobachten, Jesu Entscheidung der Hingabe für uns betrachten: seine Selbsterniedrigung hinterfragen; Höhepunkt ist der Dialog mit Jesus, in dem ich meine Nöte, Hoffnungen, Fragen ihm vortrage. So finden wir die verschiedensten Weisen des Meditierens und Betens biblischer Texte. Alle stehen allen einfachen Menschen offen, dem Wort Gottes in der Bibel ohne große Vorkenntnisse, ohne Problematisierungen und ohne Angst zu begegnen, einfach im Gespräch des vertrauenden Betens der Bibel. Wenn wir mit Gottes Wort zusammentreffen und Gott bei uns ist, stehen wir auf »heiligem Boden« (Ex 3,5), haben wir Ehrfurcht und Achtung vor Gott und seinem Wort in der Heiligen Schrift zu bezeigen. Das sollte sich in der Körperhaltung, in dem Umgang mit dem Buch der Bibel, seinem Platz, seiner Verehrung zeigen.

3. Selbststudium der Heiligen Schrift

Viele haben ihren Weg zur Bibel durch mutiges und konsequentes Selbststudium der Bibel gefunden, indem sie sich anhand einschlägiger Fachbücher in biblischer Einleitung zu Altem und Neuem Testament und in biblischer Theologie fortgebildet und sachkundig gemacht haben. In den meisten Fällen wird es mehr Freude machen und fruchtbarer sein, im Kreis von biblisch Interessierten die Heilige Schrift zu studieren, aber das ist nicht in allen Fällen möglich. Mit Hilfe des *»Fernkurs zur Bibel«*, den das Katholische Bibelwerk Stuttgart herausgibt und betreut, mit Hilfe anderer Fernkurse und biblischer Lehrbriefe kann man sich auch privat zu Hause allein einarbeiten und vorbereiten. Es wird sich meist doch eine Gelegenheit finden, bei Fragen oder schwer verständlichen Inhalten einen kompetenten Mensch um Auskunft zu fragen, um im Bibelstudium weiter zu kommen.

4. Fernkurs zur Bibel

Anhand von Lehrbriefen und Studienbüchern wird man von der betreuenden Zentrale aus in die einzelnen Schriften der Bibel und deren Theologie eingeführt, wobei gemeinsame Tagungen die Arbeit begleiten. Zur Prüfung der erarbeiteten Stoffe werden Hausaufgaben gestellt und zur Korrektur eingesandt an die Zentrale, die auf diese Weise individuell den Fortgang des Kurses begleitet. Für alle, die keine Möglichkeit haben, an gemeindlichen Bibelkreisen oder Kursen teilzunehmen, eine gute Lösung.

5. Grundkurs zur Bibel

Für die Dauer von zwei Jahren konzipiert, führt er in das Alte und Neue Testament ein, wobei in acht Wochenenden pro Jahr und in zwei Kompaktwochen der Stoff bewältigt und die vor allem kreativ-erlebnisorientierte Aneignung in Selbsterfahrung in der Gruppe erfolgen kann. Ein solcher »Grundkurs Bibel Neues Testament« wurde 1989 vom Katholischen Bibelwerk Stuttgart herausgegeben und wird an vielen Orten bereits durchgeführt. Der »Grundkurs Bibel Altes Testament« wird 1991 folgen.

6. Ständiger Bibelkreis

In vielen Pfarreien, Klöstern, Verbänden, Heimen oder anderen Gruppierungen gibt es das ganze Jahr über, außer den Ferien, einen ständigen Bibelkreis, der wöchentlich oder vierzehntägig tagt und zu dem alle Interessierten Zutritt haben. Das gemeinsame Lesen und Erarbeiten der Bibel kann sich beziehen auf: ein Buch der Bibel, ein Thema der Bibel oder eine Perikope der Bibel.

Immer jedoch sollten die Texte mit verschiedenen Methoden angegangen werden, so daß sie möglichst umfassend ins Gespräch des Kreises kommen. Es gibt zahlreiche Anleitungen und Materialsammlungen für die Durchführung und Leitung solcher Bibelkreise. Das Gebet am Beginn und am Schluß sollte nicht fehlen. Die Abklärung der reinen Sachfragen zum Text steht am Anfang. Bei der Umsetzung des Textes ins Glaubensleben können die verschiedensten erlebnisorientierten Methoden nützlich sein, je nach Teilnehmer und Zeitrahmen.

7. Bibel-Teilen

Diese vom englischen »Bible Sharing« kommende Methode wurde in Südafrika in Gemeinden der Schwarzen und mit Analphabeten entwickelt. In sieben oder fünf Stufen wird der Text der Bibel gehört, in Stille bedacht, in Gemeinschaft besprochen, Schwerpunktbegriffe oder -bilder hervorgehoben und dann die Konsequenz fürs Leben besprochen. Durch die Katholische Weltbibelföderation Stuttgart und durch Missio, Aachen und München, ist diese Methode aus den Jungen Kirchen bei uns verbreitet worden. Man wird auf unsere Teilnehmer und deren Voraussetzungen eingehen müssen, wenn man dieses »einfache Bibellesen« praktiziert. Faltblätter mit dieser Methode können angefordert werden.

8. Familien-Bibelkreise

Bewährt hat sich vielerorts, daß entweder eine Familie gemeinsam am Samstagabend oder zu einem anderen geeigneten Zeitpunkt die Bibellese hält und sich über Sinn und Konsequenzen der biblischen Aussagen verständigt, gerade angesichts und trotz der Generationskonflikte und verschiedener Erfahrungshorizonte von Eltern und Kindern.

Wenn es sich ergibt, daß einige Familien zusammenkommen können, um gemeinsam Schriftlesung in dieser Weise zu machen, werden noch mehr Anregungen entstehen und das Gespräch fruchtbar machen. Sowohl junge Familien mit Kleinkindern als auch Familien mit großen Kindern, die selbst teilnehmen, als auch Ehepaare und Alleinstehende, deren Kinder schon ausgezogen sind, können in solchen regelmäßigen Familienbibelkreisen viel Gewinn für ihr Glaubensleben schöpfen.

9. *Studenten-Bibelkreise*

An manchen Universitäten und Hochschulen treffen sich Kreise von Bibelfreunden frühmorgens vor der Vorlesung an einem Tag der Woche oder auch um die Mittagszeit, um eine Stunde innezuhalten und das Wort Gottes zu bedenken und sich darüber auszutauschen. Oft nehmen auch Dozenten, Professoren, Assistenten daran teil. Solche schöpferischen Pausen um das Wort Gottes im hektischen Studienbetrieb sind wohltuend und ergiebig.

10. *Kinder-Bibelarbeit*

Für die außerschulische Bibelarbeit mit Kindern aller Altersstufen gibt es eine Fülle von gutem Material mit vielen Vorschlägen für Spiele, Rätsel-Raten, Quiz, Malen, Singen, Basteln usw.

11. *Senioren-Bibelarbeit*

Da ältere Menschen aufgrund ihrer Lebenserfahrung einen besonders geprägten Zugang zur Bibel, gerade auch ihrer endzeitlichen Botschaft haben, und andererseits immer mehr ältere Menschen frei sind für solche Beschäftigung, ist die Bibelarbeit mit Senioren ein wichtiges Thema für morgen. Noch gibt es nicht viel geeignete Vorlagen und Materialien; auf diesem Gebiet besteht Nachholbedarf der Bibeldidaktik.

12. *Ökumenischer Bibelsonntag*

Seit 1970 wird von den Bibelwerken und der Arbeitsgemeinschaft Christlicher Kirchen (ACK) die Durchführung des jährlichen ökumenischen Bibelsonntags am letzten Januar-Sonntag empfohlen, und immer mehr Gemeinden befolgen dies. Auch Papst Johannes Paul II. hat sich wiederholt dafür ausgesprochen, diese Übung auf weltkirchlicher Ebene einzuführen. Obwohl in jeder Meßfeier die Heilige Schrift im Wortgottesdienst im Mittelpunkt steht, ist es doch sinnvoll, einmal im Jahr schwerpunktmäßig die Bibel ins Bewußtsein der Gläubigen und der Medien-Öffentlichkeit zu rükken, um zu verdeutlichen, daß die Bibel »Fundament und Seele des Glaubens und der Theologie« ist.

Wie eine Pfarrei oder eine Gemeinschaft, ein Konvent oder eine Gruppe diesen Bibelsonntag gestaltet, hängt von der konkreten Situation ab. Jedenfalls sollte die feierliche Einzugsprozession mit der vorangetragenen Bibel (Prachtbibel), die Predigt über Wert und Rolle der Bibel für uns heute, der Bibelverkaufsstand, eine Bibelausstellung und die vorbereitende Bibelwoche nicht fehlen. Jedes Jahr wird von der Deutschen Bibelgesellschaft und dem Katholischen Bibelwerk ein Materialheft für den Bibelsonntag herausgegeben.

13. Ökumenische Bibelwoche

Im Zusammenhang mit der Woche der Einheit der Christen oder der Fasten- oder Adventszeit soll mit den Christen aller Konfessionen am Ort eine ganze Woche ein biblisches Thema behandelt werden, in drei oder fünf oder sieben Abendveranstaltungen. Denn über die Bibel haben sich die Christen getrennt, über die Bibel sollen sie wieder ihre Einheit finden.

Zur jährlichen ökumenischen Bibelwoche werden Handreichungen für Leser und Mitglieder von den Bibelwerken herausgegeben, zudem der Kommentar »Bibelauslegung für die Praxis«.

14. Biblische Exerzitien und Besinnungstage

Ganz in Schweigen und Stille oder teilweise kann an einem oder mehreren Tagen die Begegnung mit dem Wort Gottes in Gemeinschaft gemacht werden. Es liegen zahlreiche Bücher für solche biblischen Exerzitien vor, vgl. Bände von Kardinal *Carlo Martini* aus Mailand u.a.

15. Biblische Wallfahrten

Wallfahrten mit regelmäßigen biblischen Stationen unterwegs hat lange Tradition. Wer in Frankreich die Chartres-Wallfahrt erlebt hat, wer die Equipes auf dem Weg nach Taizé oder nach Santiago de Compostella erfahren hat, weiß, wie fruchtbar biblische Wallfahrten von einem oder mehreren Tagen sein können. Sich auf dem Weg befinden, die Nachfolge Jesu richtig mitgehen, meinen Exodus-Weg finden, das können lebensträchtige Erfahrungen aus der Weggemeinschaft werden.

Mögen auch biblische Wallfahrten zu allen nahen und fernen Zielen der Heimat sinnvoll sein, so hat doch die große Wallfahrt ins Heilige Land Israel und Palästina lange Tradition in der Christenheit, seit die Kaiserin Helena 335 diese Wallfahrt vollzog und unzählige Pilger nach ihr. Für besinnliche Reisen ins Heilige Land bietet das Bibelwerk in Stuttgart Programme an.

16. Biblische Studienreisen

Die fachlich geführte Studienreise ins Heilige Land und auch andere Länder der Bibel wie Ägypten, Syrien, Türkei kann krönender Abschluß eines Seminars, eines Bibelkurses, oder auch flankierende Maßnahme einer Bibelgruppe sein. Unter den vielen Marktanbietern ragt »Biblische Reisen, Stuttgart« durch Qualität und Format hervor. Auch Reisen zu biblischen Skulpturen der romanischen und gotischen Kathedralen, zu biblischer Kunst, zu biblischen Museen, zu Glasfenstern (z.B. Chagall) sind große Erlebnisse.

17. Wandern »Mit Bibel und Rucksack«

Mehrtägige oder gar zweiwöchige Wanderungen von Gruppen im Gebirge oder am Meer mit stetigen Pausen zum Bibelgespräch sind mancherorts erfolgreich praktiziert worden. Die Naturverbundenheit, Geselligkeit und Weggemeinschaft bilden einen guten Rahmen für das engagierte Bibelgespräch untereinander.

18. Familienfreizeiten mit der Bibel

Ein paar Tage, ein oder zwei Wochen mit mehreren Familien mit Kindern aller Altersstufen zusammen in einem Ferienheim, einer Hütte oder einem Feriendorf, wo man sich dann täglich ein- oder zweimal zusammensetzt, um gemeinsam die Bibel zu lesen und zu teilen, das hat sich als geistvolle Urlaubsgestaltung wiederholt bewährt, als echte Alternative gegen den eintönigen Strand-Urlaub oder den isolierten Hotel-Urlaub. So wird die physisch-psychische Erholung auch pneumatisch-spirituell ergänzt und ausgeweitet.

Sicher wären noch mehr gute Erfahrungen Praktischer Bibelarbeit einzubringen, aber die Vielzahl von Modellen möge schon ausreichen, Impulse für eigenständige Gestaltung biblischer Initiativen zu empfangen. Der ganze Bereich der biblischen Fort- und Weiterbildung der Katholischen Akademien, Erwachsenenbildungswerke, Bildungshäuser und Fachschulen wurde nur am Rande berührt, da es in erster Linie um die Praktische Bibelarbeit in Gemeinden, Gruppen und Gemeinschaften geht, nicht um die didaktischen und religionspädagogischen Konzepte der verschiedensten Bildungsträger, wozu es eine Fülle an Literatur gibt.

VIII. Praxis der Bibelarbeit

Wo schon seit längerem auf Pfarrebene, im Verband, im Haus oder in Familienkreisen kontinuierlich und regelmäßig Bibelarbeit durchgeführt wird, ist Erfahrung darüber vorhanden, wie man sie beginnt, gestaltet und am Leben hält; da hat man den technischen Rahmen schon geschaffen und gefunden, um die inhaltliche Arbeit zu vollziehen und fruchtbar zu entwickeln. Sicher gibt es mancherorts Gemeinden und Gemeinschaften mit großer Erfahrung in der Bibelarbeit, von denen alle lernen könnten, indem sie ihre guten Ideen, Verfahrensweisen, Beobachtungen und Hinweise allgemein zur Verfügung stellten, etwa durch Mitteilung an den Verfasser dieses Einführungsbandes. Alle Nachrichten, Hinweise, Verbesserungsvorschläge, Kritiken, Korrekturen sind willkommen, um das Intrument dieser Erfahrung noch praxisnaher und brauchbarer zu gestalten.

Hilfen und Hinführung brauchen aber vor allem jene bibelinteressierten und bibelbegeisterten Einzelpersonen, Gruppen, Gemeinschaften und Gemeinden, die jetzt erst mit der Praktischen Bibelarbeit anfangen wollen und erst in der Planungsphase stehen und noch nicht wissen, wie man es beginnt und aufzieht. Ihnen sollen ganz praktische und konkrete Hinweise gegeben werden, die Bibelarbeit in Gang zu setzen und auf Dauer fruchtbar zu gestalten.

Selbst wenn nur »zwei oder drei in meinem Namen versammelt sind«, einen Bibelkreis zu gründen und durchzuführen, reicht das für den Anfang aus, weil es nicht auf die große Zahl der Teilnehmer, sondern auf das Zeugnis der »kleinen Herde« ankommt. Wenn einige Personen den Willen haben, eine Bibelarbeit aufzubauen, wird es gelingen und andere mitziehen. Man regele zuerst die rein technischen Fragen von Ort, Zeit, Häufigkeit, Turnus, Dauer, Rahmen, Arbeitsinstrumente, dann die inhaltlich-thematischen und methodischen Fragen.

1. Der Ort

Von der Zusammensetzung der Bibelgruppe wird es abhängen, welcher Ort und welche Räumlichkeiten zur Verfügung stehen und gewählt werden. Grundsätzlich kann Bibelarbeit in öffentlichen oder in privaten Räumlichkeiten durchgeführt werden. Wie in den frühchristlichen »Hauskirchen« können sich Familien oder Gruppen zu Bibelkreisen in Privathäusern treffen, falls dort das Raumangebot geeignet ist, daß ein Personenkreis bequem, ruhig und ungestört in einem Kreis oder einer Runde beisammen sitzen kann.

Es empfiehlt sich, aus gruppendynamischen Rücksichten den Kreis so zu plazieren, daß jeder den anderen sehen, den Blickkontakt halten und gut hören kann. Außerdem sollte ein Tisch oder eine Ablage zur Verfügung stehen, um die Bibel selbst auflegen und Notizen machen bzw. andere Hilfsmittel wie Kommentar oder Lexikon heranziehen zu können. Nur wenn es sich um eine reine biblische Meditation oder um biblische Gebetskreise handelt, ist es angezeigt, ohne Tisch und Ablage im Kreis zu sitzen, eventuell auf Kissen oder auf dem Boden, um nicht durch Gegenstände voneinander getrennt zu sein, wobei Kerzenlicht in der Mitte der Runde, Blumen, die Bibel selbst oder eine Schriftrolle die Konzentration und Kommunikation erhöhen kann. Für mehr studienmäßig orientierte Bibelseminare, Bibelkurse und Bibelkreise ist aber die Tischordnung wegen des leichteren Arbeitens mit Büchern und wegen des Schreibens vorzuziehen.

Wo der Bibelkreis im Pfarrhaus, Gemeindezentrum oder anderen öffentlichen kirchlichen Räumen tagt, sollte für eine angenehme Beleuchtung, die das reibungslose Bibellesen gestattet, für schöne Ausstattung und gemütliche Atmosphäre gesorgt werden, vor allem um störungsfreie Stille und Ruhe, damit das Hören des Wortes Gottes, vor allem in Phasen meditativer Stille, nicht durch Fremdgeräusche beeinträchtigt wird. Essen und Trinken sollten im Bibelkreis nicht üblich werden, da es sich ja nicht um eine Bibelkonferenz oder Gremiensitzung handelt, die Stärkung oder Ablenkung erforderlich machte. Förderlich ist es, wenn der ständige Bibelkreis immer am selben Ort im selben Raum tagt, weil mit dieser Ortsverbundenheit auch Stetigkeit und Bekanntheit einhergehen und die Möglichkeit entstehen kann, eine kleine Handbibliothek biblisch-exegetischer Grundwerke zur Konsultation und Information in diesem Raum zu unterhalten. Der Bibelkreis darf aber nicht durch zu enge Raumgebundenheit in eine Isolierung und ein Ghetto in der Gemeinde geraten, sondern muß stets offen bleiben für alle Neugierigen, Interessierten, Neuzugänge und Nachwuchs. Gerade ein Bibelkreis darf sich nicht nach außen abkapseln, wenn seine missionarische Ausstrahlungsfunktion nicht leiden soll.

2. *Die Zeit*

Grundsätzlich kommen alle Tages- und Nachtzeiten und das ganze Jahr für Bibelarbeit in Frage. Im Rahmen von Regionaltagen des Jugendkonzils von Taizé wurden in manchen Gemeinden deutschsprachiger Länder nächtliche Gebetswachen mit regelmäßigen Schriftlesungen und Schriftmeditationen die ganze Nacht über durchgeführt. Andernorts wurden im Rahmen der Frühschichten oder Nachtschichten in Kirchen oder Pfarrzentren Bibelkreise und biblische Gesprächsrunden durchgeführt. Der Regeltermin für die gemeindliche Bibelarbeit ist aber sicher der Abend um 19 oder 20 Uhr, um sich 90 Minuten mit der Bibel zu beschäftigen und auszutauschen. In jedem Fall sollte auf pünktlichen Beginn und Schluß, den man vorher festsetzt, geachtet werden, damit nicht jeder Bibelabend in nächtliche Nikodemusgespräche ausufert. Denn die faszinierende Kraft der Bibel vermag junge und alte Menschen in ihren Bann zu schlagen, so daß sie nicht aufhören wollen, über dieses und jenes Thema oder Problem zu reden. Dabei beginnt im Regelfall am nächsten Morgen für alle Bibelkreisteilnehmer der Arbeitsalltag, für den man ausgeschlafen und fit sein muß. Zudem wird man auch durch unendliches Reden über die Bibel nicht ihre Tiefe ausloten und ihre Bedeutung für das eigene Leben in den Griff bekommen können.

Bei Bibelkursen oder Bibelseminaren von einem oder mehreren Tagen Dauer sollten die didaktischen Formen Impulsreferat, Arbeitskreis, Gesprächsrunde, Aussprache, Meditation, Gottesdienst, Beten der Bibel, kreative Umsetzungen, Bibliodrama usw. abwechseln, um keine Monotonie im Verfahren der Textauslegung einreißen zu lassen. Zwischen den Arbeitseinheiten sollte genügend Zeit der Erholung, des Gesprächs und des Lebenszeugnisses bleiben, damit nicht die Gefahr eintritt, die Bibel zu zerreden. Das Wort Gottes als Samen einer »Revision des Lebens« (franz. Revision de vie) muß auch physisch, gesundheitlich und menschlich auf guten Boden fallen, um aufzugehen.

Daher sollte man den Zeitrahmen von Bibeltagungen immer so locker gestalten, daß das Wort Gottes im einzelnen wie in gruppendynamischen Prozessen reifen und wachsen kann. Denn bei allem Vorbehalt gegen die These gilt sie doch im Kern: Die Menschen sind die einzige Bibel, die heute noch gelesen wird. Umgangsformen und Zeugnis gelungenen Lebens und durchhaltender Krisenbewältigung ist daher für Bibeltagungen ebenso entscheidend wie die verstandesmäßige Auseinandersetzung mit dem Bibeltext oder die kreative-meditative Identifikation mit der Textaussage.

Für den Zeugnistransfer zwischen Menschen braucht man aber Zeit, Raum und Muße, die von Zwang, Angst und Hektik befreien.

Der *ständige Bibelkreis* einer Pfarrei oder Gemeinschaft kann einmal wöchentlich oder vierzehntäglich zusammentreten. Größere Intervalle sind nicht empfehlenswert, weil dann zu wenig Zusammenhalt der Themen oder Personen erreicht wird. Nur einmal pro Monat arbeitende Bibelkreise sind wenig dynamisch, so daß der *wöchentliche Rhythmus* empfohlen wird, selbstverständlich mit Pausen in Ferien und Urlaub. Zweimal 45 Minuten pro Abend sind für Laien, die keine langen Sitzungen und Konzentrationsphasen gewohnt sind, eine große Herausforderung zum Mittun, Mitdenken und Mitreden. Schließlich sind nicht alle Teilnehmer lange Vorlesungen, Studiensitzungen und Seminarübungen wie Studenten und Akademiker gewohnt.

3. *Der Rahmen*

Obwohl ein Bibelkreis keinen Vorsitzenden wie ein Verein und keine Satzung braucht, ist es doch zweckmäßig, wenn ein *Sprecher* sich für die organisatorischen Dinge sowie für die Außenvertretung verantwortlich weiß. Daher sollte jeder Bibelkreis einen Leiter oder eine Leiterin wählen oder ernennen, die in Absprache mit allen Beteiligten den technischen Rahmen regelt und in der Gemeinde wie gegenüber Außenstehenden die Arbeit des Kreises vertritt. Daher werden mancherorts auch schon Bibelkreisleiter und

-innen eigens ausgebildet, wie es in der Erzbischöflichen Bibelschule Köln, durch den »Grundkurs Bibel« des Katholischen Bibelwerkes oder durch die »Diözesanstelle für Bibelarbeit« in Trier geschieht. Werden sie nach erfolgreichem Abschluß des Bibelkurses auch noch mit einem bischöflichen oder diözesanen *Zertifikat* oder Diplom ausgerüstet, wird ihre Kompetenz auch äußerlich dokumentiert und ihre Befähigung zur Leitung von Bibelkreisen nachgewiesen. Dasselbe gilt für die Absolventen des »Fernkurses zur Bibel« des Katholischen Bibelwerkes in Stuttgart oder des Würzburger Fernkurses für Theologie.

Die ausgebildeten Bibelkreisleiter und -innen einer Region oder einer Diözese sollten durch regelmäßige Rundschreiben und Informationen untereinander in *Kontakt bleiben* und als eigener neuer kirchlicher Dienst nebenamtlicher Mitarbeiter besonders im Blick auf priesterlose Gemeinden geschult und gesandt werden. Sie könnten auch als erste in Frage kommen, selbständig die Wortgottesdienste und Gebetskreise priesterloser Gemeinden zu halten, wenn sie sich als Führungskräfte von Basisgemeinschaften bewähren und angenommen werden.

Der Bibelkreis wird durch ein *Gebet* des Leiters oder eines anderen Mitglieds eröffnet. Der Dank für Gottes offenbarendes Wort in Menschenhänden, die Bitte um rechtes Verstehen der Heiligen Schrift und der Wille, dem fleischgewordenen Wort Gottes nachzufolgen, sollten in diesem eröffnenden Gebet zum Ausdruck kommen. Dann widmet man sich dem konkreten Bibeltext und tritt in einen existentiellen Dialog mit ihm ein.

Da sich das aus 73 Einzelbüchern bestehende Buch der Bibel, das im Verlauf von 1000 Jahren gewachsen ist, nicht in einem gutgemeinten Handstreich erobern und vereinnahmen läßt, muß das Herangehen an den Bibeltext und der methodische *Zugang* sorgfältig geplant und vorbereitet werden. Man kann sich zunächst etwa *einem* Buch der Bibel widmen, man kann sich *einem Thema* oder einem *Abschnitt* (Perikope) widmen, bevor man sich an die Sichtung und Erarbeitung von Themen der Bibel und der biblischen Theologie begibt; es ist leichter und sinnvoller, sich zunächst *mit einer Schrift* der Bibel zu befassen und sich in mehrere Bücher der Bibel einzulesen, bevor man Themenreihen quer durch die ganze Bibel verfolgen will, wozu ja die Kenntnis und Einsicht in große Zusammenhänge notwendig ist. Bei der riesigen Textmasse der Bibel ist solches Querlesen bei der Themensuche aber selbst mit einer Stichwortkonkordanz nicht einfach. Daher wird für den Anfang immer die Lesung und das Studium *eines* Buches der Bibel zu empfehlen sein.

Eine ganze Schrift der Bibel zugrundelegen

Nicht ausgerechnet schwierige Schriften wie Römerbrief oder Levitikus sollten zum Einstieg ausgesucht werden, sondern leichter verständliche, erzählende Bücher wie Genesis, Exodus, Deuteronomium, die Geschichtsbücher, die Propheten; im Neuen Testament die synoptischen Evangelien oder das Johannesevangelium, obwohl dies schwieriger zu deuten ist, und dann vor allem die Apostelgeschichte. Alle neutestamentlichen Briefe erfordern eigene Auslegungsmethodik. Schwer verständlich bleibt die Offenbarung des Johannes mit ihrer uns nur schwer zugänglichen Symbolsprache und Bilderwelt. Wer aber mutig ist, kann mit Hilfe von Kommentar und Auslegung auch mit der Offenbarung beginnen. Spannender aber ist der Einstieg über Genesis, Exodus, die Geschichtsbücher, die Evangelien und die Apostelgeschichte, gleichsam der historischen Kontinuität des Volkes Gottes Israel in die Kirche der Völkerwelt folgend.

Alle Bibelkreisteilnehmer sollen natürlich zunächst den Gesamttext der betreffenden Schrift lesen und kennen. Ob man diese Schrift nun gleichsam als *Hausaufgabe* daheim privat liest und seinen Überblick schon in den Bibelkreis mitbringt, oder ob man im Bibelkreis selbst reihum zunächst den Gesamttext zu Gehör bringt, muß entschieden werden. Man kann zum Beispiel auch schon die ersten zwei oder drei Sitzungen des Bibelkreises damit verbringen, gemeinsam die Genesis oder die Apostelgeschichte *ganz* zu lesen. Manche Bildungshäuser oder Akademien laden dazu ein, am Wochenende zusammenzukommen, um gemeinsam eine ganze Schrift der Bibel, etwa das Buch Genesis oder das Buch Ijob oder ein Evangelium zu lesen und *nicht* darüber zu diskutieren.

Es gibt auch Anlässe und Gruppen, bei denen kontinuierlich an mehreren Tagen das ganze Alte Testament und das ganze Neue

Testament reihum vorgelesen wird. Die 73 Bücher der Bibel lassen sich bei mittlerer Sprechgeschwindigkeit erfahrungsgemäß in 110 Stunden laut vorlesen (Standard-Einheitsübersetzung Altes Testament 2100 Seiten Text, Neues Testament 610 Seiten Text). Wird eine solche »Gesamtlektüre« der Vollbibel etwa im Rahmen einer »Bibel-Olympiade« auch die sensationelle Ausnahme bleiben, über deren Sinnhaftigkeit man geteilter Meinung sein darf, so wird es in jedem Fall zu empfehlen sein, das Buch, über das der Bibelkreis arbeiten soll, vorher privat oder gemeinschaftlich zuerst einmal ganz zu lesen, um die narrative Struktur und den Gesamtzusammenhang vorher zu kennen.

In der zweiten Etappe beginnt man dann mit der Lesung und Besprechung von einzelnen *Kapiteln* des Buches und der Erhebung von dessen *Evangelium,* der tröstend frohmachenden Botschaft, falls eine solche herauszuhören ist. Denn das »Frohmachende« so mancher Kriegserzählungen im Alten Testament oder anderer blutrünstig-gewalttätiger Stories ist nicht leicht zu erheben. Daher wird manchmal auch der Anstoß am Skandalösen oder die Bestürzung über Gottes Wege überwiegen. Unter der Gesprächsführung des Bibelkreisleiters äußern alle Teilnehmer ihre Sachfragen zum Text, dann ihre Verstehensfragen, um danach in ein Gespräch über das Glaubenszeugnis dieses Abschnittes einzutreten. Bei auftretenden Verstehensschwierigkeiten oder offenen Sachfragen können Kommentare, Lexika, Wörterbücher herangezogen werden.

Ein Thema zugrundelegen

Entschließt man sich, im Bibelkreis einem *Thema* nachzugehen, so wird man zunächst mit Hilfe eines *Bibeltheologischen Wörterbuchs* und einer *Konkordanz* alle Stellen des Alten und Neuen Testaments, wo dieses Thema angegeben wird, aufsuchen, notieren und anlesen, um dadurch den Chor der Stimmen der Vollbibel zu diesem theologischen Thema zu hören. Dabei muß der literarische Kontext der einzelnen Stellen ebenso berücksichtigt werden wie die Unterschiede, Widersprüche, Brüche zwischen den einzelnen Stellenaussagen. Also nicht mit Gewalt harmonisieren, vielmehr die Vielfalt der biblischen Zeugnisse zu einem Thema respektieren. Durch Nachlesen in einer Theologie des Alten oder Neuen

Testaments kann man sich vergewissern, ob man die theologische Thematik richtig erfaßt und verstanden hat. Dabei sollte in jedem Fall die Bezogenheit von Altem Testament und Neuem Testament bedacht werden, damit das Thema in seiner ganzen Entwicklung vom frühen Israel bis in die Urkirche deutlich wird, weil diese Rückkoppelung christlicher Theologie an die Glaubenstradition Israels für biblisches Zeugnis konstitutiv ist.

Einen Abschnitt zugrundelegen

Vor allem bei der Behandlung und Analyse von Briefliteratur oder theologisch dichter Texte wie Psalmen, Bekenntnisse, Prophetentexte, Weisheitstexte wird sich der Bibelkreis über mehrere Sitzungen hin nur mit einem Abschnitt des Buchs befassen wollen, um den Text ganz genau, Vers für Vers und Wort für Wort, auszuloten. Beim Römerbrief oder Galaterbrief muß man geradezu auf diese exakte Weise vorgehen, da es sich um theologisch komprimierte und nicht um narrative Texte handelt.

Abschnittweise gehen jene Bibelkreise vor, die sich etwa zum Ziel setzen, immer die liturgischen Lesungen des folgenden Sonntags oder Festtags zu behandeln, also die gottesdienstlichen Perikopen, alle drei oder nur zwei oder nur eine, um auch Umsetzungen derselben in Predigt/Homilie oder Katechese oder Glaubensvollzug zu bedenken.

Man liest zunächst den Abschnitt ganz, bearbeitet den Kontext vorher und nachher, von dem oft das Verstehen einer Perikope abhängt, liest dann Vers für Vers, um alle Sachfragen und Verstehensfragen anzusprechen. Man klärt die *literarische Gattung* der Perikope: Gleichnis, Streitgespräch, Wundererzählung, Geschichtserzählung, Lobpreis, Hymnus, Bekenntnis, Briefform, Weisheitssprüche usw. Dann beobachtet man die form- und redaktionskritische Anlage des Textes, in der Regel anhand eines Kommentars, um zu sehen, wie der Text der Perikope gewachsen und entstanden ist bis zur Letztform seiner Traditionsgeschichte.

Dann werden theologische *Schwerpunktbegriffe* erhoben und besprochen, ihr damaliger Sinngehalt und ihre Bedeutung heute in dieser deutschen Übersetzung erörtert. Schließlich wird nach der Aussageabsicht, der erzählerischen *Heils-Intention,* der eigentlichen theologischen »Pointe« der Perikope gefragt. Was will dieser Text mit mir als Glaubendem machen, in welcher Richtung und wozu motivieren? Was ist *»das Kerygma«* dieses Textes?

Da man bei theologisch dicht gefüllten Texten wie die der Paulusbriefe oder der Psalmen meist Wort für Wort vorgehen muß, kann man an einem Bibelabend keine großen Textmassen bewältigen, sondern nur schrittweise langsam vorgehen, da ja oft jeder Begriff eines Verses lange besprochen und meditiert werden muß, vor allem wenn es sich um alte *Bekenntnisformeln,* Lieder oder Lehrsätze im Bibeltext handelt. Hier kommt es nicht darauf an, möglichst viel Bibel zu verarbeiten und rasch voranzueilen, sondern qualitativ tief in die theologischen Wortbedeutungen, die erlösende *Semantik* der Begriffe und Bilder einzudringen, was nur in einer Wort-für-Wort-Exegese möglich wird, der sich die schrittweise Meditation der Aussagen anschließt.

4. *Die Methoden*

Gleich welche Modelle Praktischer Bibelarbeit auch gewählt werden oder aufgegeben sind, gleich welche Methoden auch bevorzugt zur Anwendung gelangen sollen in einer konkreten Bibelarbeit, immer werden zwei große Schritte zu unterscheiden und zu befolgen sein, wenn man sich nicht der Gefahr der Einseitigkeit und Verkürzung im Dienst am Wort aussetzen will. Denn einmal muß alle in katholischer Auslegungstradition stehende und arbeitende Bibelpastoral einer gesunden wissenschaftlich-*exegetischen Rückbindung* verantwortet bleiben, andererseits darf sie ihre letztlich *pneumatische Zielsetzung* nicht veleugnen oder aufgeben, nämlich Bibel zu lesen, zu studieren und auszulegen auf gelebtes Glaubenszeugnis und eigene wie gemeinschaftliche Spiritualität und Überzeugungsbildung hin.

Eine Bibelarbeit und Exegese, die nur um ihrer selbst willen betrieben wird, kreist unfruchtbar um sich selbst und beraubt sich ihrer ursprünglich *ekklesialen* (kirchlichen) Zielsetzung und Einbindung. Denn die Bibel ist vom Volk Israel und der Urkirche hervorgebracht, gesammelt und kanonisiert worden, und sie kann nur im Rahmen dieser ekklesialen Zielsetzung ausgelegt, benutzt und eingesetzt werden, wenn sie nicht ihres genetischen Mutterbodens und ihrer primären Funktion, Heilstext einer Glaubensgemeinschaft zu sein, beraubt werden will. Auch eine neutral-wissenschaftliche Textbehandlung der Bibel kommt nicht an der literatursoziologischen Erkenntnis vorbei, daß diese Bibel vom Ursprung her Motivations- und Erinnerungstext einer Glaubensbewegung war und ist, und daß dieser Faktor der Traditionsbildung jener Texte nicht methodisch ausgeklammert werden kann. Bibel als »Wort Gottes« redet nicht zu sich selbst, führt nicht den wissenschaftlichen Monolog der Sache selbst, sondern redet immer zu Menschen, spricht an, beansprucht, ruft in Dienst, will den lebendigen Dialog des Glaubens. Die Bibel ist zugleich Produkt und Appelltext einer dynamischen Glaubensbewegung.

Das bedeutet für die Praktische Bibelarbeit, daß sie immer zugleich wissenschaftlich verantwortet wie geistlich fruchtbar angelegt sein muß, wenn sie nicht die typisch katholische Auslegungstradition verraten will. Denn der alte Grundsatz katholischer Theologietradition *»Fides quaerens intellectum«* (Der Glaube fragt den Verstand) gilt ungeschmälert für die Bibelarbeit und ihre Methoden. Zuerst sind alle dem intelligenten Verstand der Bibelkreisteilnehmer enstehenden Fragen und Probleme in und am Text der Perikope oder des Verses zu klären und offen auszudiskutieren, bevor man an die charismatisch-spirituelle Dimension der Textaussage geht. Keine intelligente Frage darf abgewürgt oder einfach abgetan, kein kritisches Rückfragen einfach aus frommer Borniertheit mundtot gemacht werden. Denn Gotteswort im Menschenwort der Bibel erfordert immer offenes Wort zur Sache und zum Inhalt.

Daß zur Klärung und Beantwortung unserer Verstandesfragen an dem Bibeltext alle historisch-kritischen und anderen Methoden heutiger Bibelwissenschaft herangezogen und benutzt werden dürfen und sollen, ist schon wiederholt gesagt worden. Es ist Pflicht und Recht aller Bibelausleger, möglichst viele und verschiedene Methoden auf den Bibeltext anzuwenden, um seinen Tiefsinn zu ermitteln und offenzulegen. Keine Methode darf apriori (von vornherein willkürlich) ausgeschlossen oder verteufelt werden. Nur ein *Pluralismus angewandter Methoden* sichert optimale Ergebnisse.

Das heißt nicht, daß jeder Bibelkreis sich in all den genannten Methoden vesuchen müßte. Sondern er kann aus den verschiedenen Methoden Beobachtungen und Ergebnisse hinzuziehen, die er in Kommentaren und Auslegungen findet. Formkritische, linguistische, soziologische, tiefenpsychologische oder feministische Gesichtspunkte können hilfreich sein, einen Text auszuloten. Unter keinen Umständen wird sich ein Bibelkreis auf einen Methodenstreit einlassen oder sich gar darin erschöpfen, etwa im Streit Eugen Drewermann – Rudolf Pesch. Beide haben der Praktischen Bibelarbeit und Exegese Bedenkenswertes angeboten und Wichtiges gebracht, beide haben nicht die Wahrheit der Methode für sich gepachtet, bei beiden schwingen viele offene Hypothesen und persönliche Voraussetzungen mit. Daher für *verschiedenste Methoden,* auch die noch kommenden, offen bleiben!

Nach und neben der rational-verstandesmäßigen-wissenschaftlichen Erarbeitung der Textaussage muß dann aber immer die geistlich-*existentielle Umsetzung* des Textes in lebendige Glaubensweise und überzeugende Lebensgestaltung Lehrziel der Bibelarbeit bleiben, weil die textpragmatische Aktion, die betroffen machende und verändernde Wirkung des Textes, erst dann zum Ziel kommt, wenn sich Leben auf Text einläßt und Text Leben prägt. Daher ist komplementär zur wissenschaftlichen Analyse des Bibeltextes immer dessen existentielle Internalisierung in konkrete Glaubensüberzeugung und Lebensbewältigung anzustreben, ohne daß beide Schienen auseinandergerissen oder gegeneinander gerichtet werden dürfen. Oft besteht gerade in der Praktischen Bibelarbeit die Gefahr einer unheilvollen Aufsplitterung in exegetische und spirituelle Methoden und Verfahrensweisen, in geistliche und verstandesmäßige Textbegegnung. Solche Schizophrenie von Intellekt und Seele führt aber in die Nähe von fanatischem Fundamentalismus oder unerleuchtetem Biblizismus, die beide nicht dem Mittelweg katholischer Auslegungstradition entsprechen.

Sogenannte »Geistliche Bibelschulen« werden daher immer auch exegetisch verantwortet vorgehen müssen, wenn sie nicht in freikirchlich-sektiererische *Willkür und Schwärmerei* verfallen wollen. Exegetische Bibelarbeit wird sich immer vor *intellektueller Sterilität* bewahren und sich ihres geistlichen Auftrags bewußt bleiben müssen, wenn sie nicht an der für die Bibel konstitutiven

Glaubensbewegung vorbeioperieren will, wie sie sich als Kirche gesellschaftlich darstellt.

Das Schriftgespräch in der Gruppe

Da die Vollbibel mit ihren 73 unterschiedlichen Schriften und ihrer Fülle verschiedener literarischer Gattungen wie ein Ozean ist, in dem der Anfänger etrinken kann, muß mit Blick auf die Gruppe der Bibellesenden umsichtig abgewägt und festgelegt werden, welchem Buch der Bibel, welchem Thema oder welcher Perikope man sich widmen und womit man beginnen will. Denn mancher Einzelleser oder manche Bibelgruppe stürzen sich voll Begeisterung auf die Genesis, mühen sich noch durch Levitikus und gehen vollends unter in Numeri, ohne jemals Deuteronomium zu erreichen. Man sollte also mit einfachen, spannend zu lesenden Büchern beginnen, um das Interesse am Weiterlesen wachzuhalten. Wo man am besten beginnt und wie man vorgeht, wird ein ausgebildeter Bibelkreisleiter oder Pfarrer raten können, oder man sucht sich Hilfe in einem der vielen Anleitungen zur Praktischen Bibelarbeit, die heute auf dem Markt sind und von denen einige am Schluß dieses Buches in der Bibliographie aufgeführt werden.

Richtlinien für eine katholische Form des Bibellesens und Bibelstudiums ergeben sich aus dem, was über die Autorität und die Inspiration der Bibel als Wort Gottes gesagt worden war. Die Bibel ist ja nicht irgendein Buch, sondern das inspirierte Wort Gottes, in dem Gottes Kraft und Geist mitten unter uns anwesend, gegenwärtig ist und wirkt. Daher sollte der erste Schritt auf ein Bibelgespräch zu immer das *Gebet* sein, in dem wir Gott für sein offenbartes Wort danken und ihn um das rechte Verständnis seines Wortes und das daraus folgende rechte Tun bitten. Ohne dieses vorausgehende und begleitende Gebet kann Bibelstudium zu einer rein akademischen Textübung werden und seinen motivierenden geistlichen Impuls verlieren.

Da umgekehrt die Bibel aber auch Menschenwort ist, darf man nicht ins andere Extrem fallen und die menschlichen Züge der Bibel übersehen oder ausklammern. Gott hob nicht die menschliche Komponente in der Bibel auf, als er uns das Wort Gottes im Text übergab, vielmehr müssen wir uns mit allen positiven Methoden mühen, das Wort Gottes im Text der Bibel richtig zu verstehen, was nur dann gelingen kann, wenn man die literarische Gattung des jeweiligen Buches oder des Abschnitts berücksichtigt, seine Entstehung, seinen »Sitz im Leben«. Denn ein Evangelium ist etwas anderes als ein Psalm, ein religiöses Bekenntnis ist etwas anderes als ein historisches oder biographisches Protokoll. Die Bibel aber enthält viele literarische Gattungen, wie wir gesehen haben, etwa Biographie, Dichtung, Predigt, Prophetie, Apokalypse, Klagelied, Roman, Lied, Credoformel, um nur einige zu nennen. Daher muß zunächst diese literarische Gattung und Form berücksichtigt werden, um nicht bodenlosen Spekulationen und Phantasien zu verfallen, wie etwa dem Irrweg, die Fabel von den Bäumen in Ri 9,8–15 als historisches Problem zu behandeln.

Ist man sich über diese Vorfragen im klaren, kann man in folgenden *fünf* Schritten vom Oberflächentext in die geistlich-existentielle Tiefendimension des Textes vordringen und dessen existentielle Umsetzung in gelebtes Glaubenszeugnis versuchen. Diese fünf Schritte werden schon aus Hinweisen der Kirchenväter der ersten Jahrhunderte deutlich, wurden in der biblischen Erneuerungsbewegung des 12. Jh. (Franziskanische Bibelbewegung) gepflegt und entsprechen somit alter katholischer Schriftauslegungspraxis in Meditation oder Bibelgespräch in Gruppen und im Privatstudium.

Schritt 1: Den Text des Abschnitts einfach ganz durchlesen, wenn möglich laut, sinngemäß betont und deutlich. Beim lauten Vorlesen oder Vortragen wird auch die phonetische Textmelodie erschlossen, anders als beim stillen Lesen.
(Phase der Erstbegegnung mit dem Text)

Schritt 2: Nach kurzer Pause den Text wieder (laut) lesen oder vortragen und dabei auf alles achtgeben, was unsere besondere Aufmerksamkeit erregt, zum Beispiel schwer verständliche Wörter, Bilder, Begriffe; Namen von Personen, Orten oder Sachen; Widersprüche; Unverständliches; Unglaubliches; oder Hauptgedanken des Abschnitts, darin wichtige Ereignisse oder Entwicklungen. Das innertextliche Aussagegefüge soll erhoben werden, soll ins Bewußtsein gebracht und durchschaut werden, so daß manches zur Frage und zum Problem wird, was auf Antworten drängt.
(Phase der Problematisierung)

Schritt 3: Dann vom *Kontext* des Abschnitts her, vom Charakter des ganzen jeweiligen Buches her und vom Gesamtrahmen der Bibel her die einzelnen Aussagen zu verstehen suchen, mittels Randverweisen und Referenzen in Fußnoten auf Querverbindungen zu anderen Abschnitten und Aussagen achten. Solche Interpretation eines Abschnitts oder eines Verses empfiehlt sich vom Grundsatz her: »Die Schrift legt sich selbst aus« (Martin Luther).
(Phase der kontextuellen Einordnung)

Schritt 4: Jetzt können, sofern der Kontext und die Bibel selbst keine weiteren Erklärungen des Abschnitts mehr erlauben, auch andere Hilfsmittel außer der Bibel selbst herangezogen werden, um den Sinn der biblischen Aussage aufzuschlüsseln und zu verstehen. Begriffe und Namen können in einem biblischen Wörterbuch oder Lexikon nachgeschlagen werden; theologische Vorstellungen und Aussagen können anhand von bibeltheologischen Nachschlagwerken ermittelt werden; das ist der Zeitpunkt, wo für Laien geeignete Bibel-Kommentare zu konsultieren sind und andere Hilfsmittel der Bibelauslegungen herangezogen werden können, zum Beispiel der vorliegende »Stuttgarter Kleiner Kommentar – Neues Testament« oder die »Neue Echterbibel« oder das »Regensburger Neue Testament«, dazu auch das »Kleine Stuttgarter Bibellexikon« und das »Kleine Lexikon zum Judentum« des Verlags Katholiches Bibelwerk, Stuttgart.
(Phase der Sachinformation und exegetischen Aufbereitung)

Schritt 5: Nachdem der Text so verstandesmäßig-exegetisch erfaßt ist, seine »semiotische Botschaft« erschlossen werden kann und freigesetzt wird, das Alphabet also in Bedeutung übergeführt wird, kann im letzten Schritt die *»geistliche Botschaft«*, die spirituelle Impulsvermittlung für die persönlich-individuelle wie für die gemeinschaftlich-gruppenhafte Glaubenserfahrung und Lebensorientierung erfolgen. Jetzt spricht Gott durch den Text zum einzelnen wie zur Gemeinde und Kirche, jetzt ist Gott anwesend in seinem wirkenden Wort und nährt die Glaubenen »am Tisch des Wortes«.
(Phase der geistlich-pneumatischen Erschließung und der existentiellen Transformation des Textes in gelebtes Glaubenszeugnis)

Hieran kann sich im Rundgespräch die Überlegung anschließen, was denn nun aufgrund dieser biblischen Zusage und Weisung konkret zu tun ist, das heißt die Frage nach der *Glaubenspraxis,* nach dem *»Tun des Evangeliums«*. Denn letztlich muß die Frucht jeder Bibellesung die Tat des Glaubens sein, wenn sie auch erst jenseits des eigentlichen Schriftgesprächs zum Tragen kommt und daher hier unerwähnt bleiben muß. Denn der Weg vom Evangelium zur Tat wird näherhin von der theologischen Disziplin der Ethik und Moral, von der »biblischen Ethik« begleitet und überschreitet die praktische Bibelpastoral an fachlicher Zuständigkeit, wenn es um schwierige Probleme konkreter Anwendung biblischer Weisungen auf persönliche, gemeinschaftliche, gesellschaftliche und politische Sachverhalte geht. Doch die meisten Weisungen der Bibel sind auch einfachen Leuten vollauf verständlich und daher auch einfach in die Tat umzusetzen, falls die Motivation und Entscheidungsbereitschaft dafür vorhanden ist.

Die praktische Anwendung dieser fünf Schritte soll einmal am konkreten Beispiel der *Erzählung von Johannes dem Täufer und Jesus (Lk 7,18–23)* vorgeführt werden:

Schritt 1: Lies den Abschnitt Lk 7,18–23 in der deutschen Fassung der Einheitsübersetzung im Vergleich mit der Übersetzung aus »Die Gute Nachricht. Die Bibel in heutigem Deutsch«!

Einheitsübersetzung

[18] Johannes erfuhr das alles von seinen Jüngern. Da rief er zwei von ihnen zu sich, [19] schickte sie zum Herrn und ließ ihn fragen: Bist du der, der kommen soll, oder müssen wir auf einen anderen warten? [20] Als die beiden Männer zu Jesus kamen, sagten sie: Johannes der Täufer hat uns zu dir geschickt und läßt dich fragen: Bist du der, der kommen soll, oder müssen wir auf einen anderen warten? [21] Damals heilte Jesus viele Menschen von ihren Krankheiten und Leiden, befreite sie von bösen Geistern und schenkte vielen Blinden das Augenlicht. [22] Er antwortete den beiden: Geht und

Gute Nachricht

Johannes hörte durch seine Jünger von all diesen Ereignissen. Er rief zwei von ihnen zu sich [19] und schickte sie mit der Frage zum Herrn: »Bist du der Retter*, der kommen soll, oder müssen wir auf einen anderen warten?« [20] Die beiden kamen zu Jesus und sagten zu ihm: »Der Täufer Johannes hat uns zu dir geschickt, um dich zu fragen: ›Bist du der Retter, der kommen soll, oder müssen wir auf einen anderen warten?‹« [21] Jesus heilte damals gerade viele Leute von Krankheiten und schlimmen Leiden; er befreite Menschen von bösen Geistern* und gab vielen Blinden das berichtet Johannes, was ihr gesehen und gehört habt: *Blinde sehen wieder, Lahme* gehen, und Aussätzige werden rein; *Taube hören, Tote stehen auf,* und *den Armen wird das Evangelium verkündet.* [23] Selig ist, wer an mir keinen Anstoß nimmt.

Augenlicht. [22] Er antwortete den Boten: »Geht zurück zu Johannes und berichtet ihm, was ihr hier gesehen und gehört habt: Blinde sehen, Gelähmte gehen, Aussätzige* werden gesund, Taube hören, Tote stehen auf, und den Armen wird die Gute Nachricht verkündet. [23] Freuen darf sich jeder, der nicht an mir irre wird.«

Schritt 2: Lies den Text noch einmal auf Fragen und Schwierigkeiten und fehlende Sachinformationen hin durch! Zum Beispiel: Wo befindet sich Johannes zu diesem Zeitpunkt? Warum stellt er nicht selbst diese Fragen an Jesus, sondern sendet eine Delegation zu ihm? Warum scheint Johannes, der Vorläufer des Messias, an Jesu Identität zu zweifeln? Wie können die Taten, die Jesus vollbringt, für Johannes eine Antwort sein? Was meint der letzte Vers des Abschnitts?

Schritt 3: Schauen wir auf den Kontext der Perikope, erfahren wir von Lukas mehrere Einzelheiten über diesen Johannes den Täufer. Er ist im Gefängnis (Lk 3,20), daher kann er nicht selbst unmittelbar zu Jesus gehen. Johannes geht vor dem Herrn »in Geist und Kraft des Elija« (Lk 1,76). Es werden Passagen aus der Predigt Johannes des Täufers angeführt (Lk 3,3–18), es wird seine Botschaft über den Dienst des Messias referiert. Wir erfahren, daß Johannes einen Messias erwartet, der scharf über Sünder urteilt und das Strafgericht predigt (Lk 3,17).
Vers 18 unseres Abschnitts erwähnt, daß Johannes seine Jünger zu Jesus sandte, nachdem sie ihm von »all diesen Ereignissen« erzählt hatten. Die jüngsten Ereignisse waren aber Jesu Lehre über die Feindesliebe, über Gottes Mitleid und über das geistliche Fundament (Lk 6,27–49), die Heilung des Sohnes des Hauptmanns und die Auferweckung des Sohnes der Witwe (Lk 7,1–17). Angesichts dieser Ereignisse verstehen wir die Schwierigkeit des Johannes, Jesu Identität zu erkennen, denn Jesus erfüllt nicht die Eigenschaften des warnenden und verurteilenden Propheten, wie Johannes es vorausgesagt hat für den Messias. In seiner Antwort an Johannes weist Jesus vielmehr auf seine Werke der Barmherzigkeit und der Rettung hin: Blinde sehend machen, Lahme gehen. Daher der Schlußvers »Selig der Mann, der keinen Anstoß an mir findet«. Diese Aussage verdeutlicht, daß Johannes eine andere Art von Messias erwartet hat, als es Jesus ist. Jesus ist nicht der verurteilende Prophet, als den ihn Johannes angesagt hatte. Johannes muß sein Bild vom Messias ändern, wenn ihm Jesus nicht zum Stein des Anstoßes werden soll.

Schritt 4: Schau in Kommentaren nach, was diese zur Auslegung der Perikope beitragen, zum Beispiel im »Stuttgarter Kleiner Kommentar – Neues Testament«! Vergleiche die lukanische Darstellung mit derjenigen des Matthäus! Beide bieten alte Überlieferungen der Spruchquelle Q.

Schritt 5: Höre auf Gottes persönliches Wort an Dich! Dieses Hören auf Gottes Wort und Weisung, im Geist des Gebets und Gehorsams, ist das Ziel jedes echten Bibelgesprächs. Der eine Leser fühlt sich wie Johannes der Täufer im Gefängnis; seine Einsamkeit, Gottverlassenheit, Festgefahrenheit läßt ihn wie Johannes den Täufer fühlen. Ein anderer Leser betont, Jesus müsse in seiner befreienden Wirkung für Arme, Kranke, Ausgestoßene auch heute verdeutlicht werden. Ein anderer Leser hebt hervor, daß wir unsere eigenen Vorurteile über Jesus uns nicht selbst zum Anstoß werden lassen dürfen, sondern daß wir bereit sein müssen, uns durch Jesus neu orientieren zu lassen, auch in unseren Erwartungen und Hoffnungen.

Ein zweites Beispiel: Ps 110

Der glaubende Christ liest die »Schrift Israels«, das Alte Testament, zunächst wie der Jude wörtlich. Dann aber wird er in einer christlichen *»Relektüre«* (franz. relecture) den jüdischen Text in der Perspektive des Christusereignisses von Golgota und Ostern wieder lesen und einen christologischen Tiefensinn darin entdekken, den der Jude oder der Nichtchrist nicht finden kann. In diesem Sinn betet die Kirche die Psalmen Israels im Stundengebet. Hier könnte man in acht Schritten vorangehen, nach dem Lesen zunächst in drei Schritten die Bedeutung in der hebräischen Bibel erheben, dann in drei Schritten die christologisch-kirchliche Bedeutung erheben, dann noch einmal den Psalm betend sprechen oder vortragen.

Schritt 1: Lies oder deklamiere laut den Psalm, auch um seine poetisch-dichterische Schönheit und Kraft sprachlich zu erfahren und zu vermitteln!

Schritt 2: Fasse den ganzen Psalm in einem Hauptgedanken zusammen, um das zentrale Anliegen des hebräischen Verfassers in Erfahrung zu bringen!

Schritt 3: Studiere den Psalm mit Hilfe der Fußnoten, von Kommentaren und anderen biblisch-exegetischen Hilfen! Wie ist der Psalm aufgebaut, welche Struktur hat er? Auf welche Zeit verweist seine Sprache, seine Bilder? Wann wurde er wohl komponiert? Schwer verständliche Begriffe, Namen, Aussagen? Dieser Schritt ist notwendig, um den Psalm aus dem ursprünglichen Kontext der jüdischen Glaubenswelt heraus verstehen zu können.

Schritt 4: Setze Gedanken des Psalmes zu zentralen Themen des jüdischen Glaubens in Verbindung, wie Erlösung, Schöpfung, Exodus, Bund, Messias, König, Sünder, Heiligung! Mit Hilfe einer Konkordanz oder eines bibeltheologischen Wörterbuches können Parallelaussagen aus dem Alten Testament ermittelt werden.

Schritt 5: Das christliche Verständnis erheben. Der Psalm stammt zwar historisch von einem jüdischen Dichter und aus jüdischem Glauben. Aber er wird im Neuen Testament schon im christologischen Sinn auf Jesus von Nazaret angewandt und dann auch im christlichen Gottesdienst auf Christus hin gelesen. Daher ist der Literalsinn zu überschreiten und der tiefere christologische Sinn zu suchen. Spricht Christus in diesem Psalm, oder wird über Christus darin gesprochen?

Schritt 6: Dem Psalm verwandte Themen im christlichen Heilsverständnis suchen: neue Schöpfung in Christus, neuer Exodus des Volkes Gottes der Kirche, neuer Bund in der Eucharistie. Neutestamentliche Parallelen zu Versen und Bildern des Psalms suchen. Die christologische Interpretation dieses Psalms im Neuen Testament und in der Kirche besprechen.

Schritt 7: Sprich den Psalm in ein Gebet um, das den persönlichen und auch den gemeinschaftlich-kirchlichen Glauben spiegelt! Psalm-Verse vor dem Evangelium als Zwischengesang deuten die Hinordnung dieses Psalms auf das christologische Kerygma in der Verkündigung.

Schritt 8: Lies den Psalm wieder, diesmal mit all den erarbeiteten Assoziationen und religiösen Gedanken, um seine Aussagen in geistliche Nahrung für das praktische Glaubensleben umzusetzen.

Diese einzelnen Schritte an Psalm 110 können mit Hilfe von Psalmenkommentaren vollzogen werden, etwa *Alfons Deissler,* Die Psalmen, Düsseldorf 1985; *Heinrich Groß,* Psalmen (Neue Echter Bibel); Stuttgarter Kleiner Kommentar – Altes Testament (Hefte 22/I und 22/II).

»Praktisches Schriftforschen« nach Bischof Sailer von 1790

Johann Michael Seiler (1751–1832) ist eine der großen Führungspersönlichkeiten katholischer Erneuerung im vorigen Jahrhundert zur Zeit der Französischen Revolution und der Aufklärung. Er hat der Seelsorge, der Pastoraltheologie, der Ökumene und der Bibelarbeit weitreichende Impulse gegeben, die bis in unsere Gegenwart hineinreichen. Er ist der eigentliche geistige Vater und Begründer der neuzeitlichen Bibelbewegung in den deutschsprachigen Ländern.

In der Diözese Augsburg geboren, ging er zunächst in den Jesuitenorden, wurde später Professor für Dogmatik und Pastoraltheologie in Ingolstadt, Dillingen und Landshut, und schließlich wurde er Bischof von Regensburg.

Er setzte sich intensiv mit der zeitgenössischen Philosophie Kants und Schellings auseinander, nahm aufklärerisch-rationalistische Gedanken auf und erhielt wichtige Anregungen aus der protestantisch-pietistischen Bewegung mit ihrer Innerlichkeit der Mystik und ihrer lebendigen Überlieferung der Romantik. Im Noviziat bei den Jesuiten wurde er geprägt von den Geistlichen Exerzitien nach Ignatius von Loyola und der »Nachfolge Christi« des Thomas von Kempen.

Das Fundament christlicher Erneuerung sah Sailer in der Heiligen Schrift, »dem ältesten Beleg des mündlich verbreiteten Christentums«. So ging es ihm in seiner Pastoraltheologie vor allem darum, die Heilige Schrift im individuellen wie gemeinschaftlichen Leben der Kirche wieder wirkmächtig werden zu lassen. Durch Studium, Schriftgespräch, Meditation der Bibel, durch Vorlesungen, Bibelkreise und Predigt sollten alle Gläubigen wieder zur Quelle ihres Glaubenszeugnisses, zur Bibel herangeführt werden und daraus leben. Sailers Glaubenssymbol »Christus für uns – Christus in uns« bringt seine konsequente Ausrichtung auf Christus als die Mitte der Schrift zum Ausdruck. In seinem Programm »Vom praktischen Schriftforschen« gibt er wichtige Anweisungen für das Vertrautwerden mit der Bibel.

Sailer unterscheidet einen dreifachen Schriftsinn:
- der Buchstabe der Schrift (Sprache, einzelne Ereignisse),
- die Seele, der Begriff (einzelne Lehren von Gott und Christus),
- der Geist der Schrift (das große Ganze der Darstellung).

Sofern der Christ nicht nur den Schriftsinn sucht, sondern auch trachtet, ihn in der Praxis anzuwenden und sein innerstes Leben danach auszurichten, kann er schließlich auch andere nach dem »Geist der Schrift

bilden«. Das praktische Schriftforschen geht also im Gegensatz zur wissenschaftlichen Untersuchung, die Dunkelheiten und Schwierigkeiten klären will, nach Sailer auf das Bestimmte, das Anwendbare und will eine Umwandlung des ganzen Menschen. Dieser soll mit seinem Gemüt ergriffen werden, seinem Willen, der Tat, indem er Schriftinhalt und -geist schließlich lebt, so daß er nach Sailers Zielvorstellung als »lebendige Bibel ... die geschriebene dolmetscht und neu bestätigt«. Sailer rückt deutlich ab von Wortspielerei und modischen Deutungsmöglichkeiten; er sucht eine realitätsbezogene »goldene Mittelstraße zwischen trockener Spekulation und tändelnder Empfindelei«.
Das oberste Gesetz, vor allem in bezug auf die Evangelien, formuliert Sailer so: »Denke und fühle dich hinein, so gut du es vermagst, in die Zeiten und in die Lage Jesu, in die ganze Geschichte Jesu, in sein Heiligtum, in das allerinnerste Leben Jesu, und dolmetsche das Wort Jesu ... aus der Geschichte, aus den Zeiten, aus der Lage Jesu.«
Erstes Erfordernis ist ein »Blick, der in der Heiligen Schrift vieles richtig und schnell sehen soll«, das heißt, eine Stelle soll oft in verschiedenen Verfassungen und Zeiten und im Vergleich mit anderen Stellen gelesen werden, so daß die Einsicht durch die Übung zunehmen kann.
Zweites Erfordernis: Das Viel-, Richtig- und Schnellsehen soll dem Lernenden Angelegenheit seines Herzens sein, so daß er wirklich als ganzer Mensch sich bemüht, die Wahrheit zu finden. So kann er in der Heiligen Schrift den verborgenen Schatz im Acker entdecken. Zum Anfang empfiehlt Sailer das kursorische Lesen, um einen Vorgeschmack zu bekommen. Die Bibel wird endlich Denkmal von dem einen und wahren Gott, Richtschnur unseres Lebens, Dokument unserer Bestimmung, unseres Falles, des Wiederaufstehens, ein Weg in unser Innerstes zu Gott, ein Erkennen der Führungen Gottes, ein Zeugnis ähnlicher menschlicher Erfahrungen, eine Arznei für die kranke Menschheit.
Drittes Erfordernis ist der Wille zur Besserung, der die Identifikation mit positiven Inhalten der Schrift erleichtert und als Haltung einübt. Nach Sailer kann nur der die Seligpreisung der nach Gerechtigkeit Dürstenden verstehen, der selbst diesen Durst empfindet.
Als *viertes Erfordernis* wird ergänzend zum vorigen die unbedingte Wahrheitsliebe angeführt. Während der Besserungstrieb das Herz betrifft, läutert sie den Verstand und wirkt dem entgegen, daß jeder in die Bibel das hineinliest, was er an Lieblingsideen gern bestätigt hätte. Der Wahrheitssinn will unbelastet sehen, was da ist.
Das *fünfte Erfordernis* besteht im Freisein von Vorurteilen. Sailer warnt vor einer magischen und geheimen Deutung, die den Verstand außer acht läßt, wie andererseits vor einer distanzierten Haltung, die nur längst vergangene Geschichte in dem Text sieht und nicht bleibende menschliche Erfahrungen mit Gott und die einmalige Rettungstat Gottes in Jesus Christus für die Menschen aller Zeiten. Er rät auch, fromme

Gedanken zu prüfen und zu unterscheiden nach 1 Thess 5,21 und 4,1 und ermuntert jeden, mit seinem gesunden Menschenverstand die Bibel zu lesen und nicht alles Selbstdenken aufzugeben, um die Kompetenz anderen, etwa den Theologen allein, zuzuschieben.

Sechste Erfordernis ist der von keiner Leidenschaft getrübte Blick des Schriftlesers, denn die Leidenschaft verzerrt das klare Bild der Wahrheit und lenkt es in ihre Richtung.

Das *siebte Erfordernis* besteht darin, sich von seinen Vorkenntnissen beim Einüben in das Schriftlesen helfen zu lassen. Grundsatz der Texterschließung ist, »die Schrift sich selber auslegen« zu lassen. Leitbegriffe können dem Leser weitere Aspekte eröffnen, so die Fragen nach den beteiligten Personen, nach dem Inhalt der Lehre, nach der Absicht Jesu, nach dem Charakter der Wundertaten, nach dem Zusammenhang und den Evangelisten, nach Tod und Auferstehung.

Als *achtes Erfordernis* nennt er, daß wer sich die Schrift vertraut machen will, seine ganzen Kräfte davon in Anspruch nehmen lasse, auch seine Einbildungskraft und sein Gedächtnis, so daß er nach und nach als ganzer Mensch mit all seinen Sinnen, Herz und Verstand in der biblischen Wahrheit wirklich lebt.

Das *neunte Erfordernis* besteht darin, sich zu bereiten und einzustimmen auf die Bibel durch Bücher, die »den Geist der Schrift atmen«. Was andere über die nämliche Sache gedacht haben, erweitert den eigenen Gesichtskreis und eröffnet Fülle.

Sailer weist dabei auf die Kirchenväter hin, aber auch auf die neuere Literatur, wobei er deren Erfahrungen dem am Anfang Stehenden und Lerndenden zur Seite gibt.

Das *zehnte Erfordernis* berücksichtigt wieder die Sailer besonders wichtige Praxis, den Umgang mit Glaubenden, die Vorbild sein können für den Suchenden und ihm Rat geben aufgrund ihrer Erfahrungen.

Das *elfte Erfordernis* setzt als Grundschicht das Schauen und Beobachten voraus und verlangt sodann als Gegenüber und Ergänzung das »Nachdenken«. Damit meint Sailer die Fähigkeit und den Willen, fragen zu können und dadurch zu ordnen, zu sammeln, zu entwickeln, zu benennen und Beziehungen herzustellen. Er faßt die Antworten des Neuen Testaments auf Fragen des Menschen zusammen als Schuldigsein des Menschen und Erlösungsbedürftigkeit und Zusage des Heils durch Gott in Christus Jesus, der Erlöser ist und sichtbare Liebe Gottes. Dabei kommt es nicht darauf an, viele Gedanken zu entwickeln, sondern das aufs Wesentliche Orientierte zählt. Vom Geist der Freiheit und der individuellen Berufung her ist es gut, nicht gegenseitig zu werten, sondern verschiedene Wege anzuerkennen, wie ja auch diese Regeln nur »Krücken« sein sollen, die überflüssig sind, wenn Fertigkeit und Sicherheit erreicht sind.

Auf dem *zwölften Erfordernis* liegt ziemliches Gewicht: Das Erforschen

der Schrift soll durch das Tun gestärkt werden. Sailer formuliert das kurz: »Tu den erkannten Willen des Vaters..., (um) inne (zu) werden, ob (Jesu) Lehre von ihm sei.«
Da das Schriftbetrachten nur in einem Lernprozeß erreicht werden kann, gehört eine Einübung notwendig dazu. An leichteren Übungen für den Anfang nennt Sailer etwa das Sicheinprägen der Lehren, Handlungen, Begebenheiten – vor allem der Lehre Jesu –, weiterhin das Vergleichen und Feststellen von Sachverhalten. Zu den fortgeschrittenen Übungen zählt er das Feststellen des Schwerpunktes oder der Zielrichtung eines einzelnen Abschnittes; er veranschaulicht es mit der passenden Unterschrift unter die Bilder in einer Gemäldegalerie. Vom einzelnen kann so zum Allgemeinen ein Weg gegangen werden. Schließlich sollen die gefundenen Wahrheiten auf eine, die überzeugendste und anziehendste, reduziert werden, so wie auch Johannes dies tut in seinem Evangelium, wenn er Gott die Liebe nennt.
Eine dritte Klasse soll mittelbar das Schriftbetrachten fördern, indem sie »das Auge zum Sehen tüchtiger macht«. Dazu gehören Gebet, Vergegenwärtigung von Schriftstellen, Austausch mit anderen, Leiden zu ertragen, Rückblick – zum Beispiel in Form eines religiösen Tagebuchs –, Bezug der Bibel zu allen Lebensbereichen und die Entschiedenheit, das Hinderliche – insbesondere die Selbstsucht – »abzuschneiden«.
Als Hindernis stellt sich die Einseitigkeit in den Weg, auch in der Bibel nur bestimmte Abschnitte, die den eigenen Vorstellungen entsprechen, bewußt wahrzunehmen, nicht den ganzen Christus, nicht die ganze Geschichte der menschlichen Erfahrung mit Gott, ebenso das Außerachtlassen der gelebten Tradition, wie auch das Einzwängen der Schriften in ein bestimmtes Kleid der Philosophie oder den Willen der Mächtigen oder der Mode.
Schließlich geht der mit der Schrift Vertraute einen Weg in die Tiefe und des Erkennens, denn die Bibel lehrt uns »in unserem Innersten wiederlesen und wiederlesend wiederfinden«: das grundlegende (und oft durch die Leidenschaft verdunkelte) Gesetz der Menschheit, die Ahnung von Gott und der Ewigkeit, den in Christus geoffenbarten Heiligen Geist als wichtigstes Gut.
Dieser dreifache Fund macht alle Verheißungen an uns wahr, eröffnet uns das Erkennen dessen, was wir anfangs nur geglaubt und kaum geahnt hatten, letztlich die Anschauung Gottes.

Bischof Sailer eröffnet in der Zeit der Französischen Revolution und des Rationalismus mit seiner konsequent auf das »Praktische Schriftforschen« ausgerichteten Konzeption des geistlichen Bibelapostolats einen neuen, erfahrungsorientierten und erlebnisbezogenen Zugang zum christlichen Glauben, der auch heute noch oder erst recht wieder in unserer Gegenwart seine volle Berechtigung hat, wie die Programme der geistlichen Bibelschulen und der neuen charismatischen Bibelbewegungen zeigen.

Ganz bewußt wurde Bischof Sailer als Vater der neuzeitlichen Bibelbewegung und als Lehrer einer biblisch begründeten Pastoraltheologie und Homiletik hier vorangestellt, weil seine Methodik Praktischer Bibelarbeit gar nicht weit entfernt ist von dem Anliegen und den Verfahren des neueren »Bibel-Teilens«, das aus den jungen Kirchen der Dritten Welt zu uns nach Europa gelangt ist. Die Schritte vom Bibeltext zur existentiellen Umsetzung in Verinnerlichung und Glaubenszeugnis der Tat, die Interaktion zwischen Text und Leben, mögen an Zahl und Umschreibung unterschiedlich sein, das Anliegen ist dasselbe damals vor 200 Jahren wie heute: die Bibel als Lebendiges Wort Gottes in gelebtes Glaubenszeugnis umsetzen und sie so im persönlichen und gesellschaftlichen Bereich zum Wort des Heils, zur »Guten Nachricht« eines befreienden und erlösenden Evangeliums werden zu lassen. Nachdem wir Sailers »Praktisches Schriftforschen« von 1790 kennengelernt haben, können wir uns nun der neuen Methode des »Bibel-Teilens« zuwenden und sie besser einordnen.

Die Sieben-Schritte-Methode des »Bibel-Teilens«

Die Sieben-Schritte- bzw. Sieben-Stufen-Methode ist auch unter dem Namen »Bibel-Teilen« (engl. Bible-Sharing) oder »Lumko-Methode« bekannt und wird seit einigen Jahren in Gemeinden und Bibelkreisen mit unterschiedlichem Erfolg praktiziert. Für die einen wird das Bibellesen durch sie zum Erlebnis, die anderen sehen in ihr eher ein exotisches Element, das nur vorübergehend anziehend wirkt, wieder andere betrachten sie als brauchbares Mittel für den Zugang zur Bibel, das jedoch für unser hiesiges Milieu ergänzungsbedürftig ist. Daher ist eine Vorstellung und eine kritische Würdigung dieses Umgangs mit der Bibel nötig.

1. Wo und wie ist diese »Sieben-Schritte-Methode« entstanden?

Diese Methode wurde in dem katholischen »Missiologischen Institut Lumko« (Delmenville/Südafrika) für Nachbarschafts-Meditationsgrup-

pen erarbeitet und durch Pater Oswald Hirmer über Missio und die WCFBA nach Deutschland vermittelt.
Im Zuge des Zweiten Vatikanischen Konzils wurde die Bibel in den kleinen christlichen Gemeinschaften Afrikas neu entdeckt. Die Menschen dort brauchen einen einfachen und zugleich wirkungsvollen Zugang zur Bibel, der Glauben und Leben miteinander verbindet. Sie fanden am Beispiel der Bibel selber, nämlich der Emmausgeschichte (Lk 24,13–35) und der Erzählung von Maria und Marta (Lk 10,38–42), einen meditativ-betenden Zugang, der auf das Leben ausgerichtet ist.

2. Voraussetzungen der Sieben-Schritte-Methode

Da diese »Methode« streng genommen kein Bibelstudium ist, benötigt sie kein Wissen über Bibelerkenntnisse. Daher ist auch das Mitwirken eines Leiters nicht notwendig, der Zusammenhänge der Bibelstellen aufzeigt. Es geht einzig darum, auf die Worte der Heiligen Schrift zu hören und sie in sich »einsickern« zu lassen, aus dieser *Betroffenheit* sich den anderen in der Gruppe mitzuteilen und das von anderen Mitgeteilte zu akzeptieren.
Jeder Teilnehmer sollte eine Bibel, zumindest die jeweilige Textstelle vorliegen haben. Die Funktion des »Leiters« oder der »Leiterin« beschränkt sich darauf, die einzelnen Schritte der »Methode« jeweils anzugeben.
Die Gruppe sollte nicht zu groß sein: etwa 6–8 Personen. Nötig ist auch eine Atmosphäre der Ruhe, des Schweigens und der positiven Haltung zum Gebet.
Das Gelingen dieser Methode hängt entscheidend davon ab, ob die Teilnehmer bereit sind, a) aufeinander zu hören und gelten zu lassen, was andere eingebracht haben; b) ihre Betroffenheit und ihre Erfahrungen einzubringen; c) ihren Alltag mit dem Wort Gottes in Einklang zu bringen.

3. Wie geht diese Methode vor?

1. Schritt: Wir laden den Herrn ein
Der Leiter oder Helfer bittet jemanden aus der Runde, in einem Gebet den Herrn einzuladen; andere können sich diesem Gebet anschließen.

2. Schritt: Wir lesen den Text…
Der Leiter gibt Kapitel und Verse der Textstelle an und wartet, bis alle die Stelle gefunden haben. Nun bittet er jemanden aus der Gruppe, den Text vorzulesen. Nach der Lektüre wird eine kurze Zeit der Stille gehalten.

3. Schritt: Wir verweilen beim Text.
Welche Worte sind für uns wichtig?

Die Teilnehmer lesen ein Wort oder eine Wendung, die ihnen im Text wichtig ist, laut vor. Nach jedem Wort soll Stille gehalten werden. Innerlich sollen die Teilnehmer das Wort zwei- oder dreimal wiederholen, damit es »einsickern« kann. Auf diese Weise gewinnen auch »gewöhnliche« Worte an Gewicht.

Nach dem »Verweilen« bei den einzelnen Worten des Textes wird die Stelle noch einmal laut und langsam vorgelesen.

4. Schritt: Wir schweigen

Nach der Lektüre des Textes lädt der Leiter zum Schweigen ein und sagt die Zeit an, wie lange Stille gehalten werden soll, z.B. drei oder fünf Minuten, damit Unruhe ausgeschaltet wird. Diese Stille soll zur Meditation über die Worte der Bibel oder einfach zur Öffnung gegenüber Gott helfen.

5. Schritt: Wir teilen einander mit, was uns berührt hat

Die Teilnehmer teilen ungezwungen mit, was ihr Herz sagen will. Jetzt ist der rechte Ort für assoziative Verbindung zwischen den »eingesickerten« Worten der Schrift und der eigenen Erfahrungen des Alltags. Eine »Predigt« für die anderen soll unbedingt vermieden werden.

6. Schritt: Wir besprechen, was der Herr von uns will

Dies ist der Augenblick, das konkrete Leben im Licht der Frohbotschaft zu sehen. Erst jetzt werden die alltäglichen Probleme besprochen und konkrete Aktionsvorschläge für den Alltag gemacht.

7. Schritt: Wir beten

Der Leiter lädt nun alle ein zu beten. Die Teilnehmer beteiligen sich am spontanen Gebet. Erst am Schluß wird ein gemeinsames Gebet gesprochen bzw. ein Lied gesungen.

4. Kritische Würdigung

Die Sieben-Schritte-Methode ist eine Art des »einfachen« Bibellesens, das keine Bibelkenntnisse voraussetzt. Für die Entdeckung der Bibel als Wort Gottes und für den anfänglichen Umgang mit der Bibel oder für einen meditativ-betenden Zugang zu ihr bietet sie eine große Chance. Dennoch sind auch ihre Grenzen deutlich zu erkennen. Da die Bibel ein Buch ist, das die Glaubenserfahrungen und -zeugnisse von Menschen einer anderen Zeit und einer anderen Kultur als der unsrigen wiedergibt, benötigt ihre Erschließung ein ernstes Studium. Außerdem können wir unsere Umwelt, die von Wissenschaft und Technik geprägt ist, nicht einfach ignorieren, wenn wir die Bibel aufschlagen. Ein naives Übertragen kann zur einseitigen Auslegung führen. Dem entgeht die Sieben-Schritte-Methode insoweit, als sie einer Vielfalt durch die verschiedenen Denkanstöße Raum gibt. Dennoch zeigt uns z. B. der sechste Schritt »Wir besprechen, was der Herr von uns will«, daß die Probleme, die hier besprochen werden, nicht unbedingt mit dem Text direkt zu tun haben müssen. Dann besteht die Gefahr eines »Schubladendenkens«, nämlich daß man Gebet bzw. Meditation einfach neben die Alltagsprobleme stellt. Die Besonderheit bestünde nur im gemeinsamen religiös-meditativen Rahmen.

Bei einer Verpflanzung dieser Methode in unseren Kontext ist unbedingt für eine Ergänzung durch den Zugang eines soliden und ernsthaften Bibelstudiums zu sorgen, das eine geist- und buchstabengemäße Auslegung der Heiligen Schrift vermittelt. Die Bibel will nicht nur meditiert und gebetet, sie will auch studiert werden. Von den Erstempfängern der Heiligen Schrift, den Juden, die sich dem Torastudium widmen, können wir diese ganzheitliche Erfahrung lernen.

Das Bibliodrama

Das dramatische *Spielen* von biblischen Erzählungen, die *szenische Darstellung* von biblisch-theologischen Themen oder die ausdrucksstarke Verkörperung biblischer Themen im religiösen *Tanz* sind Mittel der ganzheitlich-erlebnisorientierten Vergegenwärtigung und »Fleischwerdung« (Inkarnation) des Wortes Gottes, die ihre langen Traditionen in kultischen Spielen des Mittelalters und der Neuzeit, etwa in den großen Dramen der Zeit der »Armenbibel« oder in den großen biblischen Oratorien wie in den populären Passionsspielen haben.

Jede kleine Gruppe oder größere Gemeinschaft von Kindern, Jugendlichen oder Erwachsenen kann solche biblischen Szenen oder Themen nachspielen, in den verschiedensten Ausdrucksformen realisieren. Literatur zur Anleitung und praktischen Einübung solcher Umsetzung der Bibel in Theater, Spiel und Szene ist reichlich vorhanden. Vor allem für Kinderbibelwochen werden solche szenischen Spiele der Bibel immer wieder vorzusehen sein.

Literatur zum Weiterstudium

H. und R. Bäcker, Die Kinder-Bibelwoche. Studienbrief B 3, hrsg. von der Arbeitsgemeinschaft Missionarischer Dienste, Stuttgart, März 1980; *Horst Harbig* u. a., Die Kinderbibelwoche, (Claudius) München 1978; *E. Richter,* Kinderbibeltage, in: Katechetische Blätter 10/1981, S. 787–794; *A. Jenemann,* Kreative Kinderbibelarbeit, in: Gemeindekatechese Nr. 46, Juni 1986, hrsg. vom Bischöflichen Generalvikariat Aachen, Hauptabteilung Gemeindearbeit, Aachen 1986, S. 1–24; *Reinhard Schinzer,* Die Bibel ins Spiel bringen. Anregungen für den Umgang mit der Bibel in Gruppen, (Vandenhoeck & Ruprecht) Göttingen 1983; *Reinhard Hübner* u. a., Biblische Geschichten erleben, (Burckhardthaus-Laetare Verlag) Gelnhausen 1980; *Hajo Bücken* (Hrsg.), Mit Kindern die Bibel erleben, (Burckhardthaus-Laetare Verlag) Offenbach 1987; *Klaus Schnabel,* Bibel er-leben. Arbeitshilfen für die Jugendarbeit, Teil 5, hrsg. vom Amt für Jugendarbeit der evangelischen Landeskirche in Baden, Konstanz 1984; *Georg Betz* u. a. (Hrsg.), Bibel lebendig. Einzelhefte zu biblischen Texten, München 1984ff; *Sigrid Berg,* Lieder, Bilder, Szenen im Religionsunterricht, München 1981.

Biblische Erfahrung im Spiel. Themenheft Wissenschaft und Praxis in Kirche und Gesellschaft 68 (1979) Nr. 4, 133–188; *G. Crone* u. a., Bibliodrama, in: *P. Düsterfeld* (Hg.), Neue Wege der Verkündigung, Düsseldorf 1983; *R. Hübner* u. a., Biblische Geschichten erleben, Gelnhausen ^{4}1985; *dies.,* Spielräume für Gruppen, München 1985; Hamburg 1987; *A. Kiehn* u. a., Bibliodrama, Stuttgart 1987; *S. Laeuchli,* Das Spiel vor dem dunklen Gott. »Mimesis« – ein Beitrag zur Entwicklung des Bibliodramas, Neukirchen 1987; *G. M. Martin,* Art. Bibliodrama, in: Evangelisches Kirchenlexikon, 3. Aufl. Bd. 1; *ders.,* Mehrdimensionaler Umgang mit der Bibel, in: Verkündigung und Forschung 31 (1986) Nr. 2, 34–46; *E. N. Warns,* Bibliodrama – Spielprozesse zu biblischen Texten, in: Der Evangelische Erzieher 35 (1983) 286–299; *G. H. Martin,* Art. Bibliodrama, in: Handbuch der Bibelarbeit, München 1987, 305–310.

Zum Tanz und zur Pantomime biblischer Themen

T. Berger, Liturgie und Tanz, Mainz 1985; *C. Bittner,* Der religiöse Ausdruckstanz, München 1982; *H. Lander,* Tanzen will ich. Bewegung und Tanz in Gruppe und Gottesdienst, München 1983; *H. Lander – M. R. Zohner,* Meditatives Tanzen, Stuttgart 1987; *R. A. Sequeira,* Spielende Liturgie, Freiburg 1977; *H. Lander – M. R. Zohner,* Art. Bibel und Tanz, in: Handbuch der Bibelarbeit, München 1987, 311–320.

Anhang

I. Dokumente

1. Pius XII: Enzyklika »Divino Afflante Spiritu« vom 30. 9. 1943 (Auszug: Teil 5)

Die Verwendung der Heiligen Schrift in der Unterweisung der Gläubigen

Verschiedene Arten der seelsorglichen Verwendung der Bibel

Es ist eine gewaltige Arbeit, die die katholische Exegese während fast zwei Jahrtausenden geleistet hat, damit das Wort Gottes, das den Menschen in der Heiligen Schrift geschenkt worden ist, immer tiefer und vollkommener verstanden und stets inniger geliebt werde. Wer diese Leistung betrachtet, wird sich unschwer davon überzeugen, daß es für die Gläubigen, vor allem für die Priester, eine schwere Pflicht ist, den Schatz, den die größten Geister in so vielen Jahrhunderten gesammelt haben, nun auch ausgiebig und treu zu benutzen. Gott hat ja den Menschen die Heiligen Bücher nicht gegeben, um ihre Neugierde zu befriedigen oder um Arbeits- oder Forschungsmaterial zu bieten, sondern, wie der Apostel bemerkt, damit die Heilige Schrift uns »unterweise zum Heil durch den Glauben an Christus Jesus« und »der gottgeweihte Mensch vollkommen sei, ausgerüstet zu jedem guten Werk« (vgl. 2 Tim 3, 15.17).

Die Priester also, denen die Sorge für das ewige Heil der Gläubigen übertragen ist, mögen zunächst selbst die Heiligen Bücher in sorgfältigem Studium durchforschen und sie sich durch Gebet und

Betrachtung zu eigen machen; dann aber sollen sie die himmlischen Reichtümer des göttlichen Wortes eifrig austeilen in Predigten, Homilien und Ansprachen und die christliche Lehre durch Worte aus der Heiligen Schrift bekräftigen und durch treffliche Beispiele aus der Heiligen Geschichte, besonders aus dem Evangelium Christi des Herrn, beleuchten. Bei all dieser Tätigkeit mögen sie mit gewissenhafter Sorgfalt jene Akkomodationen meiden, die nur aus persönlicher Willkür stammen und weit hergeholt sind – diese sind nicht Gebrauch, sondern Mißbrauch des Wortes Gottes –; sie sollen vielmehr alles so beredt, so lichtvoll und klar vortragen, daß die Gläubigen nicht nur zur rechten Lebensführung angespornt und begeistert, sondern auch mit tiefer Verehrung für die Heilige Schrift erfüllt werden.

Diese Verehrung sollen sodann die Oberhirten der Sprengel bei den ihnen anvertrauten Gläubigen noch nachdrücklicher von Tag zu Tag zu mehren und zu vervollkommnen trachten und alle die Unternehmungen fördern, durch die apostolisch gesinnte Männer die Kenntnis und Liebe der Heiligen Schrift unter den Katholiken in lobenswerter Weise zu wecken und zu heben suchen. Sie mögen also ihre Gunst und Hilfe den frommen Vereinen zuwenden, die sich zur Aufgabe machen, Ausgaben der Heiligen Schrift, besonders der Evangelien, unter den Gläubigen zu verbreiten und deren tägliche fromme Lesung in den christlichen Familien eifrig zu fördern. Die mit Gutheißung der kirchlichen Autorität herausgegebenen Übersetzungen der Heiligen Schrift in die Muttersprache sollen sie durch ihr Wort und, wo die liturgischen Gesetze es zulassen, durch entsprechende Verwendung wirksam empfehlen; öffentliche Vorträge oder Konferenzen über Bibelfragen mögen sie entweder selbst halten oder durch andere gut geschulte geistliche Redner halten lassen.

Die Zeitschriften, die in den verschiedenen Ländern löblicherweise und mit großem Nutzen herausgegeben werden, sollen alle Seelsorgspriester nach Kräften unterstützen und unter den verschiedenen Klassen und Ständen ihrer Herde in passender Weise verbreiten, sei es, daß diese Veröffentlichungen die wissenschaftliche Behandlung und Darlegung biblischer Fragen bezwecken, sei es, daß sie die Ergebnisse solcher Untersuchungen für die Seelsorge oder für die Bedürfnisse der Gläubigen verarbeiten. Die Seelenhirten seien überzeugt, daß sie in der Seelsorge eine wirksame Hilfe haben werden an diesen und allen ähnlichen Unternehmungen, die etwa der Seeleneifer und die echte Liebe zum Worte Gottes zu diesem erhabenen Ziel geeignet findet.

Der biblische Unterricht in den Seminarien

Niemand aber kann es entgehen, daß die Priester all diesen Aufgaben nicht richtig entsprechen können, wenn sie nicht während ihrer Seminarjahre eine tätige und bleibende Liebe zur Heiligen Schrift in sich aufgenommen haben. Darum mögen die Bischöfe, denen die väterliche Fürsorge für ihre Seminarien obliegt, sorgfältig darauf achten, daß auch in diesem Punkt nichts verabsäumt wird, was zur Erreichung dieses Zieles behilflich sein kann. Die Lehrer er Heiligen Schrift sollen den ganzen biblischen Unterricht in den Seminarien so erteilen, daß sie den jungen Klerikern, die zum Priestertum und zur Seelsorge herangebildet werden, jene Kenntnis der Heiligen Bücher vermitteln und jene Liebe zu ihnen einflößen, ohne die sich im Apostolat keine reiche Frucht erzielen läßt. In der exegetischen Erklärung sollen sie vor allem auf den theologischen Gehalt achten, überflüssige Ausführungen vermeiden und sich nicht bei Fragen aufhalten, die eher die Neugierde befriedigen, als daß sie das echte Wissen und die gesunde Frömmigkeit fördern. Den Literalsinn und vor allem den theologischen Sinn sollen sie so gründlich vortragen, so sachkundig erklären und so begeistert einprägen, daß es ihren Hörern in etwa ergeht wie den Jüngern Jesu Christi auf dem Weg nach Emmaus, als sie auf die Darlegungen des Herrn hin ausriefen: »Brannte nicht unser Herz in uns, als er uns die Schrift erschloß« (Lk 24,32)?

Auf diese Weise möge die Heilige Schrift für die künftigen Priester der Kirche die reine und unversiegbare Quelle werden für das eigene geistliche Leben, für das Predigtamt aber, das sie übernehmen sollen, Nahrung und Kraft. Wenn die Professoren dieses wichtigen Faches in den Seminarien dieses Ziel erreichen, dürfen sie das frohe Bewußtsein haben, zum Heil der Seelen, zur Förderung der Interessen der Kirche und zur Ehre und zur Verherrlichung Gottes erfolgreich beigetragen und ein wahrhaft apostolisches Werk vollbracht zu haben.

Die Bedeutung des Wortes Gottes in der jetzigen Kriegszeit: Trost in den Heimsuchungen; Weg der Gerechtigkeit für alle

Was Wir im vorausgehenden dargelegt haben, Ehrwürdige Brüder und geliebte Söhne, gilt für alle Zeiten, aber ganz vorzüglich für unsere leiderfüllten Tage, in denen fast alle Völker und Nationen in ein Meer von Unglück versenkt sind, in denen ein unmenschlicher Krieg Ruinen auf Ruinen häuft und Blutbad an Blutbad reiht, in denen bitterer Haß der Völker gegeneinander in so vielen, wie Wir mit tiefem Schmerz wahrnehmen, jedes Gefühl nicht nur der christlichen Mäßigung und Liebe, sondern selbst der edeln Menschlichkeit erstickt hat. Wer anders kann diese Todeswunden der menschlichen Gesellschaft heilen als der, zu dem der Apostelfürst voll Liebe und Vertrauen spricht: »Herr, zu wem sollen wir gehen? Du hast Worte des ewigen Lebens« (Joh 6,69)? Zu ihm also, unserem erbarmungsreichen Erlöser, müssen wir nach Kräften alle zurückführen; er ist der göttliche Tröster der Trauernden; er ist für alle, für die Regierenden ebenso wie für die Untergebenen, der Lehrer wahrer Rechtlichkeit, echter Gerechtigkeit, hochherziger Liebe; er, und er allein, kann das feste Fundament und der wirksame Schutz des Friedens und der Ruhe sein. »Ein anderes Fundament kann niemand legen als das, das gelegt ist, und das ist Christus Jesus« (1 Kor 3,11). Ihn aber, Christus, den Urheber unseres Heils, werden alle um so vollkommener erkennen, um so inniger lieben und um so treuer nachahmen, je mehr sie zur Kenntnis und Betrachtung der Heiligen Schrift, besonders des Neuen Testamentes, angeeifert werden. Denn, wie der hl. Hieronymus sagt: »Die Heilige Schrift nicht kennen, heißt Christus nicht kennen«, und »wenn es etwas gibt,was den Weisen in diesem Leben hält und ihn in den Bedrängnissen und Wirren der Welt den Gleichmut bewahren läßt, dann ist es, meine ich, in erster Linie die Betrachtung und Kenntnis der Heiligen Schrift.« Hier wird, wen immer Widerwärtigkeit und Unglück heimsuchen und niederdrükken, wahren Trost und göttliche Kraft zum Leiden und zum Ausharren schöpfen; hier, in den heiligen Evangelien, offenbart sich allen Christus, das höchste und vollkommenste Ideal der Gerechtigkeit, Liebe und Barmherzigkeit, und dem zermarterten, angsterfüllten Menschengeschlecht öffnen sich die Quellen der göttlichen

Gnade, ohne die die Völker und die Lenker der Völker keine öffentliche Ruhe und keine geistige Eintracht schaffen und erhalten können. Hier endlich werden alle Christus kennen lernen, »der das Haupt jeglicher Herrschaft und Macht ist« (Kol 2,10), und »der für uns von Gott her geworden ist zur Weisheit, zur Gerechtigkeit, zur Heiligung und zur Erlösung« (1 Kor 1,30).

Damit haben Wir die Anforderungen dargelegt und anempfohlen, die die Bedürfnisse unserer Zeit an die Gestaltung der biblischen Studien stellen. So bleibt Uns denn nur noch übrig, Ehrwürdige Brüder und geliebte Söhne, alle Vertreter der biblischen Wissenschaft, die ergebene Söhne der Kirche sind und deren Lehre und Anordnungen treu befolgen, mit väterlicher Liebe zu beglückwünschen, daß sie zu einem so erhabenen Amt erwählt und berufen sind, und ihnen zugleich Mut zu machen, auf daß sie fortfahren, die glücklich übernommene Aufgabe mit täglich neuer Kraft, mit vollem Eifer und mit aller Sorgfalt zu erfüllen. Wir sagen: die erhabene Aufgabe. Denn was gibt es Höheres, als das Wort Gottes selbst, das durch die Eingebung des Heiligen Geistes den Menschen geschenkt wurde, zu durchforschen, zu erklären, den Gläubigen vorzutragen, gegen die Ungläubigen zu verteidigen? An dieser geistigen Speise nährt sich die eigene Seele des Schriftauslegers und kräftigt sich »zum Gedanken an den Glauben, zum Trost in der Hoffnung und zur Ermunterung in der Liebe«. »In diesen Studien leben, diese Wahrheiten betrachten, nichts anderes kennen, nichts anderes suchen: scheint euch das nicht schon hier auf Erden ein Wohnen im Himmel?« Mit dieser gleichen Speise mögen auch die Seelen der Gläubigen genährt werden; daraus mögen sie Erkenntnis und Liebe Gottes schöpfen, Fortschritt im inneren Leben und Glück.

Die Erklärer der Heiligen Schrift sollen sich also mit ganzer Seele dieser heiligen Aufgabe widmen. »Sie mögen beten, um Einsicht zu gewinnen«; sie mögen arbeiten, um Tag für Tag tiefer in die Geheimnisse der Heiligen Bücher einzudringen; sie mögen lehren und predigen, um die Schätze des Wortes Gottes auch anderen zu erschließen. Was die Schriftausleger in den vergangenen Jahrhunderten mit herrlichem Erfolg geleistet haben, damit sollen auch die Exegeten unserer Tage nach Kräften wetteifern, damit die Kirche, wie in der Vergangenheit so auch heute, hervorragende Meister in der Schrifterklärung habe, und die Gläubigen durch deren Wirken und Arbeiten aus der Heiligen Schrift strahlendes Licht, Aufmunterung und Freude gewinnen. Bei dieser schweren und wichtigen Aufgabe mögen auch sie »Trost an den Heiligen Büchern« finden (1 Makk 12,9) und des versprochenen Lohnes eingedenk sein; denn so heißt es: »Die Weisen werden leuchten wie der Glanz des Firmamentes, und die viele zur Gerechtigkeit angeleitet haben, wie die Sterne in alle Ewigkeit« (Dan 12,3).

Und nun wünschen Wir von Herzen allen Söhnen der Kirche, und besonders den Lehrern der Bibelwissenschaft, den jungen Klerikern und den geistlichen Rednern, daß sie, das Wort Gottes beständig betrachtend, verkosten, wie gut und lieblich der Geist des Herrn ist (vgl. Weish 12,1). Dazu erteilen Wir euch allen und jedem einzelnen, Ehrwürdige Brüder und geliebte Söhne, als Unterpfand der göttlichen Gaben und als Zeichen Unseres väterlichen Wohlwollens voll Liebe im Herrn den Apostolischen Segen.

2. *Instruktion der Päpstlichen Bibelkommission über die geschichtliche Wahrheit der Evangelien vom 21. 4. 1964*

Die heilige Mutter Kirche hat sich als »Säule und Grundfeste der Wahrheit« in ihrer Sendung der Heilsvermittlung für die Seelen stets der Heiligen Schrift bedient und sie allzeit vor jeglicher Falschauslegung verteidigt. Daß es niemals an manch komplizierten Fragen fehlt, darf den katholischen Exegeten weder in der Auslegung des Gotteswortes noch in der Lösung der sich dabei in den Weg stellenden Schwierigkeiten entmutigen; vielmehr suche er mit aller Hingabe den echten Schriftsinn immer besser zu klären und vertraue dabei nicht so sehr nur auf seine eigenen Kräfte, als vielmehr auf die Hilfe Gottes und die Erleuchtung der Kirche.

Es ist in hohem Grade erfreulich, daß sich heute nicht wenige getreue Söhne der Kirche als Sachverständige in den Bibelwissenschaften, die den Erfordernissen unserer Zeit gerecht werden, den Mahnungen der Päpste folgen und sich mit eifervoller Hingabe und rastloser Bemühung dieser schweren und mühsamen Aufgabe widmen. »Alle anderen Söhne der Kirche mögen dessen eingedenk sein, daß sie verpflichtet sind, nicht nur mit angemessener Gerechtigkeit, sondern auch mit höchster Liebe die Bemühungen dieser tüchtigen Arbeiter im Weinberg des Herrn zu beurteilen«, weil ja auch namhafte Interpreten, wie selbst der heilige Hieronymus, manchmal nur relativ erfolgreich waren in den Versuchen zur Lösung schwieriger Fragen. Man hüte sich davor, »im Eifer der Dispute die Grenzen der wechselseitigen Liebe zu überschreiten, oder in den Polemiken den Eindruck zu erwecken, als würden die geoffenbarten Wahrheiten und göttlichen Überlieferungen selbst in Zweifel gezogen. Denn ohne die Eintracht der Geister und ohne unwiderstreitbare Achtung der Grundsätze darf man von all den verschiedenen Studien der vielen Forscher in diesem Fachbereich keine großen Fortschritte erwarten«.

Die Bemühung der Exegeten ist heute um so nötiger, als vielerlei Schriften verbreitet werden, in denen die Wahrheit der Worte und Geschehnisse in den Evangelien in Zweifel gezogen werden. Aus diesem Grund hat die Päpstliche Bibelkommission in Erfüllung der ihr von den Päpsten anvertrauten Aufgabe es für angebracht gehalten, das Folgende darzulegen und einzuschärfen:

1. Der katholische Exeget mache sich unter der Führung des kirchlichen Lehramtes alle von den früheren Exegeten, insbesondere von den heiligen Vätern und Kirchenlehrern, im Verständnis des Heiligen Textes erlangten Ergebnisse zunutze und suche ihr Werk voll Hingabe fortzusetzen. Um die immerwährende Wahrheit und Gültigkeit der Evangelien in volles Licht zu stellen, wird er in treuer Beachtung der Regeln vernünftiger und katholischer Textauslegung umsichtig bemüht sein, sich auch aller neuen Mittel der Exegese zu bedienen, insbesondere jener, die von der allgemein anerkannten historischen Methode angeboten werden. Diese Methode studiert sorgfältig die Quellen, klärt ihr Wesen und ihre Aussagekraft auf Grund der Textkritik, der literarischen Kritik sowie der Sprachenkenntnis. Der Exeget wird die Mahnung Papst Pius' XII. gesegneten Angedenkens verwirklichen, die ihn verpflichtet, »klug ... zu untersuchen, was die vom heiligen Verfasser verwendete Aussageform oder literarische Art zur richtigen und gültigen Auslegung beitragen kann; und der Exeget soll sich darüber klar sein, daß dieser Teil seiner Aufgabe nicht vernachlässigt werden kann, ohne der katholischen Exegese großen Schaden zu

bringen«. Mit diesem Monitum verkündet der unvergeßliche Papst Pius XII. eine allgemeine Regel der Hermeneutik, die für die Erläuterung der Bücher des Alten wie des Neuen Testaments gilt, weil die heiligen Verfasser bei deren Abfassung und Niederschrift ja der Denk-, Schreib- und Ausdrucksweise jeweils ihrer Zeitgenossen gefolgt sind. Insgesamt wird also der Exeget alle Mittel benutzen, mit denen er tiefer in die ganze Art des Zeugnisses der Evangelien, ins religiöse Leben der urchristlichen Gemeinden, in Sinn und Bedeutung der apostolischen Überlieferung einzudringen vermag.

Gegebenenfalls ist es dem Exegeten erlaubt, die gesunden Elemente zu prüfen, die in der sogenannten »formgeschichtlichen Methode« stecken, um sich ihrer nach Gebühr für ein umfassenderes Verständnis der Evangelien zu bedienen. Er soll das freilich mit aller Vorsicht tun, weil die genannte Methode häufig schon mit unannehmbaren philosophischen und theologischen Prinzipien vermischt ist, die nicht selten die Methode selbst wie auch deren Schlußfolgerungen in der literarischen Sachbeurteilung verderben. Tatsächlich weigern sich ja einige Vertreter dieser formgeschichtlichen Methode aus rein rationalistischen Vorurteilen, die Existenz einer übernatürlichen Ordnung und das Eingreifen eines persönlichen Gottes in der Welt durch eine Offenbarung im eigentlichen Sinne, wie auch die Möglichkeit und Existenz von Wundern und Prophezeiungen überhaupt anzuerkennen. Andere gehen von einem falschen Begriff des Glaubens aus, als ob dieser sich um die historische Wahrheit überhaupt nicht zu bekümmern habe, ja mit ihr einfach schon unvereinbar sei. Wieder andere leugnen von vornherein den historischen Wert und Charakter der Offenbarungsdokumente. Weitere schließlich übertreiben die schöpferische Macht der Urkirche, indem sie zu wenig der Autorität der Apostel als der Zeugen Christi, ihrem Amte sowie ihrem Einfluß auf die urkirchliche Gemeinschaft Rechnung tragen. All dies widerspricht aber nicht nur der katholischen Lehre, sondern entbehrt ebenso des wissenschaftlichen Fundaments und ist den gesunden Grundsätzen der historischen Methode fremd.

2. Um die Zuverlässigkeit der evangelischen Berichte richtig festzustellen, achte der Exeget mit aller Sorgfalt auf die drei Etappen der Überlieferung, in denen Lehre und Leben Jesu zu uns gelangt sind:

Christus der Herr wählte sich Jünger, die Ihm von Anfang an folgten, Seine Werke sahen, Seine Worte hörten und so imstande waren, Zeugen Seines Lebens und Seiner Lehre zu sein. In der mündlichen Darbietung Seiner Lehre folgte der Herr ganz den damals gebräuchlichen Denk- und Ausdrucksformen. Er paßte sich darin ganz der Mentalität der Zuhörer an und bewirkte, daß alles, was Er lehrte, sich ihrem Geist fest einprägte und auch von seinen Jüngern leicht behalten werden konnte. So verstanden die Jünger all die Wunder und übrigen Geschehnisse im Leben des Herrn richtig als Tatsachen, die dazu geschahen und bestimmt waren, daß die Menschen an Christus glaubten und die Heilsbotschaft gläubig annahmen.

Die Apostel verkündeten vor allem den Tod und die Auferstehung des Herrn und gaben für Jesus Zeugnis. Sie legten getreulich Sein Leben und Seine Worte dar, wobei sie in der Art ihrer Predigt stets die Verhältnisse der jeweiligen Zuhörer berücksichtigten. Als Jesus von den Toten auferstanden und Seine Gottheit damit ganz klar erkannt worden war, ließ der Glaube nicht nur alle Geschehnisse aus dem Gedächtnis keineswegs verschwinden, sondern ließ sie erst recht unvergeßlich bleiben, weil dieser Glaube ja gegründet war auf Jesu Wirken und Lehre. Auch nicht wegen des Kultes, mit dem die Jünger seitdem Jesus als den Herrn und Gottessohn verehrten, wurde dieser zu einer »mythischen« Person verwandelt noch seine Lehre entstellt. Es kann auch nicht einfach geleugnet werden, daß die Apostel ihren Zuhörern die echten Worte Jesu sowie die wirklichen Geschehnisse Seines Lebens weiterverkündet haben in dem volleren Verständnis, dessen sie sich unter dem Eindruck der glorreichen Ereignisse um Christus und durch die Erleuchtung des Geistes der Wahrheit belehrt erfreuten. Daher kommt es, daß sie Seine Taten und Worte entsprechend den besonderen Verhältnissen ihrer Zuhörer erklärten, wie Jesus selbst nach Seiner Auferstehung sowohl die Worte des Alten Testaments »ihnen erklärte« wie auch Seine eigenen. »Treu dem Dienst des Wortes obliegend«, verkündigten sie die Botschaft in verschiedenen Darstellungsweisen, jeweils dem vorgenommenen Zweck und der Mentalität der Zuhörer angepaßt; denn sie fühlten sich »den Griechen und den Barbaren, den Weisen und den Unwissenden« verpflichtet. Es lassen sich ja in der Verkündigung, die Christus zum

Thema hat, folgende Formen unterscheiden und beachten: Katechesen, erzählende Berichte, Zeugnisse, Hymnen, Doxologien, Gebete und andere literarische Formen, die in der Heiligen Schrift erscheinen und unter den Menschen jenes Zeitalters gebräuchlich waren.

Diese ursprüngliche Unterweisung, zuerst mündlich gegeben und dann niedergeschrieben – denn bald geschah es, daß viele versuchten, »die Berichte über die Ereignisse zu ordnen«, die den Herrn Jesus betrafen –, haben die heiligen Schriftsteller zum Nutzen der Gemeinden in den vier Evangelien aufgezeichnet nach einer Methode, die jeweils dem besonderen Ziel entsprach, das jeder sich setzte. Manches wählten sie aus der Fülle des Überlieferten aus, anderes faßten sie in einer Gesamtschau zusammen, einige Elemente entfalteten sie weiter unter besonderer Berücksichtigung der Siutation der einzelnen Kirchen und suchten mit Nachdruck zu erreichen, daß ihre Leser die Zuverlässigkeit des Unterrichtes, den sie erhalten hatten, erkennen sollten. Aus dem ganzen Material, über das sie verfügten, wählten nämlich die Hagiographen insbesondere das aus, was für die besonderen Verhältnisse paßte, indem sie alles so erzählten, wie es diesen Verhältnissen und diesem Ziel entsprach. Da nun der Sinn einer Aussage auch vom Zusammenhang abhängt, haben die Evangelisten bei der Überlieferung der Worte und Taten des Heilandes diese zum Nutzen der Leser in jeweils verschiedenem Kontext erläutert. Darum muß der Exeget untersuchen, welche Absicht der einzelne Evangelist bei der Vermittlung eines Wortes oder eines Geschehens in der vorliegenden Form oder in dem bestimmten Kontext selber hatte. Die Tatsache jedenfalls, daß die Evangelisten die Worte und Taten des Herrn in verschiedener Ordnung bringen, steht der Wahrheit ihres Berichtes keineswegs entgegen; ebensowenig daß sie Seine Worte nicht alle buchstäblich gleich, sondern mit gewissen Verschiedenheiten, aber unter Bewahrung ihres Sinnes wiedergeben. Der heilige Augustinus sagt ja: »Es ist sehr wahrscheinlich, daß jeder Evangelist sich verpflichtet glaubte, in jener Ordnung zu erzählen, in der Gott jene Dinge, die er berichtete, in seinem Gedächtnis habe wachrufen wollen, zumindest in jenen Dingen, bei denen diese oder jene Reihenfolge die Autorität und Wahrheit des Evangeliums um nichts schmälert. Der Heilige Geist, der jedem seine Gaben mitteilt, wie er will, führte und leitete daher zweifellos auch den Verstand der heiligen Schriftsteller beim Überlegen dessen, was sie schreiben sollten, um den Büchern eine so hervorragende Autorität zu verleihen; warum er es erlaubte, daß der eine (Evangelist) so, der andere so seine Darstellung ordnete, das wird jeder, der mit ehrfürchtiger Sorgfalt forscht, mit Gottes Hilfe entdecken können.«

Wenn der Exeget allen diesen Fragen, die Ursprung und Komposition der Evangelien betreffen, nicht aufmerksam Beachtung schenkt und nicht alle brauchbaren Ergebnisse neuerer Studien sachgemäß anwendet, erfüllt er seine Aufgabe nicht, die Absichten der heiligen Verfasser und ihre tatsächlichen Aussagen zu erfassen. Aus den neuen Untersuchungen ergibt sich, daß Leben und Lehre Jesu nicht einfach berichtet wurden mit dem alleinigen Ziel, sie in der Erinnerung festzuhalten, sondern hingegen »gepredigt« worden sind, um der Kirche konkret die Basis von Glaube und Sitten zu bieten. Darum wird der Exeget bei unermüdlicher Erforschung des Zeugnisses der Evangelisten imstande sein, die bleibende theologische Bedeutung der Evangelien tiefer zu erhellen und klar ins volle Licht zu stellen, wie notwendig und bedeutsam die Interpretation seitens der Kirche ist.

Es bleiben noch viele Dinge von höchster Bedeutung, in deren Diskussion und Erklärung der katholische Exeget seinen Geist und Scharfsinn frei erproben kann und muß, damit jeder für seinen Teil seinen Beitrag leiste zum Nutzen aller, zu einem von Tag zu Tag wachsenden Fortschritt der heiligen Lehre, zur Verbreitung und Stütze des Urteils des kirchlichen Lehramtes, zur Verteidigung und Ehre der Kirche Gottes. Jeder katholische Exeget sei gleichwohl allzeit bereit, dem Lehramt der Kirche zu folgen, und er vergesse nie, daß die Apostel, erfüllt vom Heiligen Geiste, die Frohbotschaft verkündet haben sowie daß die Evangelien unter der Eingebung des Heiligen Geistes niedergeschrieben worden sind, der ihre Verfasser vor jeglichem Irrtum bewahrte. »Denn nicht durch andere haben wir die Heilsordnung erkannt als durch jene, von denen das Evangelium auf uns kam: jene Frohbotschaft, die sie zuerst predigten, dann nach Gottes Willen uns in den Heiligen Schriften überlieferten, als Evangelium, das zur Säule und Grundfeste unseres Glaubens bestimmt war. Man kann wirklich nicht sagen, daß sie gepredigt haben, ohne zuerst eine vollkommene Kenntnis erlangt zu haben: wie einige zu behaupten wagen, die sich rühmen, die Apostel verbessern zu können. Denn nachdem die Apostel nach der Auferstehung unseres Herrn von den Toten mit der Kraft des auf sie von oben herabgekommenen Geistes ausgerüstet waren, wurden sie über alle Dinge belehrt und erlangten so die vollkommene Erkenntnis; sie zogen dann bis an die Grenzen der Erde, verkündigten die Frohbotschaft von den Wohltaten Gottes und kündeten himmlischen Frieden den Menschen, die alle zusammen wie auch als einzelne das Evangelium Gottes besitzen.«

3. Jene nun, denen das Amt eines Dozenten in den Seminaren oder ähnlichen Instituten übertragen ist, »mögen vor allem darum besorgt sein, daß ... die göttlichen Schriften so gelehrt werden, wie es der Ernst dieses Faches selber und die Erfordernisse der Zeit verlangen«. Die Lehrer sollen die theologische Lehre in erster Linie darbieten, damit die Heilige Schrift »für die künftigen Priester der Kirche eine reine und nie versiegende Quelle des geistlichen Lebens für jeden ganz persönlich wie auch Nahrung und Kraft für das auf sie wartende Amt der Verkündigung werde«. Wenn diese Dozenten die kritische Methode und besonders die sogenannte Literarkritik betreiben, sollen sie das nicht tun, um diese nur um ihrer selbst willen zu pflegen, sondern mit dem Zweck, im Lichte dieser Kritik den von Gott gewollten Sinn der Aussage des heiligen Verfassers deutlicher zu durchschauen. Sie sollen also nicht auf halbem Wege stehenbleiben, zufrieden lediglich schon mit ihren literarischen Entdeckungen, sondern sie sollen darüber hinaus aufzeigen, wie diese Erkenntnisse in Wirklichkeit dazu beitragen, die Offenbarungslehre immer klarer zu erkennen oder auch nach Lage der Dinge die Irrtümer zurückzuweisen. Alle Dozenten, die diesen Grundsätzen folgen, werden erreichen, daß die Alumnen in der Heiligen Schrift das finden, »was den Geist zu Gott erhebt, die Seele nährt und das innerliche Leben fördert«.

4. Jene schließlich, die das christliche Volk durch heilige Wortverkündigung unterweisen, bedürfen höchster Klugheit. Vor allem sollen sie die Lehre weitergeben eingedenk der Mahnung des heiligen Paulus: »Achte auf dich selbst und auf die Lehre; beharre darin; denn wenn du das tust, wirst du dich selbst und deine Zuhörer retten.« Die Prediger sollen sich absolut enthalten, eitle oder nicht genügend gesicherte Neuheiten vorzulegen. Neue An-

sichten und Auffassungen, die bereits gediegen bewiesen sind, mögen sie, wo nötig und angebracht, mit aller Vorsicht darlegen und dabei auf die Auffassungskraft ihrer Zuhörer Rücksicht nehmen. Bei Erzählungen biblischer Ereignisse sollen sie nicht erfundene Zusätze, die der Wahrheit nicht entsprechen, dareinmischen.

Diese Tugend der Klugheit müssen besonders jene pflegen, die Schriften zur Verbreitung unter den Christgläubigen herausgeben. Es sei ihr Bestreben, mit Eifer die himmlischen Schätze des Gotteswortes herauszuholen, »damit die Gläubigen ... sich angetrieben und angeeifert sehen, ihr eigenes Leben recht zu gestalten«. Es sei ihr ganz gewissenhaftes Bemühen, niemals von der allgemeinen Lehre und Überlieferung der Kirche abzuweichen, auch nicht in den geringsten Dingen; freilich sollen sie sich alle echten Fortschritte der Bibelwissenschaft zu eigen machen, die die neueren Forschungen erreicht haben, aber sie sollen die verwegenen Ansichten aller Neuerer gänzlich vermeiden. Streng ist es ihnen verboten, einem verderblichen Kitzel der Neuheit erliegend, jede beliebigen Versuche zur Lösung von Schwierigkeiten ohne eine kluge Auswahl und ernste Prüfung unbesonnen zu verbreiten und so viele im Glauben zu verwirren.

Schon früher hat diese Päpstliche Bibelkommission es für angebracht erachtet, in Erinnerung zu rufen, daß auch Bücher sowie Zeitschriften- und Zeitungsartikel mit biblischen Themen, insofern sie Fragen der Religion und die religiöse Unterweisung der Christgläubigen betreffen, der Autorität und Jurisdiktion der Ordinarien unterliegen. Die Oberhirten werden deshalb gebeten, mit höchster Sorgfalt über solche Schriften zu wachen.

5. Die Leiter von Bibelgesellschaften sollen die von der Päpstlichen Bibelkommission festgelegten Grundsätzen getreu beobachten. Wenn die oben dargelegten Weisungen beachtet werden, wird das Studium der Heiligen Schriften sicherlich den Gläubigen zum großen Nutzen gereichen. Es wird niemand geben, der auch in unseren Tagen nicht die Wahrheit des Wortes des hl. Paulus erführe: Die Heiligen Schriften »können unterweisen zum Heil durch den Glauben an Christus Jesus. Jede von Gott inspirierte Schrift ist nützlich zur Belehrung, zur Widerlegung, zur Zurechtweisung, zur Erziehung in der Gerechtigkeit: so wird der Mensch Gottes vollkommen, ausgerüstet zu jedem guten Werke.

3. Zweites Vatikanisches Konzil: Dogmatische Konstitution über die Göttliche Offenbarung »Dei Verbum« vom 18. 11. 1965 (Auszug: 6. Kapitel)

In der dogmatischen Konstitution über die göttliche Offenbarung, Dei Verbum, *wird das Ziel angestrebt, dem ganzen Volk Gottes die Bibel als die Grundlage für das geistliche Leben zugänglich zu machen. Das Dokument wurde am 18. November 1965 veröffentlicht. Gelesen im Zusammenhang mit den Konstitutionen über die Kirche, hat es stets neue Anregung für die sich ausbreitende biblische Erneuerung innerhalb der katholischen Kircher gegeben.*

Das VI. Kapitel von Dei Verbum *kann als das offizielle Mandat für alle jene angesehen werden, die in der praktischen Arbeit der Bibelpastoral engagiert sind.*

Die Heilige Schrift im Leben der Kirche

21. Die Kirche hat die Heiligen Schriften immer verehrt wie den Herrenleib selbst, weil sie, vor allem in der heiligen Liturgie, vom Tisch des Wortes Gottes wie des Leibes Christi ohne Unterlaß das Brot des Lebens nimmt und den Gläubigen reicht. In ihnen zusammen mit der Heiligen Überlieferung sah sie immer und sieht sie die höchste Richtschnur ihres Glaubens, weil sie, von Gott eingegeben und ein für alle Male niedergeschrieben, das Wort Gottes selbst unwandelbar vermitteln und in den Worten der Propheten und der Apostel die Stimme des Heiligen Geistes vernehmen lassen. Wie die christliche Religion selbst, so muß auch jede kirchliche Verkündigung sich von der Heiligen Schrift nähren und sich an ihr orientieren. In den Heiligen Büchern kommt ja der Vater, der im Himmel ist, seinen Kindern in Liebe entgegen und nimmt mit ihnen das Gespräch auf. Und solche Gewalt und Kraft west im Worte Gottes, daß es für die Kirche Halt und Leben, für die Kinder der Kirche Glaubensstärke, Seelenspeise und reiner, unversieglicher Quell des geistlichen Lebens ist. Darum gelten von der Heiligen Schrift in besonderer Weise die Worte: »Lebendig ist Gottes Rede und wirksam« (Hebr 4,12), »mächtig aufzubauen und das Erbe auszuteilen unter allen Geheiligten« (Apg 20, 32; vgl. 1 Thess 2,13).

22. Der Zugang zur Heiligen Schrift muß für die an Christus

Glaubenden weit offenstehen. Darum hat die Kirche schon in ihren Anfängen die älteste Übersetzung des Alten Testamentes, die griechische, die nach den Siebzig (Septuaginta) benannt wird, als die ihre übernommen. Die anderen orientalischen und die lateinischen Übersetzungen, besonders die sogenannte Vulgata, hält sie immer in Ehren. Da aber das Wort Gottes allen Zeiten zur Verfügung stehen muß, bemüht sich die Kirche in mütterlicher Sorge, daß brauchbare und genaue Übersetzungen in die verschiedenen Sprachen erarbeitet werden, mit Vorrang aus dem Urtext der Heiligen Bücher. Wenn die Übersetzungen bei sich bietender Gelegenheit und mit Zustimmung der kirchlichen Autorität in Zusammenarbeit auch mit den getrennten Brüdern zustande kommen, dann können sie von allen Christen benutzt werden.

23. Die Braut des fleischgewordenen Wortes, die Kirche, bemüht sich, vom Heiligen Geist belehrt, zu einem tieferen Verständnis der Heiligen Schriften vorzudringen, um ihre Kinder unablässig mit dem Worte Gottes zu nähren; darum fördert sie auch in gebührender Weise das Studium der Väter des Ostens wie des Westens und der heiligen Liturgien. Die katholischen Exegeten und die anderen Vertreter der theologischen Wissenschaft müssen in eifriger Zusammenarbeit sich darum mühen, unter Aufsicht des kirchlichen Lehramts mit passenden Methoden die göttlichen Schriften so zu erforschen und auszulegen, daß möglichst viele Diener des Wortes in den Stand gesetzt werden, dem Volke Gottes mit wirklichem Nutzen die Nahrung der Schriften zu reichen, die den Geist erleuchtet, den Willen stärkt und die Menschenherzen zur Gottesliebe entflammt. Die Heilige Synode ermutigt die Söhne der Kirche, die Bibelwissenschaft treiben, das glücklich begonnene Werk mit immer neuen Kräften und ganzer Hingabe im Geist der Kirche fortzuführen.

24. Die heilige Theologie ruht auf dem geschriebenen Wort Gottes, zusammen mit der Heiligen Überlieferung, wie auf einem bleibenden Fundament. In ihm gewinnt sie sichere Kraft und verjüngt sich ständig, wenn sie alle im Geheimnis Christi beschlossene Wahrheit im Lichte des Glaubens durchforscht. Die Heiligen Schriften enthalten das Wort Gottes und, weil inspiriert, sind sie wahrhaft Wort Gottes: Deshalb sei das Studium des heiligen Buches gleichsam die Seele der heiligen Theologie. Auch der Dienst

des Wortes, nämlich die seelsorgliche Verkündigung, die Katechese und alle christliche Unterweisung – in welcher die liturgische Homilie einen hervorragenden Platz haben muß – holt aus dem Wort der Schrift gesunde Nahrung und heilige Kraft.

25. Darum müssen alle Kleriker, besonders Christi Priester und die anderen, die sich als Diakone oder Katecheten ihrem Auftrag entsprechend dem Dienst des Wortes widmen, in beständiger heiliger Lesung und gründlichem Studium sich mit der Schrift befassen, damit keiner von ihnen werde zu »einem hohlen und äußerlichen Prediger des Wortes Gottes, ohne dessen innerer Hörer zu sein«, wo er doch die unübersehbaren Schätze des göttlichen Wortes, namentlich in der heiligen Liturgie, den ihm anvertrauten Gläubigen mitteilen soll.

Ebenso ermahnt die Heilige Synode alle an Christus Glaubenden, zumal die Glieder religiöser Gemeinschaften, besonders eindringlich, durch häufige Lesung der Heiligen Schrift sich die »alles übertreffende Erkenntnis Jesu Christi« (Phil 3,8) anzueignen. »Die Schrift nicht kennen heißt Christus nicht kennen.« Sie sollen deshalb gern an den heiligen Text selbst herantreten, einmal in der mit göttlichen Worten gesättigten heiligen Liturgie, dann in frommer Lesung oder auch durch geeignete Institutionen und andere Hilfsmittel, die heute mit Billigung und auf Veranlassung der Hirten der Kirche lobenswerterweise allenthalben verbreitet werden. Sie sollen daran denken, daß Gebet die Lesung der Heiligen Schrift begleiten muß, damit sie zu einem Gespräch werde zwischen Gott und Mensch; denn »ihn reden wir an, wenn wir beten; ihn hören wir, wenn wir Gottes Weisungen lesen«.

Die kirchlichen Vorsteher, »bei denen die Lehre der Apostel ist«, sollen die ihnen anvertrauten Gläubigen zum rechten Gebrauch der Heiligen Bücher, namentlich des Neuen Testamentes und in erster Linie der Evangelien, in geeigneter Weise anleiten durch Übersetzungen der heiligen Texte, die mit den notwendigen und wirklich ausreichenden Erklärungen versehen sind, damit die Kinder der Kirche sicher und mit Nutzen mit den Heiligen Schriften umgehen und von ihrem Geist durchdrungen werden.

Darüber hinaus sollen mit entsprechenden Anmerkungen versehene Ausgaben der Heiligen Schrift geschaffen werden, die auch Nichtchristen gebrauchen können und die ihren Verhältnissen angepaßt sind. Die Seelsorger und die Christen jeden Standes sollen auf jede Weise klug für ihre Verbreitung sorgen.

26. So möge durch Lesung und Studium der Heiligen Bücher »Gottes Wort seinen Lauf nehmen und verherrlicht werden« (2 Thess 3,1). Der Schatz der Offenbarung, der Kirche anvertraut, erfülle mehr und mehr die Herzen der Menschen. Wie das Leben der Kirche sich mehrt durch die ständige Teilnahme am eucharistischen Geheimnis, so darf man neuen Antrieb für das geistliche Leben erhoffen aus der gesteigerten Verehrung des Wortes Gottes, welches »bleibt in Ewigkeit« (Is 40,8; vgl. 1 Petr 1,23–25).

Was in dieser Dogmatischen Konstitution im gesamten und im einzelnen ausgesprochen ist, hat die Zustimmung der Väter gefunden. Und Wir, kraft der von Christus uns übertragenen Apostolischen Vollmacht, billigen, beschließen und verordnen es zusammen mit den Ehrwürdigen Vätern im Heiligen Geiste und gebieten zur Ehre Gottes die Veröffentlichung dessen, was so durch das Konzil verordnet ist.

4. *Ansprache von Papst Johannes Paul II. vom 7. 4. 1986*

Am 7. April 1986 empfing der Papst das neue Exekutivkomitee der WCFBA zu einer Privataudienz. Er erinnerte dabei an die Konzilsempfehlungen für das Bibelapostolat und wies darauf hin, daß die Konstitution Dei Verbum *in den zwanzig Jahren nach dem Konzil zu sehr vernachlässigt worden sei und eine gründlichere Würdigung und eine umfassendere Verwirklichung verdiene.*

Liebe Brüder und Schwestern in Christus, von Herzen heiße ich die Mitglieder des Exekutivkomitees der Katholischen Welt-Bibelföderation im Vatikan willkommen.

1. Sie kommen aus vielen Ländern, und zusammen mit Ihren Mitarbeitern leisten Sie einen bedeutenden Beitrag zur Verkündigung des Evangeliums. Sie helfen der Kirche, den Auftrag unseres auferstandenen Erlösers treu zu erfüllen: »Geht zu allen Völkern, und macht alle Menschen zu meinen Jüngern; tauft sie auf den Namen des Vaters und des Sohnes und des Heiligen Geistes, und

lehrt sie, alles zu befolgen, was ich euch geboten habe. Seid gewiß: Ich bin bei euch alle Tage bis zum Ende der Welt« (Mt 28,19–20).

2. Die Bischofssynode von 1985 bestätigte und feierte das Zweite Vatikanische Konzil und wies erneut auf seine Ergebnisse hin. Dabei lenkte sie die besondere Aufmerksamkeit auf die zentrale Bedeutung des Wortes Gottes in Leben und Sendung der Kirche. Im Schlußdokument der Synode heißt es, daß die dogmatische Konstitution *Dei Verbum* während der zwanzig Jahre nach dem Konzil zu sehr vernachlässigt worden sei und daß sie eine höhere Wertschätzung und nachhaltigere Verwirklichung verdiene. Ihnen meinen Freunden in Christus, möchte ich nahelegen, alle Anstrengungen in Antwort auf diese Herausforderung besonders zu unterstützen.

Zusätzlich zu einer erneuten aufmerksamen Lektüre von *Dei Verbum* besteht auch das Bedürfnis nach gründlicher Ausbildung von Dienern des Wortes Gottes, aller, die die Frohbotschaft der Erlösung lehren und predigen. Die Teilnehmer an der Synode stellen fest: »Die Evangelisierung ist nicht nur für die Bischöfe die erste Aufgabe, sondern auch für die Priester und Diakone, ja für alle Gläubigen« (II, B, a, 2).

3. Wie können wir andere darauf vorbereiten, bei der kirchlichen Arbeit in Katechese und Evangelisierung mitzuarbeiten? Sicherlich müssen wir damit beginnen, daß wir ihnen eine ehrfürchtige Liebe zum Wort Gottes einflößen: zum menschengewordenen Wort, unserem Herrn Jesus Christus, und zum inspirierten Wort in der Heiligen Schrift. Wir müssen eine tief im Glauben verwurzelte Liebe hegen, die mit dem hl. Paulus bekennt, daß Gottes Wort »die Kraft hat, aufzubauen und das Erbe in der Gemeinschaft der Geheiligten zu verleihen« (Apg 20,32).

Diener des Wortes Gottes – Priester, Diakone, Katechisten und andere Laien – sollten sich in ständiger Lektüre und eifrigem Studium, verbunden mit Gebet, in die Heilige Schrift vertiefen. Nach Möglichkeit sollte man sie mit den Erkenntnissen der modernen Bibelwissenschaft vertraut machen. Den literarischen Gattungen der verschiedenen biblischen Bücher ist gebührende Aufmerksamkeit zu schenken, um die Absicht der biblischen Autoren zu bestimmen. Und es ist höchst hilfreich, bisweilen entscheidend, sich der persönlichen Lage dieser Autoren sowie der Umstände von

Kultur, Zeit, Sprache und dergleichen bewußt zu werden, die die Art und Weise, wie die Botschaft wiedergegeben ist, beeinflußt haben.

Eine ausgewogene Ausbildung für das Bibelapostolat beachtet gleichzeitig die Einheit aller Bücher der Bibel und trägt der lebendigen Tradition der Kirche Rechnung. So ist es möglich, sowohl einen engen Fundamentalismus, der die ganze Wahrheit verzerrt, zu vermeiden als auch der Versuchung zu widerstehen, die persönliche Auslegung über die authentische oder gar in Gegensatz zur authentischen Auslegung des Wortes Gottes zu stellen, die ausschließlich den Bischöfen der Kirche vereint mit dem Papst zukommt.

4. Das Apostolat, in dem Sie sich engagieren, ist interessant, es bedeutet aber auch eine Herausforderung. Es verlangt harte Arbeit und Ausdauer. Es fordert Studium und Gebet. Zu jeder Zeit nimmt es Sie ganz persönlich in Anspruch, »denn lebendig und kraftvoll ist das Wort Gottes« (Hebr 4,12). Wie ein zweischneidiges Schwert durchdringt es jeden Vorwand und Betrug und bereitet den Weg zur Bekehrung. »Das lebendige und bleibende Wort Gottes« (1 Petr 1,23) ist sowohl im Verkünder als im Hörer am Werke, es spendet beiden das lebengebende Licht der Wahrheit. Letztendlich führt die Verkündigung des Wortes Gottes zur Eucharistie, und in der Eucharistiefeier erreicht es seine vollste und wirksamste Bekundung. Zwischen der heiligen Liturgie und dem Evangelisierungsbemühen der Kirche bestehen innige Bande. Somit sollte jeder, der im Bibelapostolat tätig ist, von einer glühenden Liebe zur Eucharistie und zum gesamten liturgischen Leben der Kirche durchdrungen sein.

Diese wenigen Gedanken möchte ich Ihnen mit auf den Weg geben. Ich ermutige Sie eindringlich und verspreche Ihnen mein Gebet, »damit das Wort des Herrn sich ausbreitet und verherrlicht wird« (2 Thess 3,1). Möge Christus, das lebendige Wort Gottes, Ihre Freude und Ihre Stärke sein. Möge er Ihr Herz mit Frieden füllen.

II. *Literatur zur Praktischen Bibelarbeit*

1. *Deutsche Bibelübersetzungen*

Die Einheitsübersetzung der Heiligen Schrift, Stuttgart 1979/80
Die Lutherbibel, Revision 1984, Stuttgart 1984
Die Gute Nachricht. Die Bibel in heutigem Deutsch, Stuttgart 1982 (paraphrasierend)
Zürcher Bibel, Zürich 1931, (dicht am Urtext)
Revidierte Elberfelder Bibel, Wuppertal 1986 (sehr dicht am Urtext)
Münchner Neues Testament, Düsseldorf ^{2}1989 (wortwörtlich)
Das Neue Testament, übersetzt von F. Stier, München – Düsseldorf 1989

2. *Synopsen*

Peisker, C. H., Evangelien-Synopse zur Einheitsübersetzung, Stuttgart 1983
Pesch, R. / Wilckens, U., Synoptisches Arbeitsbuch zu den Evangelien, 5 Bände, Gütersloh/Zürich 1980f.
Schierse, F. J., Patmos-Synopse, Düsseldorf ^{18}1985 (nur Auswahl)
Schmid, J., Synopse der drei ersten Evangelien mit Beifügung der Johannes-Parallelen, Regensburg ^{9}1983
Vollständige Synopse der Evangelien. Nach dem Text der Einheitsübersetzung, hrsg. v. O. Knoch unter Mitarbeit von E. Sitarz, Stuttgart ^{2}1989
Zum synoptischen Arbeiten ist eine wertvolle Hilfe:
Pesch, R. / Kratz, R., So liest man synoptisch. Anleitung und Kommentar zum Studium der Synoptischen Evangelien, Bd. 1–7, Frankfurt 1975–1978

3. *Konkordanzen*

Große Konkordanz zur Lutherbibel, Stuttgart (Calwer) 1989
Praktisches Bibelhandbuch. Wortkonkordanz, Stuttgart ^{13}1989
Schierse, F. J., Konkordanz zur Einheitsübersetzung der Bibel, Stuttgart–Düsseldorf ^{2}1986

4. *Lexika*

Bibel-Lexikon, hrsg. v. H. Haag, Zürich ^{3}1982 (1956); in Neubearbeitung 1989ff.
Bibeltheologisches Wörterbuch, hrsg. v. J. B. Bauer, 2 Bände, Graz ^{3}1967
Biblisch-Historisches Handwörterbuch. Landeskunde – Geschichte – Re-

ligion – Kultur – Literatur, hg. v. B. Reicke u. L. Rost, Göttingen 1962–1979
Biblisches Reallexikon, hrsg. v. K. Galling, Tübingen ²1977
Biblisches Wörterbuch, hrsg. v. H. Haag (Herder-Taschenbuch 394), Freiburg 1971
Brockhaus Biblisches Wörterbuch, hrsg. v. U. Laepple u.a., Wuppertal 1982
Calwer-Bibellexikon, hrsg. v. Th. Schlatter u.a., Stuttgart ⁶1989
Die Bibel und ihre Welt. Eine Enzyklopädie zur Heiligen Schrift, 3 Bände, hrsg. v. G. Cornfeld u. G. J. Botterweck, Bergisch-Gladbach, Sonderausgabe 1988 (1964)
Exegetisches Wörterbuch zum Neuen Testament, hrsg. v. H. R. Balz u. G. Schneider, 3 Bände, Stuttgart 1980–1983 (Griechischkenntnisse vorausgesetzt)
Kleines Lexikon des Judentums, Stuttgart ²1987
Kleines Stuttgarter Bibel-Lexikon, Stuttgart ⁴1977
Lexikon der biblischen Eigennamen, von O. Odelain u. R. Séguineau, Düsseldorf – Neukirchen 1981
Lexikon der biblischen Personen, hrsg. v. M. Bocian (Kröners Taschenbuchausgabe 460), Stuttgart 1989
Lexikon exegetischer Fachbegriffe, v. P.-G. Müller, Stuttgart 1985
Praktisches Bibellexikon, hrsg. v. A. Grabner-Haider, Freiburg ⁹1987
Reclams Bibellexikon, hrsg. v. K. Koch, Stuttgart 1978
Theologisches Begriffslexikon zum Neuen Testament, 3 Bände, hrsg. v. L. Coenen, E. Beyreuther, H. Bietenhard, Wuppertal ⁴1986 (1967–1971)
Wörterbuch Biblischer Bilder und Symbole, v. M. Lurker, München ³1987
Wörterbuch zum Neuen Testament, v. X. Léon-Dufour, München 1981 (franz. 1975)
Wörterbuch zur Bibel, v. W. H. Schmidt u. G. Delling, Stuttgart 1971
Wörterbuch zur biblischen Botschaft, hrsg. v. X. Léon-Dufour, Freiburg ³1981 (1964)

5. Einleitungen in das Alte und Neue Testament

Altes Testament

Altes Testament, hrsg. v. H. J. Boecker u.a., Neukirchen 1983
Deissler, A., Die Grundbotschaft des Alten Testaments. Ein theologischer Durchblick, Freiburg ¹⁰1986
Fohrer, G., Vom Werden und Verstehen des Alten Testaments, Gütersloh 1986
Kaiser, O., Einleitung in das Alte Testament, Gütersloh ⁵1984
Ohler, A., Grundwissen Altes Testament, 3 Bände, Stuttgart 1986–1988
Rendtorff, R., Das Alte Testament. Eine Einführung, Neukirchen ³1988

Riebl, M. – Stiglmaier, A., Kleine Bibelkunde zum Alten Testament, Innsbruck 1980
Schmidt, W. H., Einführung in das Alte Testament, Berlin [3]1985
Ders., Alttestamentlicher Glaube in seiner Geschichte, Neukirchen [6]1987
Smend, R., Die Entstehung des Alten Testaments, Stuttgart [3]1984
Wahl, O., Zentrale Themen des Alten Testaments, Donauwörth 1980
Westermann, C., Theologie des Alten Testaments in Grundzügen (ATD Erg. 6), Göttingen [2]1985
Zimmerli, W., Grundriß der alttestamentlichen Theologie, Stuttgart 1985

Neues Testament

Gutbrod, K., Kurze Bibelkunde des Neuen Testaments, Stuttgart [2]1977
Kümmel, W. G., Die Theologie des Neuen Testaments (NTD Erg. 3), Göttingen [5]1987
Lohse, E., Grundriß der neutestamentlichen Theologie, Stuttgart [3]1984
Ders., Theologische Ethik des Neuen Testaments, Stuttgart 1988
Ders., Die Entstehung des Neuen Testaments, Stuttgart [4]1983
Merkel, H., Bibelkunde des Neuen Testaments, Gütersloh [3]1988
Preuss, H. D. und *Berger, K.*, Bibelkunde des Alten und Neuen Testaments (UTB 972), Heidelberg [3]1985 (AT), [3]1986 (NT)
Schierse, F. J., Einleitung in das Neue Testament, Düsseldorf [4]1987
Schmid, H. H., Kleine Bibelkunde, Zürich [2]1987
Schrage, W., Ethik des Neuen Testaments (NTD Erg. 4), Göttingen [4]1982
Westermann, C., Abriß der Bibelkunde, AT. NT (Studienausgabe), Stuttgart [12]1984

6. Atlanten

Bibelatlas. Mit Ortslexikon, Wiesbaden 1989
Herders großer Bibelatlas, hrsg. v. J. B. Pritchard, Freiburg 1989
Littell, F. H., Atlas zur Geschichte des Christentums, Wiesbaden 1989
Stuttgarter Bibelatlas. Historische Karten der Biblischen Welt, Stuttgart 1989

7. Geschichte Israels und des Urchristentums

Bardy, G., Menschen werden Christen. Das Drama der Bekehrung in den ersten Jahrhunderten, hrsg. v. J. Blank, Freiburg 1988
Baus, K., Die Anfänge, in: H. Jedin (Hrsg.), Handbuch der Kirchengeschichte I, Freiburg 1985; S. 69–244 (Sonderausgabe)
Bock, S., Kleine Geschichte des Volkes Israel, Freiburg 1989
Bösen, W., Galiläa als Lebensraum und Wirkungsfeld Jesu, Freiburg 1985

Bühlmann, W., Wie Jesus lebte. Wohnen, Essen, Arbeiten, Reisen vor 2000 Jahren in Palästina, München 1987
Conzelmann, H., Geschichte des Urchristentums, Göttingen [5]1983
Dommershausen, W., Die Umwelt Jesu. Politik und Kultur in neutestamentlicher Zeit, Freiburg 1987
Donner, H., Geschichte des Volkes Israel und seiner Nachbarn in Grundzügen, Göttingen 1983 (Teil 1), 1986 (Teil 2)
Fohrer, G., Geschichte der israelitischen Religion, Berlin 1969
Gunneweg, A., Geschichte Israels bis Bar Kochba, Stuttgart [5]1984
Haag, H., Das Land der Bibel. Gestalt, Geschichte, Erforschung, Stuttgart 1989
Herrmann, S., Geschichte Israels in alttestamentlicher Zeit, München 1973
Jagersma, H., Israels Geschichte, 2 Bände, Konstanz 1982/1987
Kippenberg, H. G. – Wewers, G. A. (Hrsg.), Textbuch zur neutestamentlichen Zeitgeschichte (NTD Erg. 8), Göttingen 1979
Kraft, H., Die Entstehung des Christentums, Darmstadt [2]1986
Lohse, E., Umwelt des Neuen Testaments (NTD Erg. 1), Göttingen [7]1986
Meyer, I. (Hrsg.), Faszinierende Welt der Bibel. Von Menschen und Schicksalen, Schauplätzen und Ereignissen, Freiburg 1988
Ohler, A., Israel. Volk und Land, Stuttgart 1979
Reicke, B., Neutestamentliche Zeitgeschichte. Die biblische Welt 5000 v. Chr. bis 100 n.Chr., Berlin [3]1982
Schneemelcher, W., Das Urchristentum, Stuttgart 1981
Umwelt des Christentums, 3 Bände, hrsg. v. J. Leipoldt u. W. Grundmann, Bielefeld [7]1986 (Bd. II), [6]1988 (Bd. III)
Walton, J. H., Chronologische Tabellen zum Alten Testament, Marburg 1982

8. Kommentarreihen

Bibelauslegung für die Praxis. Hrsg. v. Katholischen und Evangelischen Bibelwerk, Stuttgart 1979 ff. (jeweils zum Thema der ökumenischen Bibelwoche
Stuttgarter Kleiner Kommentar – AT (ab 1991), NT (seit 1984)
Die Neue Echter Bibel. Neues Testament. Altes Testament, Würzburg 1983 ff.
Regensburger Neues Testament, Regensburg, seit 1938; Neubearbeitung seit 1969
Das Neue Testament Deutsch, Göttingen, seit 1932, Neubearbeitungen
Ökumenischer Taschenbuchkommentar zum Neuen Testament, Gütersloh – Würzburg 1977 ff.

Evangelisch-Katholischer Kommentar zum Neuen Testament, Zürich – Neukirchen 1969ff.
Zürcher Bibelkommentare, Zürich, seit 1960
Geistliche Schriftlesung, Düsseldorf 1965ff.
Kommentar zu den neuen Lesungen der Messe, von Maertens, T. – Frisque, J., 9 Bände, Freiburg i.B. 1969–1972 (zu den liturgischen Perikopen der drei Lesejahre)

9. Zeitschriften

Bibel und Kirche, Stuttgart 1934/1946ff.
Bibel heute, Stuttgart 1965ff.
Bibel aktuell, Stuttgart 1980ff.

10. Allgemein erschließende Literatur

Baldermann, J., Einführung in die Bibel, Göttingen 1988
Bohlen, R., Chancen eines Neuanfangs. Schritte zur Bibel, Trier 1988
Bohlen, R., Geschichte vom Wort Gottes. Einführung in die Heilige Schrift, Aschaffenburg 1985
Ernst, J., Mein Wort brennt wie Feuer. Hilfen für das Lesen des Neuen Testaments, Paderborn 1984
Kremer, J., Die Bibel lesen – aber wie? Eine kleine Anleitung zum Verstehen der Heiligen Schrift, Stuttgart [10]1988
Kremer, J., Die Bibel – ein Buch für alle. Berechtigung und Grenzen »einfacher« Schriftlesung, Stuttgart 1986
Imbach, J., Die Bibel lesen und verstehen. Eine Hinführung, München 1986
Kappes, M. / Untergaßmaier, F. G., »Wie wörtlich ist die Bibel zu verstehen?«, Paderborn 1987
Schilling, A., Verstehst Du auch, was Du liest? Vom rechten Umgang mit der Bibel, Freiburg 1989

11. »Biblische Basisbücher«

Müller, P.-G., Lexikon exegetischer Fachbegriffe (Bd. 1), Stuttgart 1985
Kellermann, M., Welt, aus der die Bibel kommt. Biblische Hilfswissenschaften (Bd. 2), Stuttgart 1982
Lang, B., Ein Buch wie kein anderes. Einführung in die kritische Lektüre der Bibel (Bd. 3), Stuttgart 1980
Gradl, F. – Stendebach, F. J., Einleitung in das Alte Testament (Bd. 4), Stuttgart (in Vorbereitung)

Sitarz, E. (Hrsg.), Höre, Israel! Jahwe ist einzig. Bausteine für eine Theologie des Alten Testamentes (Bd. 5), Stuttgart 1987
Knoch, O., Begegnung wird Zeugnis. Einführung in Werden und Wesen des Neuen Testamentes (Bd. 6), Stuttgart ^{2}1987
Porsch, F., Viele Stimmen – ein Glaube. Anfänge, Entfaltung und Grundzüge neutestamentlicher Theologie (Bd. 7), Stuttgart 1982

12. Sachbücher zur Bibel

Arenhoevel, D., So wurde Bibel. Sachbuch zum Alten Testament, Stuttgart ^{5}1986
Beck, E., Gottes Sohn kam in die Welt. Sachbuch zu den Weihnachtstexten, Stuttgart ^{4}1988
Limbeck, M., Mit Paulus Christ sein. Sachbuch zur Person und Theologie des Apostels Paulus, Stuttgart 1989
Lohfink, G., Jetzt verstehe ich die Bibel. Sachbuch zur Formkritik, Stuttgart ^{13}1986
Sitarz, E., Kulturen am Rande der Bibel. Sachbuch über Völker und Götter im Geschichtsfeld Israels, Stuttgart 1982
Speidel, K. A., Das Urteil des Pilatus. Berichte und Bilder zur Passion Jesu, Stuttgart ^{3}1988
Stendebach, F. J., Rufer wider den Strom. Sachbuch zu den Propheten, Stuttgart ^{2}1988
Weiser, A., Was die Bibel Wunder nennt. Sachbuch zu den Berichten der Evangelien, Stuttgart ^{7}1988
Weiser, A., Miteinander Gemeinde werden. Sachbuch zum Neuen Testament und zum kirchlichen Leben, Stuttgart 1987
Zenger, E., Der Gott der Bibel. Sachbuch zu den Anfängen des alttestamentlichen Gottesglaubens, Stuttgart ^{3}1986

13. Methoden der Bibelarbeit

a) Textorientierte, analytische Methoden

Barth, H. / Steck, O. H., Exegese des Alten Testamentes. Leitfaden der Methodik, Neukirchen ^{11}1987
Conzelmann, H. / Lindemann, A., Arbeitsbuch zum Neuen Testament, Tübingen ^{8}1985
Egger, W., Methodenlehre zum Neuen Testament, Einführung in linguistische und historisch-kritische Methoden, Freiburg 1987
Ernst, J. / Backhaus, K., Studium Neues Testament, Paderborn 1986
Mertens, H. A., Handbuch der Bibelkunde. Arbeitsbuch für Unterricht und Predigt, Düsseldorf ^{2}1984

Stenger, W., Biblische Methodenlehre, Düsseldorf 1987
Zimmermann, H., Neutestamentliche Methodenlehre, neubearb. von K. Kliesch, Stuttgart [7]1982

b) Text- und erlebnisorientierte Methoden

Dickerhoff, H., Biblische Lebenskunde. Mit Arbeitsheften für Katechese und Erwachsenenbildung, Würzburg 1986
Erl, W. / Gaiser F., Neue Methoden der Bibelarbeit. Vom Anti-Gleichnis zum Zeitungsbericht, Tübingen [8]1987
Foitzik, K., Spiegelbilder – Begegnungen mit Gestalten des Alten Testaments, München 1980
Grom, B., Methoden für den Religionsunterricht, Jugendarbeit und Erwachsenenbildung, Düsseldorf [8]1988
Kurz, H., Methoden des Religionsunterrichts, München 1984
Langer, W., Handbuch der Bibelarbeit, München 1987
Mesters, C., Vom Leben zur Bibel – Von der Bibel zum Leben. Ein Bibelkurs aus Brasilien für uns, 2 Bände, München 1983
Schinzer, R., Die Bibel ins Spiel bringen. Biblische Planspiele, Göttingen 1983
ders., Im Spiel die Bibel verstehen, Göttingen 1986
ders., Spielräume in der Bibel, Göttingen 1989
Schweitzer, O., Werkbuch Bibelarbeit, Wuppertal 1988
ders., Werkbuch Hauskreis, Wuppertal 1986
Vogt, Th., Bibelarbeit. Grundlegung und Praxismodelle einer biblisch orientierten Erwachsenenbildung, Stuttgart 1985
Voser-Käppeli, M. / Friedli-Saner, M., Die Bibel in der Erwachsenenbildung. Eine Darstellung erlebnisorientierter Bibelarbeit, Luzern 1979
Wink, W., Bibelarbeit. Ein Praxisbuch für Theologen und Laien, Stuttgart 1982
Zink, J., Das biblische Gespräch. Eine Anleitung zur Auslegung biblischer Texte, Freiburg 1978

c) Erlebnisorientierte Methoden

Andriessen, H. / Derksen, W., Lebendige Glaubensvermittlung im Bibliodrama. Eine Einführung, Mainz 1989
Hübner, R. / Kubitzka, E. / Rohrer, F., Biblische Geschichten erleben. Spielversuche zu biblischen Texten, Freiburg [3]1981
dies., Spielräume für Gruppen 1, München 1985
dies., Spielräume für Gruppen 2. Eine Praxis der Spiel- und Theaterpädagogik, Rissen 1986
Kiehn, A. u.a., Bibliodrama, Stuttgart 1987
Schaube, W., Bibel-Clips. Einstiege ins Leben, Freiburg 1988

d) Tiefenpsychologische Bibelauslegung
Barth, H. / Schramm, T., Selbsterfahrung mit der Bibel, München 1977
Dolto, F. / Sévérin, G., Dynamik des Evangeliums, Olten 1980
dies., Ein neuer Weg zum Evangelium. Impulse aus der Psychoanalyse, Olten 1981
Drewermann, E., Tiefenpsychologie und Exegese, Olten 1984/85, Bd. 1: Traum, Mythos, Märchen, Sage, Legende; Bd. 2: Geschichte, Gleichnis...
ders., Das Markusevangelium, Olten, Teil 1: ²1988; Teil 2: 1988
ders., Dein Name ist wie der Geschmack des Lebens. Tiefenpsychologische Deutung der Kindheitsgeschichte nach dem Lukas-Evangelium, Freiburg 1986
ders., »Ich steige hinab in die Barke der Sonne«: Ägypt. Meditationen zu Tod und Auferstehung in bezug auf Joh. 20/21, Freiburg 1987
Kassel, M., Biblische Urbilder. Tiefenpsychologische Auslegung nach C. G. Jung, München 1980
dies., Sei, der du werden sollst. Tiefenpsychologische Impulse aus der Bibel, München 1981
Staimer, E., Bilder vom Anfang. Einführung in die biblische Schöpfungserzählung von Gen 1–3, München 1981
Wolff, H., Jesus, der Mann, Stuttgart ⁴1979
dies., Jesus, der Psychotherapeut, Stuttgart ⁴1981
dies., Neuer Wein – alte Schläuche. Das Identitätsproblem des Christentums im Licht der Tiefenpsychologie, Stuttgart 1981

e) Sozialgeschichtliche Bibelauslegung
Schottroff, W. (Hrsg.) Traditionen der Befreiung. Sozialgeschichtliche Bibelauslegungen, München; Band 1: Methodische Zugänge, 1979; Band 2: Frauen in der Bibel, 1980

f) Materialistische Bibelauslegung
Clévenot, M., So kennen wir die Bibel nicht. Anleitung zu einer materialistischen Lektüre biblischer Texte, München 1978

g) Feministische Bibelauslegung
Craig-Faxon, A., Frauen im Neuen Testament: Vom Umgang Jesu mit Frauen, München 1979
Friebe-Baron, Chr., Ferne Schwestern, ihr seid mir nah. Begegnungen mit Frauen aus biblischer Zeit, Stuttgart ³1989
Heine, S., Frauen der frühen Christenheit. Zur historischen Kritik einer feministischen Theologie, Göttingen 1987
Kruse, I., Mädchen, wach auf! Frauengeschichten aus dem Neuen Testament, Stuttgart 1989
dies., Unter dem Schleier – ein Lachen. Neue Frauengeschichten aus dem Alten Testament, Stuttgart ²1986

Niggemeyer, M., Frauen begegnen Jesus – Jesus begegnet Frauen, Anregungen zum Bibelgespräch, dkv München
Ohler, A., Frauengestalten der Bibel, Würzburg 1987
Pfister, H., Der an uns Gefallen findet. Frauen im Alten Testament, Freiburg ⁴1988
Schirmer, E., Müttergeschichten. Frauen aus dem Alten Testament erzählen von ihrem Leben, Offenbach/M. 1986
Trible, P., Mein Gott, warum hast du mich vergessen! Frauengeschichten im Alten Testament, Gütersloh 1987
Walter, K. (Hrsg.), Frauen entdecken die Bibel, Freiburg 1986
dies., Zwischen Ohnmacht und Befreiung. Biblische Frauengestalten, Freiburg 1988
Wartenberg-Potter, B. von (Hrsg.), Aufrecht und frei. Was Frauen heute in der Bibel entdecken, Offenbach/M. 1987
Weiler, G., Ich verwerfe im Lande die Kriege. Das verborgene Matriarchat im Alten Testament, Minden ²1986

14. *Bibelseminare*

Betz, G. / Blum, B., Begegnung mit der Bibel heute. Gemeindebibelseminare (bisher 6 Hefte). Bezug über: Diözesanarbeitsgemeinschaft für Kath. Erwachsenenbildung im Bistum Eichstätt e.V., Luitpoldstr. 2, 8078 Eichstätt
Kath. Bibelwerk e.V. (Hrsg.), Grundkurs Bibel. Neues Testament. Werkbuch für die Bibelarbeit mit Erwachsenen, Stuttgart ²1989
Kath. Bibelwerk e.V. (Hrsg.), Grundkurs Bibel. Altes Testament. Werkbuch für die Bibelarbeit mit Erwachsenen, Stuttgart (voraussichtlich 1991)
Hungs, F. J., Die Propheten der Bibel. Ein Arbeitsbuch für Schule, Erwachsenenbildung und Katechese, Frankfurt 1986
Charpentier, E., Führer durch das Neue Testament. Anleitung zum Selbst- und Gruppenstudium in 8 Kapiteln. Bearbeitung von F. J. Schierse, Düsseldorf 1982
ders., Führer durch das Alte Testament. Anleitung zum Selbst- und Gruppenstudium in 8 Kapiteln. Bearbeitung von F. J. Schierse, Düsseldorf 1985
Kurz, H., Entdeckungen in der Bibel, München 1988
Mesters, C., Vom Leben zur Bibel – Von der Bibel zum Leben. Ein Bibelkurs aus Brasilien für uns, 2 Bände, München 1983
Österr. kath. Bibelwerk (Hrsg.), Gespräche zur Bibel. Arbeitshefte zu biblischen Themen (bislang 17 Hefte), Klosterneuburg, ab 1976
Steiner, A. – Weymann, V. (Hrsg.), Bibelarbeit in der Gemeinde. Themen und Materialien, Basel – Zürich – Köln
Band 1: Jesus-Begegnungen, ³1984
Band 2: Wunder Jesu, ³1984

Band 3: Gleichnisse Jesu, [2]1982
Ökumenischer Arbeitskreis für Bibelarbeit (Hrsg.):
Band 4: Psalmen, 1982
Band 5: Urgeschichten, 1985
Band 6: Jeremia, 1986
Band 7: Ijob, 1989
Vogt, Th. (Hrsg.), Bibelseminar für die Gemeinde. In 2 × 15 Lektionen durch die ganze Bibel, Zürich [9]1987
Wahl, O., Zentrale Themen des Alten Testamentes. Eine Handreichung zur praktischen Bibelarbeit mit ausgewählten Texten, Donauwörth 1980
Weiser, A., Zentrale Themen des Neuen Testamentes. Eine Handreichung für Schule und Erwachsenenbildung, Donauwörth [3]1986
Wuckelt, A., Zentrale Texte des Alten Testaments. Eine Praxishilfe für den Religionsunterricht in der Sekundarstufe I und der Erwachsenenbildung, München 1984
dies., Zentrale Texte des Neuen Testamentes. Eine Praxishilfe für den Religionsunterricht in der Sekundarstufe I und der Erwachsenenbildung, München 1986
Zirker, L., Die Bergpredigt. Das Wort Gottes neu hören. Erwachsenenbildung – Katechese – Jugendarbeit, Paderborn 1983

Zum Verfasser

Paul-Gerhard Müller, geb. 1940 in Sulzbach/Saar; Studium in Trier und Löwen/Belgien; 1965–1970 im Pfarr- und Schuldienst; 1972 Promotion zum Dr. theol. in Regensburg; 1974 Dozent in Jerusalem; 1976 Habilitation für Wissenschaft des Neuen Testaments in Regensburg; 1977 Professor für Neutestamentliche Exegese; 1979 Direktor des Katholischen Bibelwerks in Deutschland; 1989 Leiter der Diözesanstelle für Bibelarbeit in Trier (5500 Trier, Hinter dem Dom 6, Tel. 0651-7105-258).